Ewald Lang

Die Vertriebs-Offensive

Ewald Lang

Die Vertriebs-Offensive

Erfolgsstrategien
für umkämpfte Märkte

2., ergänzte Auflage

GABLER

Bibliografische Information der Deutschen Nationalbibliothek
Die Deutsche Nationalbibliothek verzeichnet diese Publikation in der
Deutschen Nationalbibliografie; detaillierte bibliografische Daten sind im Internet über
<http://dnb.d-nb.de> abrufbar.

1. Auflage 2007
2., ergänzte Auflage 2010
1. Nachdruck 2010

Alle Rechte vorbehalten
© Gabler Verlag | Springer Fachmedien Wiesbaden GmbH 2010

Lektorat: Barbara Möller

Gabler Verlag ist eine Marke von Springer Fachmedien. Springer Fachmedien ist Teil der Fachverlags-
gruppe Springer Science+Business Media.
www.gabler.de

Umschlaggestaltung: KünkelLopka Medienentwicklung, Heidelberg
Redaktion: text-ur text- und relations agentur Dr. Gierke, www.text-ur.de
Satz: ITS Text und Satz Anne Fuchs, Bamberg
Druck und buchbinderische Verarbeitung: MercedesDruck, Berlin
Gedruckt auf säurefreiem und chlorfrei gebleichtem Papier
Printed in Germany

ISBN 978-3-8349-2011-9

Inhaltsverzeichnis

Strategie 2: Vertriebs-Offensive zur Potenzialausschöpfung bei bestehenden Kunden 153

Die Vertriebs-Offensive in der Praxis

Viessmann ist eines der weltweit führenden Unternehmen der Heizungsbranche. Gut aufgestellt, bekannt und etabliert. Und doch erleben wir, was wohl auch viele von Ihnen, den Lesern dieses Buches, erleben: Unser Markt ist ständigem Wandel unterworfen, Innovation und Anpassung sind erforderlich, Vertriebsstrategien von gestern sind heute – geschweige denn morgen – nicht mehr passend.

Ein Beispiel: Der Wandel auf dem Heizungsmarkt. Regenerative Energiesysteme wie Wärmepumpen und Solaranlagen nehmen eine immer größere Bedeutung ein, das Segment der Ölkessel ist wegen steigender Ölpreise unter Druck, zudem drängen immer mehr Nischenanbieter in den Markt. Das hat vor allem auch Auswirkungen auf unseren Vertrieb. Deshalb haben wir beschlossen: Eine Vertriebs-Offensive muss her!

Wir haben die Ziele und Herausforderungen unseres Vertriebes genau untersucht: die Möglichkeiten, unsere traditionellen Kunden, die Heizungsbauer, bei ihrer Arbeit zu unterstützen, ihre Potenziale für Viessmann zu erschließen und neue Heizungsbauer für unser Unternehmen zu gewinnen. Zudem galt es, neue Vertriebspartner für die Vermarktung der regenerativen Energiesysteme an uns zu binden.

Daher haben wir gemeinsam mit dem Münchner Consultingunternehmen ITO unter der Projektleitung von Dr. Ewald Lang die Viessmann Vertriebs-Offensive gestartet. Schwerpunkte:

1. Vertriebsführung
2. Gewinnen von Neukunden
3. Ausschöpfung von Potenzialen bei bestehenden Kunden und
4. Qualifizierung der Vertriebsmitarbeiter auf der Führungs- und Mitarbeiterebene.

Der vierte Punkt gehört zwar nicht zur klassischen Vertriebs-Offensive, erweist sich aber als unabdingbar, wenn – wie in unserem Fall – die meisten Vertriebsmitarbeiter bisher nach technischen Gesichtspunkten ausgewählt werden, weil sie in technischen Gewerken unterwegs sind.

Daraus resultiert eine Erfahrung, die viele Vertriebsleiter teilen: Ein großer Teil der Vertriebsmitarbeiter ist sehr gut in der Betreuung von Bestandskunden, umschifft aber nur zu gerne die Aufgaben der Neukundengewinnung. Das ist auch nur menschlich! Tut es da doch weh, muss man da doch mit vielen „Neins" rechnen, muss man sich deshalb doch ständig neu motivieren, neue Strategien ausarbeiten und ausprobieren. Für Viessmann aber ist die Neukundengewinnung von großer Bedeutung zum Erreichen seiner Wachstumsziele. Und zwar die strategische, koordinierte und konsequent ausgeführte Neukundengewinnung. Auf diese legten wir daher den Fokus bei unserer Vertriebs-Offensive.

Konkret: Die Vertriebs-Offensive zur Neukundengewinnung wird bei uns in zehn nachvollziehbaren Schritten durchgeführt:

1. Strategie: Erkennen der Notwendigkeit der Neukundengewinnung und Erarbeiten der strategischen Ziele.

2. Herunterbrechen der Strategie auf Arbeitsebene: Jeder Vertriebsmitarbeiter benennt zehn konkrete Neukunden, die er gewinnen möchte.

3. Anpassung des Entlohnungssystems an die Neukundengewinnung.

4. Einbindung der Führungskräfte.

5. Einheitliche Vorgehensweise für das Erstgespräch anhand von Gesprächsbögen und für die Angebotspräsentation anhand von Angebotsformularen.

6. Vorbereitung der gesamten Mannschaft auf die Neukundengewinnung durch Trainings.

7. Kompetenztransfer: Coaching des Kunden bei der Umsetzung vor Ort.

8. Aufstellen von klaren Messkriterien für Erfolgsparameter.

9. Etablierung von Vertriebsstandards.

10. Steuerung und Benchmarking der Vertriebsergebnisse.

Ergebnis: Mit diesem Vorgehen ist es uns gelungen, im Vergleichszeitraum von sechs Monaten den Umsatz und Kesselabsatz mit Neukunden zu verdreifachen und die Besuchsfrequenz bei gewünschten Neukunden zu verdoppeln! Außerdem sind mit diesem Teil der Vertriebs-Offensive die Ansprache- und Abschlusssicherheit der Vertriebsmitarbeiter und konsequenter Weise auch die Motivation deutlich gestiegen!

Momentan implementieren wir Phase 2 der Vertriebs-Offensive 2, die Potenzialausschöpfung bei Bestandskunden. Dabei merken wir schon jetzt, dass die Akzeptanz unserer Vertriebsmitarbeiter bei den neu gewonnenen Kunden steigt, wir deren Potenzial verstärkt ausschöpfen können und dass ständig wachsende Marktanteile von den Wettbewerbern an uns wandern. Auch in Verdrängungsmärkten kann man wachsen!

Mein Fazit: Im vorliegenden Buch hat Dr. Ewald Lang seine ganze Vertriebskompetenz in der Vertriebs-Offensive zusammengefasst, von der auch wir profitiert haben. Mit vielen Beispielen, Checklisten und konkreten Arbeitsmaterialien zeigt „Die Vertriebs-Offensive", wie auch Sie Ihren Vertrieb in umkämpften Märkten in die Offensive bringen.

Als langjähriger Vertriebsleiter und als Mann der Praxis, der mit der Vertriebs-Offensive beste Erfahrungen gemacht hat, kann ich Ihnen dieses Buch und das System der Vertriebs-Offensive nur empfehlen!

Hans-Joachim Pez
Geschäftsführer Vertrieb
Viessmann-Werke GmbH & Co KG

Vorwort

Liebe Leserinnen und Leser,

der Wunsch meiner Eltern war es, dass ich einen lebenslang sicheren Job haben sollte. Also studierte ich Pädagogik und wurde Lehrer an einer Hauptschule. Ziel erreicht. Doch relativ schnell wurde mir klar, dass hier nicht meine Zukunft lag.

Dann die Wende: Ich kaufte mir ein neues Auto, einen BMW. Und war ab da fasziniert vom Verkauf. Ich habe tatsächlich meinen Beruf aufgegeben, bin zum Leiter des größten BMW-Handels in der Gegend gegangen und habe ihn überzeugt, mir eine Chance als Verkäufer zu geben. Mein Grundgehalt: 400 Mark und zwei Prozent Umsatzprovision. Das war im Jahr 1982. Und niemand konnte mich verstehen. So gab ich nicht nur das sichere Gehalt als Lehrer, sondern auch ein Stück Image auf.

Doch das war es wert. Ich besorgte mir Verkaufsliteratur, um mich in die Welt des Autoverkaufens einzuarbeiten. Ich hatte gefunden, was ich wirklich wollte. Die anderen Verkäufer agierten lediglich aus den Ausstellungsräumen des Autohauses heraus und warteten, bis Kunden in den Laden kamen. Und ich hatte doch so viele gute Ideen ... doch es war schwer, sich als junger Verkäufer mit neuen Ideen bei den Älteren durchzusetzen.

Für mich war aber klar, dass man durch systematische Gebietsbearbeitung Interesse bei potenziellen Zielgruppen wecken kann – man muss es eben effizient planen und dann auch mal tun! Also suchte ich mir aus unserem Verkaufsgebiet anhand einer Landkarte die Gewerbe- und Industriegebiete heraus, stellte Listen von Selbstständigen, zum Beispiel Architekten, Rechtsanwälten, Steuerberatern zusammen und glich diese mit den Kundenlisten des Autohauses ab. Dies war wichtig, damit ich nicht an Kunden anderer Verkäuferkollegen geriet. Dies hätte unweigerlich zu Spannungen geführt. Jeden Vormittag fuhr ich ins Gebiet hinaus, suchte die Zielgruppen direkt auf, stellte mich unverblümt als Verkäufer des BMW-Autohauses vor und fragte, ob sie Interesse an einem unserer Fahrzeuge hätten. Die Reaktion war überwiegend positiv und meine Initiative wurde begrüßt. Natürlich war mit dieser Vorgehensweise nicht der schnelle Abschluss zu holen. Doch brachte ich in Erfahrung, wann für die Interessenten ein Fahrzeugwechsel in Frage käme, und so baute ich eine Interessentendatei auf, die ich konsequent bearbeitete. Nach einem halben Jahr stellten sich die ersten großen Erfolge ein und nach einem Jahr hatte ich bereits meine Kollegen bezüglich der Verkaufszahlen überholt. Denn ich war nicht mehr abhängig davon, ob Besucher ins Autohaus kamen oder nicht. Nach zwei Jahren verdiente ich im Schnitt stets über 12 000 Mark monatlich. Wir schrieben das Jahr 1983, und ein Lehrer verdiente damals ca. 2 800 Mark.

Ende 1983 warb mich der zuständige Gebietsleiter der BMW AG in die Zentrale nach München ab, da dort eine neue Trainingsabteilung gegründet wurde. Mit meiner Ausbildung als Pädagoge und meiner Praxiserfahrung im Verkauf fing ich an, gemeinsam mit dem Chef der Trainingsabteilung eine neue BMW-Verkäuferausbildung aufzubauen. In Zusammenarbeit mit Professor Paul Innerhofer, damaliger Leiter des Lehrstuhls der angewandten Psychologie der Universität Wien, erarbeiteten wir ein neues Ausbildungskonzept für BMW-Verkäufer, das nicht nur theoretische und praktische Anwendungsteile in innovativer Weise verknüpfte, sondern auch die Führungskräfte des jeweiligen entsendeten Autohauses mit in die Pflicht nahm. Gleichzeitig führten wir Messkriterien für eine erfolgreiche Verkaufsarbeit von BMW-Verkäufern ein:

▶ Anzahl Neukundenkontakte
▶ gewonnene Interessenten
▶ Anzahl Verkaufsabschlüsse.

Ein besonderes Augenmerk der Ausbildung lag in der Führung der Verkäufer im Autohaus. Die Verkaufsleiter und Geschäftsführer wurden im Coaching der Verkäufer ausgebildet.

1986 übernahm ich ein Projekt zur Neukundengewinnung für die neue BMW Serie 7 im Automobilhandel in Deutschland, das ein voller Erfolg wurde. 1987 entwickelten wir bei BMW unter dem Titel „Team Training" für BMW-Händlerbetriebe ein Organisationsentwicklungsprojekt, um die Abläufe im Händlerbetrieb zu optimieren, Verkaufsgebiete einzuteilen und die Verkaufsarbeit der Verkäufer zu systematisieren.

Mit den gesammelten Erfahrungen bei BMW machte ich mich im April 1988 selbstständig und gründete zusammen mit Professor Innerhofer die ITO Unternehmensberatung. Seit dieser Zeit setzen wir uns mit den Themen Neukundengewinnung und Potenzialausschöpfung auseinander.

Die Vertriebs-Offensive zur Neukundengewinnung beweist ihre Kraft

Aus großen Kundenprojekten wurden rasch nationale, und 1996 übernahmen wir den ersten internationalen Auftrag. Auftraggeber: ein Automobilunternehmen, das ein neues Oberklassefahrzeug in den Markt einführte. Ziele dieses Projektes: genügend Interessentenvorlauf zu schaffen, die Handelsorganisation auf die Markteinführung vorzubereiten, die Händler für die besondere Aufgabenstellung der Verkäuferführung zu gewinnen und die Verkäufer selbst zur systematischen Gebietsbearbeitung hinzuführen. Nach langer Diskussion mit dem Vorstand entschieden wir uns, auf die Kaltakquisition als Neukundengewinnungsmethode zu setzen. Und führten alleine in Deutschland 96 000 Kaltakquisitionskontakte durch. Die Interessentenquote lag bei über 50 Prozent. Zwar waren die Verkäufer zu Beginn des Projektes sehr skeptisch, doch mit der gut strukturierten Vertriebs-Offensive gelang es uns, eine bisher ausschließlich vom Laden aus agierende Sales Force auf die Siegerstraße zu bringen: Flankiert durch eine gute Werbestrategie wurde die Markteinführung dieses neuen Fahrzeuges ein riesiger Erfolg. Wir hatten den Durchbruch geschafft – und entwickeln das Konzept der Vertriebs-Offensive zur Neukundengewinnung seither immer noch ständig weiter.

Die Vertriebs-Offensive zur Potenzialausschöpfung wirkt nachhaltig

Seit dem Jahr 2000 rückte das Thema Potenzialausschöpfung immer mehr in den Fokus der Unternehmen. Beispielsweise überzeugten wir 200 Geschäftsstellen eines Schweizer Dienstleistungskonzerns von der Vertriebs-Offensive zur Potenzialausschöpfung. Mit den Tools und Techniken dabei durchbrachen sie leicht ihre bisherigen trägen Verhaltensmuster. Sie gewannen einfach die Sicherheit, dass Kunden bei einer aktiven Ansprache auf vorher ausgewählte Dienstleistungen und Produkte überwiegend positiv reagieren würden. Im Ergebnis reagierte der Vertrieb begeistert! Heute gehört die Potenzialausschöpfung zum Standard im Vertrieb dieses Unternehmens.

Seit dem Jahr 2001 arbeite ich verstärkt mit meinen Partnern von ITO, Christian und Ulrich Innerhofer, beides Söhne von Prof. Paul Innerhofer mit dem ich ITO gründete, an einem ganzheitlichen Konzept der Vertriebs-Offensive mit den Teilen Neukundengewinnung und Potenzialausschöpfung. Durch den verschärften Wettbewerb, Überkapazitäten im Markt, Angleichung der Produkte bekommt der Vertrieb immer mehr Bedeutung für die einzelnen Unternehmen. In der Umsetzung der Vertriebs-Offensiven bei vielen verschiedenen Unternehmen zeigte sich deutlich, dass das Thema „Führung des Vertriebs" eine enorme Bedeutung für eine erfolgreiche Implementierung hat. In unseren aktuellen Projekten zur Vertriebs-Offensive nimmt deshalb das Thema Vertriebsführung einen immer größeren Stellenwert ein. Aufgrund dieser Erfahrungen entwickelten Prof. Innerhofer, Christian Innerhofer und ich das Führungskonzept Leadership Coaching.

Die positive Resonanz auf die erste Auflage dieses Buches hat mich und den Verlag motiviert, eine **zweite Auflage** von „Die Vertriebs-Offensive" herauszubringen. Die Neuauflage zeigt am Beispiel der Strategie 1 „Neukundengewinnung" ganz konkret auf, wie ein utopisches Ziel von 1 000 zu gewinnenden Neukunden durch konsequente Akquisitionsarbeit erreicht werden kann. Am Beispiel der Strategie 2 „Erhöhung der Potenzialausschöpfung bei ausgewählten Kunden" wird deutlich, wie durch ein innovatives Konzept nicht nur die Umsätze nachhaltig gesteigert werden können, sondern dass sich durch solche Maßnahmen auch die Vertriebsmannschaft erheblich weiterentwickelt.

Das vorliegende Buch über die Vertriebs-Offensive gibt Ihnen als Unternehmer, Vertriebsleiter oder Vertriebsmitarbeiter die Impulse und das Rüstzeug, welches man heute braucht, um aus einem durchschnittlichen Vertrieb einen wirklich leistungsstarken Vertrieb zu entwickeln, der effizient in die Offensive geht und Ihr Unternehmen zu wirklich großen Erfolgen führt.

Einen Teil der im Buch angebotenen Checklisten und Arbeitsmaterialien finden Sie zum **kostenlosen Download** unter www.vertriebs-offensive. com.

Dr. Ewald Lang

Die Herausforderung:
umkämpfte Märkte

Kaum ein Unternehmen ist heute noch in der glücklichen Lage, als Monopolist am Markt auftreten zu können. Ganz im Gegenteil: Die Märkte sind stark umkämpft und neue Kunden nur schwierig zu gewinnen. Aber ohne neue Kunden geht es nicht – selbst für den unwahrscheinlichen Fall, dass Ihr Unternehmen gar nicht wachsen will. Denn auch die treuesten Stammkunden bleiben nicht auf immer und ewig Ihre Kunden.

Sie können das Problem nun einfach „aussitzen" und auf bessere Zeiten hoffen. Ob Sie allerdings mit solch einer defensiven „Strategie" Erfolg haben werden, steht in den Sternen. Sie können aber auch aktiv werden und in die Offensive gehen – in die Vertriebs-Offensive.

Die Vertriebs-Offensive

▶ Ist ein strukturiertes, definiertes, zielorientiertes Vorgehen 1. zur Gewinnung von Neukunden und 2. zur Potenzialausschöpfung bei Bestandskunden

▶ Hat in den fast 20 Jahren seiner Entwicklung in Dutzenden von nationalen und internationalen Unternehmen seine Wirksamkeit bewiesen: durch Millionen Euro an Zusatzumsätzen, die nachweislich damit erzielt wurden

▶ Beruht auf einem ausgefeilten Maßnahmen-Paket, das mit Tools, Techniken und Hilfsmitteln ausgerüstet ist

▶ Lässt sich auch in Verdrängungsmärkten erfolgreich einsetzen, um gegen den Trend zu wachsen

▶ Zeitigt Umsatzerfolge, die sich langfristig multiplizieren

▶ Ist ein effizientes, starkes System, um den Markt „aufzuschrauben"

▶ Bringt Ihren Vertrieb absolut nach vorne – geordnet, strategisch, erfolgreich

▶ Lässt sich auf jedes Produkt und jede Dienstleistung anwenden: in jeder Branche sind frappierende Umsatzsteigerungen möglich!

Sie werden in diesem Buch viele Beispiele für erfolgreiche Vertriebs-Offensiven kennen lernen. Und sie beruhen auf der Effizienz und der Stoßkraft der Verfahren und Methoden, die wir über Jahre entwickelt haben und die sich in nachgewiesenen, teils gigantischen Umsatzsteigerungen gezeigt haben. Man muss es nur auch einmal anfangen!

Oft allerdings wird in Unternehmen der Fehler gemacht, dass hektisch „am Vertrieb herumgeschraubt" wird. Ständig neue Zielvorgaben, geänderte Methoden und – vielleicht gar nicht treffende – Anreizsysteme bringen dann mehr Frustration auf Seiten der Vertriebler wie der Geschäftsführung als Umsatzerfolge. „Blinder Aktionismus" ist keine Vertriebs-Offensive! Unstrukturierte Vertriebsaktivitäten nach dem „Gießkannen-Prinzip" liefern Ihnen vielleicht kurzfristig einige neue Kunden, der Aufwand steht aber aller Erfahrung nach oft in keinem Verhältnis zum recht bescheidenen Ergebnis.

Viele Vertriebsaktivitäten konzentrieren sich außerdem vor allem auf die Neukundengewinnung und übersehen dabei ein enormes Potenzial: die bestehenden Kunden. Auch hier lassen sich erstaunliche Erfolge erzielen – vorausgesetzt, Sie schöpfen das vorhandene Potenzial aktiv aus.

Mittel- und langfristige Erfolge in umkämpften Märkten erfordern ausgefeilte und maßgeschneiderte Vorgehensweisen, die wir in zwei offensiven Strategien zusammenfassen werden:

Strategie 1: Vertriebs-Offensive zur Neukundengewinnung

Strategie 2: Vertriebs-Offensive zur Potenzialausschöpfung bei bestehenden Kunden.

1. Das Problem: alte Strategien in veränderten Märkten

Eigentlich ist es nicht schwierig, aus einem Interessenten einen treuen Stammkunden zu machen. Zumindest in der Theorie ist es einfach und ein gut funktionierender Fluss:

▶ Bei einem potenziellen Käufer wird der Bedarf nach einem Produkt oder einer Leistung geweckt. Er wird zum Interessenten.

▶ Der Bedarf wird durch einen Kauf gedeckt. Der Interessent wird zum Kunden.

▶ Nach dem Abschluss erfolgt eine intensive Nachbetreuung und es werden Folgegeschäfte abgeschlossen. Aus dem Kunden wird ein Stammkunde.

In der Praxis funktioniert diese Kette aus Presales – Sales – Aftersales allerdings kaum noch reibungslos. Oft kommt der Vertrieb nicht über die Presales-Phase hinaus. Wenn denn ein Abschluss gelingt, scheitert in vielen Fällen die Kundenbindung. Die mühsam gewonnenen Kunden werden nur noch selten zu Stammkunden, sondern wechseln – oft schon bei der erstbesten Gelegenheit – zum Wettbewerb. Nach den Gründen für diese

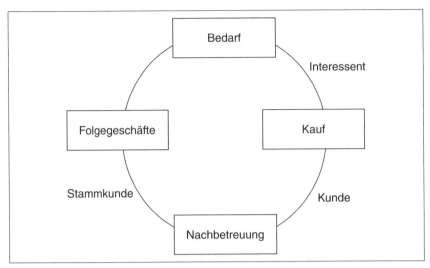

Abbildung 1: Die Kette aus Presales, Sales und Aftersales

Schwierigkeiten muss man nicht lange suchen. Die Märkte haben sich verändert – und zwar drastisch:

Zum einen nimmt die Konkurrenz stetig zu. Nur noch den wenigsten Unternehmen gelingt es, allein über das Produkt beziehungsweise die Dienstleistung oder die Qualität Kunden zu gewinnen. Nicht selten wird der Kampf ausschließlich über den Preis ausgefochten – zusätzlich verstärkt durch die „Geiz ist geil"-Mentalität, die dem Zeitgeist zu entsprechen scheint.

Zum anderen werden die Märkte für die Kunden immer transparenter. So ist es für viele Kaufinteressenten zum Beispiel ein Leichtes, sich im Internet umfassend über Produkte, Leistungen und auch Preise zu informieren. Bei solch „aufgeklärten" Kunden scheitern viele altbewährte Verkaufsargumente oft kläglich.

Die fünf Problemfelder alter Vertriebsstrategien

Allerdings sind auch viele Schwierigkeiten bei der Neukundengewinnung oder der Kundenbindung hausgemacht.

„Nur wenige kümmern sich gerne um Neukundengewinnung!"

Seit 1988 habe ich mit meiner Mannschaft in unterschiedlichsten Unternehmen und unterschiedlichsten Branchen eine Vielzahl von Projekten zur

Neukundengewinnung durchgeführt. Dabei hat sich eine auf Beobachtung beruhende Erkenntnis manifestiert: Es gibt nur ganz wenige Vertriebsmitarbeiter, die die Neukundengewinnung gerne machen.

Ein Projekt ist mir in besonderer Erinnerung geblieben: Eine Führungskraft von 20 Vertriebsmitarbeitern sagte mir vor Beginn der Zusammenarbeit, dass sie schon vieles versucht hätten, aber die Neukundengewinnung das ungeliebte Kind seiner Vertriebsmitarbeiter geblieben sei. Er war so verzweifelt, dass er sogar ein hohes Incentive für unser Team ausloben wollte, „wenn Sie es mit Ihren Ideen bei meinen Vertriebsmitarbeitern schaffen, dass die Neukundengewinnung erfolgreich im Marktgebiet durchgeführt wird und jeder meiner Mitarbeiter in den nächsten neun Monaten zehn neue Kunden mit einem Mindestumsatz von 10 000 Euro gewinnt"! Das waren ja wenigstens konkrete Ziele! Ein wunderbarer Anreiz, da braucht man doch kein weiteres Incentive!

Nach neun Monaten der Zusammenarbeit waren die Ziele erreicht. Einfach, indem wir genau in den definierten Schritten der Vertriebs-Offensive vorgingen. Und da stellte sich schon bei der Analyse heraus, dass

▶ in der Zielvereinbarung mit den Verkäufern keine Neukundenziele vereinbart waren,
▶ die drei Regionalleiter im Vertrieb die Vertriebsmitarbeiter bei der Neukundengewinnung nicht coachten,
▶ die Auswahl der gewünschten Zielkunden dem einzelnen Mitarbeiter überlassen wurde,
▶ die Außendienstler nicht in der Neukundengewinnung ausgebildet waren,
▶ ihnen die Methode der Neukundengewinnung freigestellt war,
▶ ein Neukundenprovisionssystem fehlte,
▶ es keine Standards für die Neukundengewinnung gab.

So versuchte natürlich jeder Vertriebsmitarbeiter, nach seiner individuellen Facon neue Kunden zu gewinnen. Und das konnte ja nicht bei allen klappen. So trafen sie auf Schwierigkeiten und Misserfolge, und nach und nach hörten alle auf, neue Kunden zu gewinnen.

Im Rahmen der einzelnen Maßnahmen und des Coachings während der Vertriebs-Offensive zur Neukundengewinnung erkannte die Sales Force in dieser Firma die Notwendigkeit der Neukundengewinnung. Wir legten größten Wert auf die Integration ausgewählter Vertriebsmitarbeiter in die Projektarbeit, führten gemeinsame Neukundenbesuche durch und erarbeiteten – wie im folgenden Kapitel beschrieben – ein auf die Anliegen dieses Vertriebs maßgeschneidertes Konzept zur Neukundengewinnung, welches in der Umsetzung eng begleitet wurde. Wirklich erfolgreich wurde die Maßnahme durch zwei Faktoren:

1. Die Mannschaft war im Boot, zog richtig mit.

2. Die Vertriebsführungskräfte nahmen ihre Coachingaufgaben ernst und unterstützten ihre Mitarbeiter im laufenden Prozess, nachdem sie von uns als „Coach" fortgebildet worden waren.

Die Erfahrung bei diesem Kunden lässt sich auf viele Unternehmen übertragen. Denn nicht selten werden noch alte Vertriebsstrategien eingesetzt, die nicht zu den Herausforderungen der veränderten Märkte passen. Hier zeigen sich vor allem fünf Problemfelder:

Abbildung 2: Die fünf Problemfelder im Vertrieb

1. Mangelhafte Führung

Viele Führungskräfte interessiert vor allem das Ergebnis – der Umsatz, den ein Vertriebsmitarbeiter erzielt. Wie er das Ergebnis erzielt, ist oft allein Sache des einzelnen Vertriebsmitarbeiters. Weder die Neukundengewinnung noch die Potenzialausschöpfung sind strategisch verankert und Teil der Zielvereinbarungen mit den Vertriebsmitarbeitern. Es fehlen konkrete Vorgaben und Leitlinien für die Umsetzung. Der Vertriebsmitarbeiter bleibt nicht selten sich selbst überlassen – ein echtes Coaching und Controlling fehlen ganz.

2. Fehlende Informationen

Über den Kunden, seine besondere Situation und seine Bedürfnisse ist häufig viel zu wenig bekannt. Allzu oft kennt ein Vertriebsmitarbeiter gerade einmal die Branche und seinen Ansprechpartner beim Kunden. Detaillierte Informationen über Wettbewerber oder Probleme beim Kunden fehlen schlicht und einfach. Nicht selten werden die spärlich vorhandenen Daten auch nicht weiter gepflegt und veralten. Damit bilden sie dann auch keine brauchbare Basis mehr für Auswertungen und Analysen – falls denn überhaupt welche durchgeführt werden.

3. Unzureichende Kundenkontakte

Neukundengewinnung ist mühsam – und führt oft zu nachhaltigen Frustrationserlebnissen. Denn in vielen Fällen wird die Kontaktaufnahme durch einen Vertriebsmitarbeiter eher als lästig denn als hilfreich empfunden. Nicht wenige Verkäufer gehen diesen unangenehmen Situationen daher lieber aus dem Weg und beschränken sich auf Routine-Kontakte zu bestehenden Kunden.

4. Fehlende Qualifikation

Viele „altgediente" Vertriebsmitarbeiter verlassen sich vor allem auf ihr persönliches Auftreten und ihre Überzeugungskraft. Das ist zwar nach wie vor wichtig, reicht aber bei „aufgeklärten" Kunden allein bei weitem nicht mehr aus, um zum Abschluss zu kommen. Hier entscheiden detaillierte Produkt- und Marktkenntnisse sowie eine gezielte Nutzen- und Mehrwert-Argumentation.

Nicht selten mangelt es aber auch bereits an Basiskenntnissen. Es gibt kein klares Konzept, wie überhaupt Kontakt zu einem Kunden aufgenommen wird, Gesprächsaufhänger fehlen und die Einwandbehandlung erfolgt eher nach dem „Zufallsprinzip".

5. Falsche Entlohnungssysteme

Die klassischen Entlohnungssysteme im Vertrieb – ein Fixum mit umsatzabhängiger Provision – „belohnen" vor allem bereits erbrachte Leistungen: die Verkäufe. Sie sind damit vergangenheitsorientiert. Die Zukunft, zum Beispiel die Gewinnung neuer Kunden oder neuer Märkte, dagegen wird überhaupt nicht berücksichtigt. Für den Vertriebsmitarbeiter bieten solche Entlohnungssysteme daher auch keine besondere Motivation, sich mit diesen wichtigen Bereichen auseinander zu setzen. Er konzentriert sich lieber darauf, seine Ziele mit den bereits vorhandenen Kunden zu erreichen.

Benötigt werden flexible Entlohnungssysteme, die zukunftsorientiert verschiedene Grade der Zielerreichung „belohnen". Der Fokus darf dabei nicht mehr allein nur auf dem Umsatz pro Kunde liegen, sondern muss auch Ziele wie die Gewinnung neuer Kunden oder die Potenzialausschöpfung abdecken.

Herausforderung Potenzialausschöpfung reaktiv gelöst

Während im Bereich der Neukundengewinnung zumindest noch „alte" – wenn auch nicht mehr passende – Strategien vorhanden sind, gibt es im Bereich der Potenzialausschöpfung bei bestehenden Kunden oft noch nicht einmal Ideen. Geschweige denn ausgereifte Konzepte oder Strategien.

Die „Kundenpflege" beschränkt sich allzu oft auf reines Reagieren. Statt aktiv den Bedarf beim Kunden zu ermitteln und ihm konkrete Lösungen für seine Probleme aufzuzeigen, wird abgewartet, bis sich der Kunde von selbst meldet – häufig vergebens. Für einen aktiven Zugang zum Kunden gibt es in der Regel weder ausreichend Informationen noch geeignete Verkaufsinstrumente. Die Konsequenz: Niemand weiß so recht, wie das Potenzial ausgenutzt werden könnte. In der täglichen Verkaufsarbeit bleibt es ungenutzt.

Verstärkt werden diese Probleme durch psychologische Hemmschwellen bei vielen Vertriebsmitarbeitern. Häufig steht im Tagesgeschäft vor allem die Sicherheit im Vordergrund. Vertraute Pfade und auch die persönliche Komfortzone werden nur sehr ungern verlassen, Neues wird mit sehr viel Skepsis betrachtet und auch als mögliche Gefahrenquelle gesehen.

Reagieren drängt in die Defensive

Ohne Risikobereitschaft kann der Vertrieb heute aber nicht mehr erfolgreich sein – weder bei der Neukundengewinnung noch bei der Potenzialausschöpfung bei bestehenden Kunden. In den stark umkämpften Märkten muss ein Vertriebsmitarbeiter auch bereit sein, altbewährte Wege zu verlassen und sich in unbekannte Gefilde zu begeben. Das setzt allerdings ausreichend Sicherheit und Souveränität voraus – und die fehlen oft, weil nicht genügend Informationen zum Produkt, zum Kunden und zum Markt vorhanden sind.

Vor diesem Hintergrund wird schnell klar, dass altbewährte Strategien in veränderten Märkten nicht mehr funktionieren – und auch nie mehr funktionieren werden. Mit passivem Reagieren manövrieren Sie Ihr Unternehmen über kurz oder lang in die Defensive. Um Erfolg zu haben, müssen Sie aktiv in die Vertriebs-Offensive gehen.

2. Die Lösung: die Vertriebs-Offensive

Vertriebs-Offensive heißt nicht „blinde Offensive". Hektische Aktivitäten nach dem Motto „Ab sofort wird alles anders" helfen Ihnen nicht weiter.

Abbildung 3: Die neuen Herausforderungen im Vertrieb erfordern oft eine komplette strategische Neuausrichtung des Unternehmens.

Die neuen Herausforderungen im Vertrieb erfordern oft eine komplette strategische Neuausrichtung des Unternehmens. Die Führungskräfte benötigen geeignete Instrumente und Methoden für das Coaching und Controlling, die Vertriebsmitarbeiter müssen zielgerichtet mit geeigneten Konzepten und Standards unterstützt werden.

Und obwohl viele Unternehmen dazu neigen, hektisch am Vertrieb „herumzuschrauben", wenn die Zahlen nicht gut sind, muss eins ganz klar sein: An diesen entscheidenden Stellschrauben zu drehen, erfordert Analyse, Planung, Risikobereitschaft, Controlling und ein starkes Commitment. Um ihr volles Potenzial zu entfalten, muss die Vertriebs-Offensive in mehreren Schritten sorgfältig geplant, entworfen und umgesetzt werden (siehe Abbildung 4).

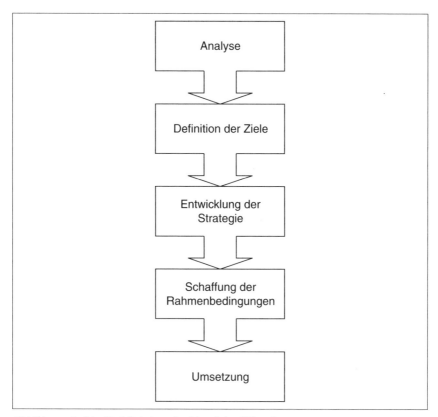

Abbildung 4: Die fünf Schritte der Vertriebs-Offensive

Schritt 1: Die Analyse des Ist-Zustandes

Die Analyse nimmt den Ist-Zustand unter die Lupe: „Wo stehen wir? Was haben wir bereits?" Dazu werden Informationen – zum Beispiel aus Aufzeichnungen der Vertriebsmitarbeiter, aus der Kundendatenbank, dem CRM-System oder aus Marktanalysen – gesammelt und gezielt aufbereitet.

Im Ergebnis muss die Analyse folgende Fragen beantworten können:

► Welche Kunden haben wir bereits?

► Was sind unsere besonderen Erfolgsfaktoren bei den Kunden?

► Welches zusätzliche Potenzial haben unsere Kunden?

► Gegen wen treten wir an? Wer sind unsere Wettbewerber?

- ▶ Welche Mitarbeiter stehen zur Verfügung? Wie steht es um die Qualifikation der Mitarbeiter?

- ▶ Welche Instrumente wurden bisher eingesetzt? Mit welchen Ergebnissen?

- ▶ Welche Aktivitäten zur Neukundengewinnung und zur Potenzialausschöpfung wurden bisher durchgeführt? Mit welchem Erfolg?

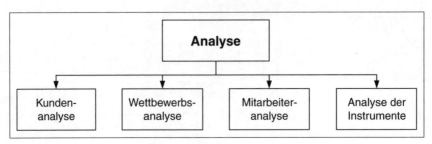

Abbildung 5: Die einzelnen Bestandteile der Analyse des Ist-Zustands

Schritt 2: Die Ziele definieren

Im zweiten Schritt müssen die Ziele – das SOLL – definiert werden: „Wo wollen wir hin?" Dabei lassen sich grundsätzlich zwei Zielkategorien unterscheiden: die qualitativen Ziele und die quantitativen Ziele.

Qualitative Ziele bestehen aus Aussagen.	**Quantitative Ziele** lassen sich direkt in Zahlen ausdrücken.
Beispiele:	
Bekanntheitsgrad erhöhen	Umsatz
Kundenzufriedenheit verbessern	Anzahl Kunden
Produktqualität erhöhen	Marktanteil
Image verbessern	Anzahl Kontakte

- ➢ **Hinweis:** Diffuse Missionen wie „Wir brauchen mehr Neukunden" oder „Wir wollen bei unseren bestehenden Kunden mehr Umsatz erzielen" helfen als Vorgaben nicht weiter. Ziele müssen konkret und messbar sein.

Konkrete statt diffuse Missionen:

nicht:	sondern:
Jeder Vertriebsmitarbeiter soll mehr potenzielle Neukunden kontaktieren.	Im nächsten Monat soll jeder Vertriebsmitarbeiter mindestens 15 potenzielle Neukunden kontaktieren.
Wir wollen in unserer Branche zu den Besten gehören.	Wir wollen zu den Top 3 in unserer Branche gehören.
Die Anzahl der Neukunden soll erheblich gesteigert werden.	Pro Quartal sollen mindestens zehn neue Kunden gewonnen werden.
Der Umsatz soll deutlich erhöht werden.	Insgesamt soll der Umsatz bei bestehenden Kunden im nächsten Jahr um 20 Prozent gesteigert werden.
Unser Marktanteil soll stark steigen.	Unser Marktanteil soll im nächsten Jahr um fünf Prozent steigen.

Benutzen Sie – wann immer möglich – eindeutige Kennzahlen, um die Ziele zu definieren. Ohne diese Kennzahlen sind aussagekräftige Vergleiche zwischen dem aktuellen Zustand – dem IST – und dem Ziel – dem SOLL – kaum möglich. Und solche Vergleiche brauchen Sie zwingend: Zum einen, um zu prüfen, ob und wieweit das Ziel bereits erreicht wurden, zum anderen aber auch für Korrekturen auf dem Weg zum Ziel.

Auch hierzu ein **Beispiel:** Mit dem Ziel „Jeder Vertriebsmitarbeiter soll mehr potenzielle Neukunden kontaktieren" lassen sich keine aussagekräftigen Vergleiche anstellen. Was genau bedeutet „mehr"?

► Reichen 10 zusätzliche Kontakte aus, um das Ziel zu erreichen? Oder müssen 20 Kontakte gemacht werden?

► Reichen 10 zusätzliche Kontakte pro Quartal? Oder müssen 10 Kontakte im Monat oder in einer Woche gemacht werden? Oder vielleicht 100 Kontakte in einem Jahr?

Ohne eindeutiges Ziel können Sie auch keine Steuerungsmaßnahmen ergreifen und keine Korrekturen vornehmen. Denn Sie wissen ja nicht, ob das Ziel denn nun erreicht oder verfehlt wurde.

Steuerungsmaßnahmen bei konkreten Zielvorgaben

Anders sieht es dagegen mit dem konkreten und messbaren Ziel „Im nächsten Monat soll jeder Vertriebsmitarbeiter mindestens 15 potenzielle Neukunden kontaktieren" aus. Hier können Sie eindeutig anhand der tatsächlich erfolgten Kontakte überprüfen, ob das Ziel am Ende des Monats verfehlt, erreicht oder sogar übertroffen wurde.

Auch Steuerungsmaßnahmen lassen sich ohne weiteres vornehmen. Wenn der Vertriebsmitarbeiter zum Beispiel bis zur Mitte des Monats nicht sieben bis zehn Kontakte gemacht hat, wird er wahrscheinlich das Ziel am Ende des Monats nicht erreichen. Sie können dann rechtzeitig gezielt nach den Ursachen forschen und Veränderungen vornehmen, um Unterstützung zur Zielerreichung zu geben.

Tipp

Allzu oft haben Ziele aus Sicht der Mitarbeiter einen negativen Beigeschmack – nämlich dann, wenn vor allem das Verfehlen eines Ziels im Vordergrund steht. Sie können Ziele aber auch als positive Verstärkung einsetzen. Betrachten Sie es nicht als selbstverständlich, dass ein Mitarbeiter das gesetzte Ziel erreicht oder sogar übertrifft. Feiern Sie das Erreichen der Ziele. Es muss dabei nicht immer gleich ein großes Fest sein. Oft sorgen auch Kleinigkeiten wie ein besonderes Lob für zusätzliche Motivation.

Erreichbare und ambitionierte Ziele entwickeln

Ziele müssen aber nicht nur konkret und messbar sein, sondern auch realistisch. Überzogene Vorgaben wie „Wir steigern den Endkundenumsatz im nächsten Quartal um 200 Prozent" sorgen nur für Frustration bei allen Beteiligten.

Achten Sie auch darauf, dass sich die Ziele mit den vorhandenen Ressourcen erreichen lassen. Besonders bei der Neukundengewinnung wird der Aufwand oft unterschätzt. So macht ein Ziel „Wir gewinnen pro Monat 50 neue Kunden" überhaupt keinen Sinn, wenn die Vertriebsmannschaft lediglich aus drei Mitarbeitern besteht. Das Ziel lässt sich nicht erreichen – auch wenn alle Beteiligten extreme Anstrengungen unternehmen.

⇨ **Fazit:** Ziele müssen konkret, realistisch und über Kennzahlen messbar sein.

Schritt 3: Maßgeschneiderte Erfolgsstrategie entwickeln

Nach der Analyse des Ist-Zustands und der Definition der Ziele muss im nächsten Schritt eine maßgeschneiderte Erfolgsstrategie entwickelt werden: „Wie kommen wir vom IST zum SOLL?"

Dazu müssen folgende Fragen beantwortet werden:

▶ Wer sind die Zielgruppen beziehungsweise die Zielkunden?

▶ Welche Produkte und Dienstleistungen sollen im Mittelpunkt stehen?

▶ Welche Gebiete sollen bearbeitet werden?

▶ Welches Budget steht zur Verfügung?

Außerdem müssen die geeigneten Methoden für die Strategie ausgewählt werden. Wenn es um die Potenzialausschöpfung bei bestehenden Kunden (siehe Kapitel 3) geht, ist die Auswahl noch vergleichsweise einfach. Denn hier gibt es im Wesentlichen nur drei Varianten, die in Frage kommen:

1. das Beratungsgespräch
2. das Verkaufsgespräch und
3. das Kunden-Coaching.

Weitaus größer ist die Auswahl dagegen bei den Methoden zur Neukundengewinnung. Hier wird grundsätzlich zunächst einmal zwischen zwei Grundstrategien unterschieden: **Push und Pull.**

> Bei der **Push-Strategie** (to push = drücken) nimmt der Vertrieb direkt Kontakt mit dem Kunden auf. Ziel ist es, möglichst schnell zum Abschluss zu kommen, beziehungsweise möglichst schnell ein konkretes Angebot zu erstellen und in Verhandlungen einzutreten.

➢ **Hinweis:** Die Push-Strategie eignet sich vor allem dann, wenn ein konkreter Bedarf beim Kunden vorliegt und das eigene Produkt den Produkten der Wettbewerber deutlich überlegen ist. Im Vordergrund steht hier vor allem das Produkt selbst, weniger die Beziehung zwischen dem Vertrieb und dem Kunden.

Typische Methoden der Push-Strategie sind:

▶ Kaltakquisition
▶ Telemarketing/Call-Center
▶ Empfehlungsmanagement

- ▶ Verkaufsveranstaltung/Verkaufsevent
- ▶ Multiplikatoren-Methode.

Die **Pull-Strategie** (to pull = ziehen) dagegen setzt darauf, dass der Kunde im Bedarfsfall selbst beim Unternehmen anfragt. Sie eignet sich vor allem dann, wenn nicht genau abzusehen ist, wann ein Bedarf beim Kunden eintritt und wenn das eigene Produkt keine eindeutigen Vorteile gegenüber vergleichbaren Produkten des Wettbewerbs hat.

➤ **Hinweis:** Anders als die Push-Strategie setzt die Pull-Strategie nicht auf kurzfristige Abschlüsse. Sie sorgt zunächst vor allem dafür, dass Sie sich als leistungsstarker und vertrauenswürdiger Partner präsentieren können. Ihr Unternehmen soll dem Kunden als möglicher Lieferant im Gedächtnis bleiben und dann im Bedarfsfall kontaktiert werden.

Neben dem Produkt steht deshalb bei der Pull-Strategie auch der Beziehungsaufbau zum potenziellen Kunden im Mittelpunkt. Denn bei vergleichbarer Produktqualität geben oft weiche Faktoren wie die individuelle Betreuung oder die persönliche Beziehung zwischen Entscheider und Vertriebsmitarbeiter den Ausschlag für oder gegen einen Lieferanten. Die Pull-Strategie verschafft dem Kunden daher möglichst viele Gelegenheiten, sich davon zu überzeugen, dass Sie der „bessere" Lieferant sind – ohne dabei gleich auf einen Abschluss zu drängen.

Klassische Methoden der Pull-Strategie sind:

- ▶ Werbung
- ▶ Mailings
- ▶ Messen
- ▶ Internet-Präsenz und
- ▶ E-Mail-Newsletter.

Schritt 4: Rahmenbedingungen für Umsetzung schaffen

Nach der Festlegung der Strategie und der Auswahl der Methoden müssen die Rahmenbedingungen definiert werden: „Was brauchen wir für die Umsetzung?". Hier sind vor allem folgende Punkte wichtig:

- ▶ Welche Standards müssen geschaffen werden – zum Beispiel für ein Erstgespräch mit einem Kunden, für ein Beratungsgespräch oder für ein Verkaufsevent?

- Mit welchen Entlohnungssystemen können die Neukundengewinnung und die Potenzialausschöpfung optimal unterstützt werden?
- Welche Instrumente benötigen die Führungskräfte für ein wirkungsvolles Controlling und Coaching?
- Wie können die Neukundengewinnung und die Potenzialausschöpfung IT-technisch unterstützt werden?

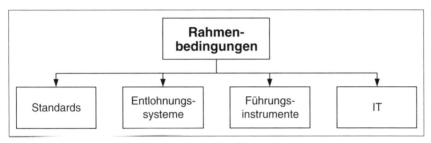

Abbildung 6: Die Rahmenbedingungen für die Umsetzung

Standards schaffen Sachzwänge und Klarheit

Besondere Bedeutung bei der Schaffung der Rahmenbedingungen haben die Standards. Sie definieren klare und eindeutige Vorgaben für sämtliche Aktivitäten, die regelmäßig bei der Neukundengewinnung durchgeführt werden. Dabei spielt es keine Rolle, ob eine Aktivität kurz-, mittel- oder langfristig angelegt ist.

Standards haben eine ganze Reihe von Vorteilen:

- Sie werden einmal verbindlich für alle Beteiligten definiert und gelten dann automatisch solange, bis sie verändert werden. Damit ist der Ablauf einer standardisierten Aktivität klar und eindeutig geregelt – ohne ständige Diskussionen, was nun wie und wann erfolgen muss oder wer wann aktiv wird.

- Sie machen Aktivitäten, die von verschiedenen Mitarbeitern durchgeführt werden, vergleichbar und messbar.

- Sie erlauben jederzeit Aussagen zum aktuellen Stand einer Aktivität. Damit ist auch ein rechtzeitiges gezieltes Gegensteuern möglich, falls das gewünschte Ziel in Gefahr gerät.

- Sie erleichtern Führungsaufgaben, da Fakten und Sachzwänge geschaffen werden.

Und: Jede Vertriebs-Offensive führt zu Veränderungen in Ihrem Unternehmen – zum Teil mit einschneidenden Auswirkungen. Veränderungen sorgen erfahrungsgemäß bei vielen Mitarbeitern für Unruhe und Unsicherheit, weil gewohnte Bahnen verlassen werden müssen und niemand genau weiß, was ihn in der Zukunft erwartet. Hier können Sie mit Standards bewusst einen Gegenpol der Struktur und der Klarheit setzen. Anhand der vorgegebenen Abläufe ist für jeden Mitarbeiter klar, was er zukünftig wie und in welchem Zeitraum erledigen muss.

➢ **Hinweis:** Ohne Standards entscheidet oft der Zufall über den Erfolg oder Misserfolg Ihrer Vertriebs-Offensive. Verzichten Sie daher auf keinen Fall auf dieses wertvolle Instrument. Definieren Sie klare eindeutige Vorgaben und sorgen Sie dafür, dass die Vorgaben allen Mitarbeitern bekannt sind.

Tipp

Übertreiben sollten Sie es allerdings auch nicht. Zu viele Standards sorgen eher für Verwirrung als für Klarheit. Im Idealfall haben Ihre Mitarbeiter sämtliche Standards auswendig im Kopf – ohne erst lange in irgendwelchen Unterlagen nachschlagen zu müssen. Konzentrieren Sie sich daher bei der Definition der Standards auf die wesentlichen Aktivitäten, die regelmäßig ausgeführt werden müssen. Bei anderen Aktivitäten, die nur sporadisch anfallen, können Sie immer noch im Einzelfall entscheiden, wie Sie vorgehen wollen.

Standards und Steuerung

Definieren Sie Standards aber nicht nur, sondern stellen Sie auch sicher, dass die Standards tatsächlich eingehalten werden. Ohne diese Kontrolle können Sie sich den Aufwand für das Erstellen der Vorgaben eigentlich schenken. Verlassen Sie sich nicht darauf, dass Ihre Mitarbeiter die Standards in Eigenverantwortung umsetzen. Hier gilt das alte Sprichwort „Vertrauen ist gut, Kontrolle ist besser" – auch wenn das dem ein oder anderen Mitarbeiter sicherlich zu Beginn nicht unbedingt gefallen wird. Die Disziplin der Steuerung kann auch positiv auf Ihr eigenes Führungsverhalten respektive das Ihrer Führungskräfte rückwirken, denn öfters werden zwar Standards entwickelt, die Führungskraft selbst ist aber zu beschäftigt oder unwillig, sich um die Einhaltung zu kümmern. Damit wird aber zu viel Verantwortung auf die Mitarbeiter abgewälzt, die durchaus Anspruch auf eine „präsente" Führung haben.

Die Erfahrung hat gezeigt, dass Standards ohne regelmäßige Kontrollen respektive Steuerung schnell zum Selbstzweck verkommen. Das ist oft keine böse Absicht. In vielen Fällen machen sich nach einiger Zeit der tägliche Trott und die menschliche Bequemlichkeit wieder breit, und die

Standards geraten in Vergessenheit. Es ist Ihre Aufgabe als Führungskraft dafür zu sorgen, dass es erst gar nicht soweit kommt. Lenken Sie die Aufmerksamkeit Ihrer Mitarbeiter immer wieder neu auf die definierten Standards – zum Beispiel eben durch regelmäßige Kontrollen im Steuerungsprozess.

Tipp

Allein schon das Wort „Kontrolle" hat für viele Mitarbeiter und auch für Führungskräfte und vielleicht auch für Sie eine sehr negative Konnotation – ganz einfach, weil nur wenige Menschen ihre eigenen Leistungen gerne kritisch unter die Lupe nehmen lassen. Machen Sie deshalb Ihren Mitarbeitern klar, dass es nicht darum geht, einen „Schuldigen" zu suchen und zu „bestrafen". Sinn und Zweck der Überprüfungen ist es, bei drohenden Abweichungen von den Zielen der Vertriebs-Offensive rechtzeitig reagieren zu können. Betonen Sie deshalb die zukunftsorientierte, steuernde Funktion der Kontrollen und nicht die vergangenheitsorientierte „strafende". Die zentrale Frage der Steuerung ist: „Wie kommen wir gemeinsam zum Ziel?" und nicht „Wer ist schuld an Abweichungen?"

Konsequent umgesetzt werden die Standards und auch die Kontrollen zur Einhaltung der Standards zum Alltag für Ihre Mitarbeiter. Die anfängliche Skepsis und auch mögliche Widerstände verschwinden dann quasi von ganz allein.

➤ **Hinweis:** Definieren Sie nicht nur für die Vertriebsmitarbeiter Standards, sondern auch für die Führungskräfte. Es muss zum Beispiel klar und eindeutig geregelt werden, wann und wie eine Führungskraft Gespräche mit den Mitarbeitern oder Meetings durchführt. Schaffen Sie hier ebenfalls **Sachzwänge** und stellen Sie sicher, dass auch die **Standards** für die Führungsebene zum Alltag werden. Ohne Standards für die Führungskräfte verlieren die Standards für die Mitarbeiter viel von ihrer Wirkung.

Schritt 5: Operativer Plan der Umsetzung

Im letzten Schritt wird die Strategie in operative Schritte umgesetzt: „Wie gehen wir genau vor?" Ein Projektplan entsteht. In dieser Phase stehen vor allem folgende Fragen im Mittelpunkt:

▶ Wie müssen die Führungskräfte sowie der Innen- und Außendienst vorbereitet werden?

▶ Wie erfolgt das Controlling? Wie wird der Erfolg der Maßnahmen geprüft?

▶ Welche Coachingmöglichkeiten sollen eingesetzt werden?

⇨ **Fazit:** Konsequent umgesetzt lassen sich mit der Vertriebs-Offensive beeindruckende Ergebnisse erzielen – auch in sehr stark umkämpften Markt-Segmenten.

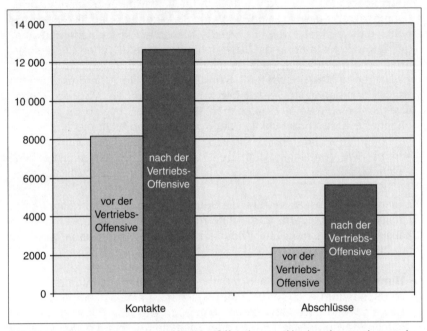

Abbildung 7: Ergebnisse einer Vertriebs-Offensive zur Neukundengewinnung im Handwerksbereich bezogen auf Kontakte und Abschlussquote

In Abbildung 7 sehen Sie die Ergebnisse einer real von uns mit dem Kunden durchgeführten Vertriebs-Offensive zur Neukundengewinnung im Handwerksbereich bezogen auf Kontakte und Abschlussquote. Dies ist gelungen, ohne auch nur einen einzigen zusätzlichen Vertriebsmitarbeiter anstellen zu müssen – und hat zudem zu viel mehr Zufriedenheit und Einsatz sowie Selbstbestätigung unter den Vertriebsmitarbeitern geführt!

Strategie 1: Vertriebs-Offensive zur Neukundengewinnung

Ohne neue Kunden geht es nicht. Zum einen gibt es bei den bestehenden Kunden Wachstumsgrenzen. Sie können die Umsätze pro Kunde nicht beliebig erhöhen. Zum anderen werden Sie unweigerlich im Laufe der Zeit Kunden verlieren – sei es, weil diese zum Wettbewerb wechseln oder einfach durch „natürlichen Schwund": geänderte Kundenbedürfnisse, nicht mehr passende Strukturen, Illiquidität, Fusion oder Übernahme durch ein anderes Unternehmen, das bereits Lieferanten- oder Dienstleisterverträge mitbringt.

Das Problem ist nun: Nur noch in den seltensten Fällen kommen neue Kunden von allein zu Ihnen. Ganz im Gegenteil: Neukunden sind heiß begehrt und stark umworben. Sie müssen den potenziellen Kunden also genügend Gründe geben, warum sie ausgerechnet bei Ihnen kaufen sollen. Ein „triviales" Marketing nach dem Motto „Mein Produkt ist das beste und das billigste" verpufft dabei fast immer. Denn diesen „Vorteil" nehmen garantiert auch all Ihre Wettbewerber für sich in Anspruch.

Sie brauchen eine ausgefeilte und maßgeschneiderte Strategie: die Vertriebs-Offensive zur Neukundengewinnung.

1. Worauf aufbauen? Die Analyse

Der erste Schritt der Vertriebs-Offensive zur Neukundengewinnung ist die Analyse. Dabei sind vor allem Daten aus den folgenden Bereichen wichtig:

▶ Kundenstamm
▶ bereits durchgeführte Aktivitäten zur Neukundengewinnung
▶ Wettbewerb
▶ Mitarbeiter und
▶ vorhandene Instrumente.

Was wissen Sie genau über Ihre Kunden? Die Kundenstamm-Analyse

Bei der Kundenstamm-Analyse sammeln Sie alle verfügbaren Informationen zur Ihren bereits vorhandenen Kunden. Neben den Adressdaten und dem Ansprechpartner sollten Sie dabei auch folgende Daten berücksichtigen:

▶ Branche
▶ Anzahl der Mitarbeiter

- bisheriger Umsatz
- bisher abgenommene Produkte oder Dienstleistungen
- zuständiger Vertriebsmitarbeiter
- Anzahl der Kontakte pro Monat oder Quartal
- Abschlüsse pro Monat oder Quartal
- durchschnittlicher Umsatz pro Abschluss und
- eine Einschätzung der wirtschaftlichen Situation des Kunden.

Anhand dieser Daten können Sie dann verschiedene **Rankings und Auswertungen (Reports)** erstellen – zum Beispiel

- eine ABC-Kategorisierung der Kunden nach Umsatz
- den durchschnittlichen Umsatz pro Kunde
- die durchschnittliche Anzahl von Kontakten pro Monat
- eine Verteilung der Kunden in den verschiedenen Postleitzahl-Gebieten
- eine Verteilung der Kunden in verschiedenen Branchen sowie
- besonders gut laufende Produkte und Dienstleistungen.

Ein Beispiel für ein Umsatzranking:

Umsatz	Kategorie	Anzahl Kunden
> 20 000 €	Basis-Kunde	272
20 000 € – 70 000 €	Entwicklungs-Kunde	143
< 70 000 €	Top-Kunde	15

Tipp

Das manuelle Erstellen der Auswertungen ist sehr mühselig, zeitaufwändig und auch fehlerträchtig. In vielen Fällen ist die Arbeit zudem völlig überflüssig: Nahezu alle IT-Systeme zur Vertriebsunterstützung – gleich welcher Größenordnung – bieten Ihnen zahlreiche Auswertungen (Reports) als Standardberichte an. Analysieren Sie diese Standardberichte in Ruhe und passen Sie sie gegebenenfalls an Ihre Anforderungen an.

Berücksichtigen Sie bei der Analyse auch Kunden, die Sie verloren haben, und Interessenten, die nie zu Kunden geworden sind. Versuchen Sie dabei herauszufinden, warum die Kunden Ihnen den Rücken gekehrt haben beziehungsweise warum es nicht zum Abschluss gekommen ist. Gründe oder Begründungen werden Sie spätestens auf Nachfrage an Ihren Vertrieb viele erhalten. Ordnen Sie diese nach drei Gruppen:

1. Organisatorisches
2. Vorwände
3. Einwände.

Denn gerade diese Daten liefern Ihnen wertvolle Informationen, wo es bei Ihnen im Vertrieb möglicherweise „klemmt". Und so können Sie daraus auch Schulungspotenzial für Ihre Vertriebler ableiten:

1. Organisatorisches, z. B. „Ansprechpartner beim Kunden wurde nicht erreicht", „Messekontakt wurde nicht nachbearbeitet" etc. Lassen Sie dieses in die Prozessoptimierung einfließen. Eventuell muss die Kontaktfrequenz erhöht, die Datenbasis verbessert oder die „Hartnäckigkeit" respektive Resilienz des Vertriebsmitarbeiters etwas erhöht werden.

2. Vorwände von Kunden dechiffrieren und Vorwand-Behandlung intensivieren. Gegebenenfalls Schulung auffrischen (Training, möglich auch Online-Training).

3. Einwände als Hinweise von Kunden verstehen, wo es wirkliche Barrieren gibt. Pricingmodell angemessen? Produktangebot oder -skalierung passend? Produktportfolio passend für Bedürfnis des Kunden? Gegebenenfalls mit Produktentwicklung durchsprechen.

Die Historie: Analyse der durchgeführten Aktivitäten

Ausgehend von der Kundenstamm-Analyse nehmen Sie die bisher durchgeführten Aktivitäten zur Neukundengewinnung unter die Lupe. Dabei interessieren vor allem die folgenden Punkte:

Welche Aktivitäten wurden bisher mit welcher Frequenz durchgeführt? Was war das Ergebnis der Aktivitäten?

So können Sie zum Beispiel ermitteln, bei wie vielen Erstkontakten ein Verkaufsgespräch stattgefunden hat und wie viele dieser Verkaufsgespräche tatsächlich zu einem Abschluss geführt haben. Als Ergebnis erhalten Sie dann eine **Terminquote** beziehungsweise eine **Abschlussquote** pro Erstkontakt.

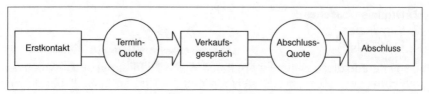

Abbildung 8: Termin- und Abschlussquote pro Erstkontakt

Wie lang sind Ihre Sales-Cycles?

Neben den Quoten sollten Sie aber auch die Zeiten analysieren – zum Beispiel die **Sales-Lead-Time**. Sie drückt aus, wie viel Zeit durchschnittlich zwischen einem Erstkontakt, einem Verkaufsgespräch und einem Abschluss vergeht.

Falls möglich, sollten Sie außerdem den zeitlichen Aufwand für die einzelnen Aktivitäten ermitteln. Dazu benötigen Sie konkrete Daten, wie lange zum Beispiel die Erstkontakte, die Verkaufsgespräche und die Abschlussverhandlungen sowie die entsprechenden Vorbereitungen gedauert haben.

Tipp

Falls Ihnen diese Zeitdaten nicht vorliegen, bitten Sie die Vertriebsmitarbeiter, den Aufwand zu schätzen. Diese Schätzungen liefern Ihnen in aller Regel zumindest brauchbare Richtwerte.

Die Analyse der bisher durchgeführten Aktivitäten könnte zum **Beispiel** so aussehen:

Aktivität	Terminquote	Abschluss-quote	Sales-Lead-Time
Kaltakquisition	34%	7%	23 Tage
Mailing 1 vom 6.7.	1,2%	0,9%	12 Tage
Mailing 2 vom 12.12.	2,3%	1,1%	9 Tage
Verkaufsevent 1 am 1.3.	79%	32%	30 Tage
Verkaufsevent 2 am 15.5.	67%	38%	27 Tage
Messeauftritt am 12.7.	31%	13%	60 Tage

Zeitlicher Aufwand

Tätigkeit	durchschnittlicher Aufwand mit Vorbereitung
Erstkontakt	1 Stunde 20 Minuten
Verkaufsgespräche	2 Stunden 45 Minuten
Abschlussverhandlungen	1 Stunde 30 Minuten

Wer wildert in Ihrem Revier?
Die Wettbewerbsanalyse

Im nächsten Schritt analysieren Sie Ihre Wettbewerber. Dazu sammeln Sie zunächst einmal Fakten wie

▶ Name und Rechtsform
▶ Anschrift
▶ Anzahl der Mitarbeiter
▶ Umsatz
▶ Anzahl der Niederlassungen
▶ Portfolio.

➢ **Hinweis:** Diese Daten finden Sie in der Regel in Broschüren oder auf der Internet-Seite des Wettbewerbers, im Handelsregister, in Fachmagazinen oder auch in den IHK-Mitteilungen. Neben den „harten" Fakten sollten Sie sich aber auch gezielt über Stärken und Schwächen der einzelnen Wettbewerber informieren. Dazu eignen sich zum Beispiel ideal ein anonymer Testkauf oder eine anonyme Anfrage.

Halten Sie dabei fest,

▶ wie lange es gedauert hat, bis Sie einen Termin bekommen haben
▶ ob Sie freundlich, kompetent und umfassend beraten wurden
▶ ob Ihnen Informationsmaterial zugeschickt wurde
▶ ob verbindliche Folgetermine und -aktivitäten vereinbart wurden.

Versuchen Sie dann, eine Außenposition einzunehmen: Vergleichen Sie Ihre Eindrücke vom Wettbewerber mit Ihrem eigenen Unternehmen:

▶ Was hat Ihnen beim Wettbewerb besonders gefallen?
▶ Wo sehen Sie die besonderen Stärken des Wettbewerbers?
▶ Wo liegen möglicherweise besondere Schwächen?
▶ Werden Interessenten in Ihrem Unternehmen in ähnlicher Form behandelt?
▶ Best Practice: Was könnten Sie vom Wettbewerber übernehmen?

Eine weitere sehr ergiebige Quelle für Informationen über Ihre Wettbewerber können auch Ihre eigenen Interessenten und Kunden sein. Denn sie besitzen durch selbst durchgeführte Vergleiche oft erstaunliche Detailkenntnisse des Marktes und auch der verschiedenen Anbieter.

Schwächen als Chancen nutzen

Häufig bleiben diese Quellen allerdings ungenutzt. Denn viele Vertriebsmitarbeiter versuchen, direkte Vergleiche durch den Kunden nach Möglichkeit zu vermeiden, damit das eigene Produkt nicht „schlecht da steht". Auch wenn es unter Umständen unangenehm werden kann: Hören Sie genau zu, wenn ein Interessent oder Kunde Vergleiche zwischen Ihren Produkten und den Leistungen des Wettbewerbs anstellt. Diese Vergleiche zeigen Ihnen häufig Ihre Schwachstellen – und zwar ohne jede Schönfärberei.

Halten Sie so viele Daten wie eben möglich zu Ihren Wettbewerbern fest, auch wenn sie Ihnen im Moment vielleicht noch nicht sonderlich wichtig erscheinen. Beschränken Sie die Informationsbeschaffung nicht nur auf die „harten" Fakten, sondern versuchen Sie gezielt, die Stärken und Schwächen Ihrer Wettbewerber herauszufinden. Diese Informationen sind im direkten Kontakt mit dem Kunden extrem wichtig: Nur wenn Sie Ihren

Wettbewerb so genau wie eben möglich kennen, können Sie eine maßgeschneiderte Nutzenargumentation und Einwandbehandlung aufbauen.

Ihr kostbarstes Vertriebskapital: die Mitarbeiteranalyse

Die Mitarbeiteranalyse besteht aus zwei Teilen: quantitativen und qualitativen Aspekten. Kurz gesagt: aus der Ermittlung der Anzahl und aus der Ermittlung der Qualifikation.

Der erste Teil ist schnell erledigt. Halten Sie fest, wie viele Mitarbeiter im Innen- und Außendienst sowie allen weiteren vertriebsrelevanten Bereichen beschäftigt sind. Der zweite Teil – die Ermittlung der Qualifikation – dagegen ist nicht ganz so einfach. Denn ein einfacher Vergleich von Umsatzzahlen, Termin- und Abschlussquoten der Vertriebsmitarbeiter kann zu verfälschten Ergebnissen führen. Möglicherweise hat ja ein Mitarbeiter mit einer höheren Abschlussquote einfach ein „ergiebigeres" Vertriebsgebiet als ein Mitarbeiter, der nicht so gute Zahlen vorweisen kann. Über die eigentliche Qualifikation sagen solche Zahlen also nur recht wenig aus.

Potenziale ermitteln

Dazu müssten Sie Ihre Vertriebsmitarbeiter über einen längeren Zeitraum bei der täglichen Arbeit beobachten und die Ergebnisse dieser Beobachtungen dann auswerten. Solche „Untersuchungen" sind aber zum einen sehr aufwändig, zum anderen führen sie sehr schnell dazu, dass sich der Mitarbeiter kontrolliert und überwacht fühlt. Unter Umständen „verkrampft" er und zeigt bei weitem nicht das, was er eigentlich kann.

Eine gute Alternative zu den Beobachtungen am Arbeitsplatz bieten spezielle Potenzialanalyseverfahren, bei denen die Mitarbeiter mit alltäglichen

Verkaufs-Situationen konfrontiert werden. Solche Potenzialanalyseverfahren erlauben zum einem Aussagen zur Leistungsfähigkeit und zur Motivation eines Mitarbeiters, geben zum anderen aber auch gezielte Hinweise für Fort- und Weiterbildung.

> **Tipp**
>
> Denken Sie bei der Analyse nicht nur an die Mitarbeiter, sondern grundsätzlich immer an die Führungskräfte. Auch hier bieten sich maßgeschneiderte Potenzialanalyseverfahren an, um die Potenziale auszuloten. Lassen Sie die Potenzialanalyseverfahren nach Möglichkeit von Dritten durchführen. So können Sie sicher sein, dass die Beurteilungen nicht durch persönliche Rivalitäten oder zwischenmenschliche Spannungen negativ eingefärbt werden.

Die technischen Systeme: Analyse der Instrumente

Im letzten Schritt der Analyse schließlich nehmen Sie die vorhandenen Instrumente unter die Lupe. Zum einen sollten Sie überprüfen, ob Ihr IT-System Ihnen die nötigen Berichte (Reports) und Auswertungen liefern kann. Falls das nicht der Fall ist, müssen Sie festlegen, welche Anpassungen und Erweiterungen im Detail erforderlich sind, und entsprechende Veränderungen veranlassen.

Danach kommen dann die Controlling- und Coaching-Instrumente an die Reihe:

- ▶ Wurden solche Instrumente bisher überhaupt eingesetzt?
- ▶ Wenn ja: In welcher Form?
- ▶ Was wurde genau geprüft?
- ▶ Welche Steuerungsmaßnahmen wurden bisher durchgeführt? Mit welchen Erfolgen?
- ▶ Welche Coaching-Möglichkeiten wurden den Mitarbeitern bisher angeboten?
- ▶ Wie war die Akzeptanz dieser Angebote?
- ▶ Welche Ergebnisse hat das Coaching gebracht?

Die Ergebnisse dieser Analyse sollten Sie in Listenform festhalten.

✓ Checkliste der kompletten Analyse

(zum Download unter www.vertriebs-offensive.com)

Kundenstamm-Analyse	
Haben Sie mindestens folgende Daten erfasst?	
► Adresse	❏
► Ansprechpartner	❏
► bisheriger Umsatz	❏
► Branche	❏
► Anzahl der Mitarbeiter	❏
► bisher abgenommene Produkte und Dienstleistungen	❏
► zuständiger Vertriebsmitarbeiter	❏
► Anzahl der Kontakte pro Monat oder Quartal	❏
► Abschlüsse pro Monat oder Quartal	❏
► durchschnittlicher Umsatz pro Abschluss	❏
► wirtschaftliche Situation des Kunden	❏
Haben Sie eine ABC-Kategorisierung der vorhandenen Kunden durchgeführt?	❏
Haben Sie die regionale Verteilung der vorhandenen Kunden ausgewertet?	❏
Haben Sie die Verteilung der vorhandenen Kunden auf unterschiedliche Branchen ermittelt?	❏
Haben Sie ausgewertet, welche Produkte oder Dienstleistungen besonders gut laufen?	❏
Haben Sie auch Kunden berücksichtigt, die Sie wieder verloren haben?	❏
Haben Sie Daten zu Interessenten erfasst, bei denen es nie zum Abschluss gekommen ist?	❏
Analyse der bisher durchgeführten Aktivitäten	
Haben Sie eine Liste aller bisher durchgeführten Aktivitäten zur Neukundengewinnung erstellt?	❏
Haben Sie die Terminquote der einzelnen Aktivitäten ermittelt?	❏
Kennen Sie die Abschlussquote der einzelnen Aktivitäten?	❏
Haben Sie die Sales-Lead-Time der Aktivitäten ermittelt?	❏
Kennen Sie den zeitlichen Aufwand einzelner Aktivitäten – zumindest als grobe Schätzung?	❏

Wettbewerbsanalyse	
Haben Sie mindestens folgende „harte" Fakten zu Ihren Wettbewerbern gesammelt?	
▶ Name und Rechtsform	❏
▶ Anschrift	❏
▶ Anzahl der Mitarbeiter	❏
▶ Umsatz	❏
▶ Anzahl der Niederlassungen	❏
▶ Portfolio	❏
Kennen Sie die Stärken und Schwächen des Wettbewerbers?	❏
Haben Sie anonyme Testkäufe durchgeführt oder durchführen lassen?	❏
Sind diese Testkäufe protokolliert und ausgewertet?	❏
Haben Sie bei eigenen Kunden und Interessenten Informationen zum Wettbewerb beschafft?	❏
Haben Sie Test- und Erfahrungsberichte im Internet ausgewertet?	❏
Mitarbeiteranalyse	
Haben Sie alle Mitarbeiter in vertriebsrelevanten Bereichen zahlenmäßig erfasst?	❏
Haben Sie die Qualifikation der Mitarbeiter ermittelt – zum Beispiel über spezielle Potenzialanalyseverfahren?	❏
Analyse der Instrumente	
Liefert das vorhandene IT-System die nötigen Berichte und Auswertungen?	❏
Falls nicht: Haben Sie die erforderlichen Anpassungen und Erweiterungen eindeutig definiert?	❏
Haben Sie die bisher eingesetzten Controlling- und Coaching-Instrumente erfasst?	❏
Sind die Ergebnisse beziehungsweise Auswirkungen dieser Instrumente bekannt?	❏
Werden diese Instrumente von den Mitarbeitern akzeptiert?	❏

2. Strategische Unternehmensziele qualitativ definieren

Nach der Analyse müssen Sie Ihre Ziele definieren. Ausgangspunkt bilden dabei in der Regel qualitative strategische Unternehmensziele, wie zum Beispiel

▶ Einnahme einer Spitzenposition unter den Top 3 in der Branche
▶ Sicherstellen der finanziellen Unabhängigkeit des Unternehmens
▶ kurzfristige Erhöhung des Umsatzes
▶ langfristige Sicherung des Absatzes
▶ Erhöhung der Kundenzufriedenheit
▶ Verbesserung der Produktqualität
▶ stärkere Marktpräsenz oder
▶ Positionierung eines neuen Produktes.

Aus diesen qualitativen Zielen lassen sich dann quantitative Ziele ableiten, wie

▶ Der Zielumsatz soll mindestens 20 Millionen Euro betragen.
▶ Der Zielabsatz soll mindestens 100 000 Stück betragen.
▶ Der Umsatz soll jährlich mindestens um 7 Prozent wachsen.
▶ Der Absatz soll jährlich mindestens um 10 Prozent wachsen.

> **Tipp**
>
> Verzetteln Sie sich bei den Zielen nicht. Definieren Sie einige wenige TOP-Ziele, auf die Sie sich dann voll konzentrieren.

In der Praxis werden die quantitativen Ziele dann nicht selten auf verschiedene Produktgruppen verteilt und liefern so die Zielvorgaben für den Vertrieb.

Beispiel: Wenn die Produktgruppe A 20 Prozent des Umsatzes liefert, müsste der Vertrieb bei einem Zielumsatz von 20 Millionen Euro mit dieser Produktgruppe entsprechend 4 Millionen Euro Umsatz bringen.

Steuerungsmechanismen verfeinern

Solch pauschale Vorgaben sind allerdings für eine gezielte Steuerung viel zu grob. Sie können das Ziel zwar mit einer Kennzahl wie „Umsatz in der Produktgruppe A pro Monat" abbilden und auch recht einfach durch einen Vergleich von Soll und Ist Abweichungen feststellen. Sie wissen dann allerdings lediglich, ob das Ziel erreicht wurde oder nicht. Konkrete Aussagen, warum das Ziel nicht erreicht wurde, lassen sich allein mit der Kennzahl „Umsatz in der Produktgruppe A pro Monat" nicht machen.

Außerdem bleibt es bei solch pauschalen Vorgaben dem Vertrieb weitgehend selbst überlassen, wie und womit er das Ziel erreicht. Und das führt nicht selten dazu, dass der Weg des geringsten Widerstands genommen wird: Die Vertriebs-Mannschaft konzentriert sich vor allem auf bestehende Kunden und versucht, die Umsatzziele dort zu erreichen. Die Neukundengewinnung wird nur sehr halbherzig betrieben und bei Misserfolgen oder Rückschlägen in vielen Teilen sogar ganz fallen gelassen. Im Ergebnis führt diese Haltung oft dazu, dass die gesetzten Ziele nicht erreicht werden.

Konkrete Umsatz- und Ergebnisziele ermitteln

Sie müssen die Ziele daher noch weiter verfeinern – und zwar in individuelle Ergebnis- und auch Aktivitätsziele für jeden einzelnen Vertriebsmitarbeiter.

Die Ergebnisziele ermitteln Sie dabei aus dem Umsatzziel des Vertriebsmitarbeiters. Von diesem Ziel ziehen Sie den Umsatz ab, den der Mitarbeiter mit den bestehenden Kunden erzielen kann. Den entsprechenden Wert erhalten Sie aus der Kundenstamm-Analyse, die Sie im ersten Schritt durchgeführt haben. Als Ergebnis erhalten Sie dann ein Umsatzziel, das zum Beispiel über neue Kunden realisiert werden muss.

Eine Beispielrechnung:

Umsatzziel		350 000
davon mit bestehenden Kunden zu erzielen	–	250 000
Umsatzziel für Neukunden	=	100 000

Noch konkreter wird dieses Ergebnisziel, wenn Sie es in die Anzahl der erforderlichen Neukunden umrechnen. Dazu teilen Sie das Umsatzziel für Neukunden durch den durchschnittlichen Umsatz, den der Vertriebsmitarbeiter bei Neukunden erzielt. Diesen Wert liefert Ihnen ebenfalls die Kundenstamm-Analyse.

Die vollständige **Beispielrechnung** könnte dann so aussehen:

Umsatzziel		350 000
davon mit bestehenden Kunden zu erzielen	–	250 000
Umsatzziel für Neukunden	=	100 000
durchschnittlicher Umsatz pro Neukunde	/	20 000
Anzahl der erforderlichen Neukunden	=	5

Quelle: in Anlehnung an Dannenberg 2003, S. 145

Aktivitätsziele ableiten

Mit den Daten aus der Analyse lassen sich dann in einem zweiten Schritt aus den Ergebniszielen konkrete Aktivitätsziele ableiten – zum Beispiel die Anzahl der Erstkontakte, die durchgeführt werden müssen. Dazu rechnen Sie über die durchschnittliche Abschluss- und Terminquote zurück.

Auch hierzu einige **Rechenbeispiele:**

▶ Bei einer durchschnittlichen Abschlussquote von sieben Prozent bei der Kaltakquisition müssten für fünf Neukunden mindestens 72 Verkaufsgespräche stattfinden. Diese 72 Verkaufsgespräche wiederum erfordern bei einer Terminquote von 34 Prozent mindestens 212 Erstkontakte – pro Monat also knapp 18.

▶ Bei einem Mailing mit einer durchschnittlichen Terminquote von 2,3 Prozent und einer durchschnittlichen Abschlussquote von 1,1 Prozent müssten knapp 19 800 Anschreiben verschickt werden, um fünf neue Kunden zu erhalten.

▶ Bei einem Verkaufsevent mit einer durchschnittlichen Terminquote von 79 Prozent und einer durchschnittlichen Abschlussquote von 32 Pro-

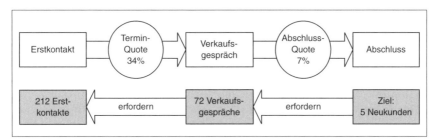

Abbildung 9: Aus der durchschnittlichen Abschluss- und Terminquote auf die benötigten Erstkontakte zurückrechnen
Quelle: in Anlehnung an Dannenberg 2003, S. 148

zent müssten Sie mindestens 21 Teilnehmer einladen, damit im Ergebnis fünf Neukunden erreicht werden.

Kennzahlen für Aktivitätsziele festlegen

Kennzahlen für Aktivitätsziele geben dem Vertrieb klare und eindeutige Vorgaben, welche Aktivitäten in welchem Zeitraum zu erledigen sind. Dadurch eignen sie sich auch sehr viel besser zur Steuerung als pauschale Zielvorgaben oder reine Ergebnisziele. So können Sie zum Beispiel über eine Kennzahl „Anzahl der Erstgespräche pro Monat" auf einen Blick sehen, ob der Vertriebsmitarbeiter seine Ziele für den aktuellen Monat erreichen wird, und gegebenenfalls gezielt Gegenmaßnahmen einleiten. Sie müssen also nicht erst abwarten, bis Umsatzzahlen vorliegen – denn dann ist es in der Regel für Korrekturen bereits zu spät.

Außerdem verhindern Kennzahlen für Aktivitätsziele auch die „Aufschieberitis" nach dem Motto „Ich habe ja noch zehn Monate Zeit". Jeder Vertriebsmitarbeiter kann sich jederzeit einen Überblick verschaffen, wie weit er seine Ziele bereits erreicht hat und welche Aktivitäten noch erforderlich sind. Auf diese Weise ermöglichen Aktivitätsziele jedem einzelnen Vertriebsmitarbeiter eine detaillierte Planung und Strukturierung seiner Arbeit.

Tipp

Definieren Sie daher nicht nur Kennzahlen für Ergebnisziele, sondern auch für Aktivitätsziele. Fixieren Sie alle Ziele schriftlich, zum Beispiel in Aufgaben- und Ergebnisvereinbarungen.

Über die Zeitdaten der einzelnen Aktivitäten aus der Analyse können Sie dann auch errechnen, wie viel Kapazität bei jedem einzelnen Vertriebsmitarbeiter gebunden wird, um die Ziele bei der Neukundengewinnung zu erreichen.

Das könnte dann für das oben gewählte **Beispiel** der Kaltakquisition (S. 50) so aussehen: Um fünf Neukunden im Jahr zu gewinnen, müssen 18 Erstgespräche und sechs Verkaufsgespräche pro Monat geführt werden. Die Zeitdaten aus der Analyse ergeben eine durchschnittliche Dauer mitsamt Vorbereitung von 1 Stunde 20 Minuten für einen Erstkontakt und 2 Stunden 45 Minuten für ein Verkaufsgespräch. Für die fünf Neukunden müsste der Vertriebsmitarbeiter dann monatlich knapp 40,5 Stunden aufbringen – also gut ein Viertel seiner Arbeitszeit. Oder andersherum ausgedrückt: Für die Betreuung der vorhandenen Kunden bleiben dem Mitarbeiter drei Viertel seiner Arbeitszeit.

Realistische Zeiten und Quoten zugrunde legen

Anhand der Zeitdaten lässt sich auch sehr gut abschätzen, wie realistisch die gesetzten Ziele sind. Denn besonders bei der Neukundengewinnung wird der Aufwand häufig stark unterschätzt. Ein **Beispiel:**

Ein Vertriebsmitarbeiter hat das Ziel, pro Jahr 20 neue Kunden zu gewinnen. Als absolute Zahl sieht dieses Ziel recht „harmlos" und auch durchaus realistisch aus. Errechnen Sie jetzt aber über die Quoten und die durchschnittlichen Zeiten die erforderlichen Kapazitäten, wird schnell klar, dass dieses Ziel neben der Betreuung der vorhandenen Kunden gar nicht zu erreichen ist. Denn der Mitarbeiter müsste mit den Daten aus den Beispielen von oben pro Monat allein für die Neukundengewinnung über 160 Stunden aufwenden – also eigentlich seine gesamte Arbeitszeit.

Denken Sie bei Ermittlung des zeitlichen Aufwands auch daran, dass kein Vertriebsmitarbeiter seine gesamte Arbeitszeit für die Kundenbetreuung zur Verfügung hat. Von den durchschnittlich 220 Arbeitstagen im Jahr müssen Sie zum Beispiel Bürotage, Weiterbildungen oder auch Meetings abziehen. Im Schnitt bleiben so für die eigentliche Arbeit mit den Kunden – und damit auch für die Neukundengewinnung – lediglich 173 Arbeitstage übrig.

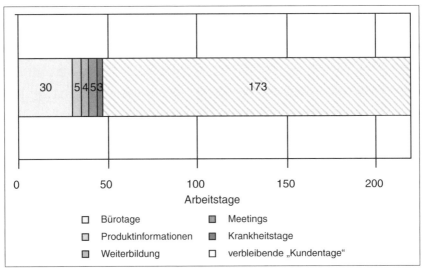

Abbildung 10: Von 220 Arbeitstagen eines Vertriebsmitarbeiters verbleiben für die Kundenarbeit 173 Arbeitstage.

Da die Kennzahlen zu den Ergebnis- und Aktivitätszielen – abhängig von der Branche und auch dem einzelnen Unternehmen – sehr stark schwanken können, sollten Sie in jedem Fall eine eigene individuelle Zielplanung durchführen.

Dazu können Sie die folgenden **Formblätter** benutzen:

Ergebnisziele

Umsatzziel		
davon mit bestehenden Kunden zu erzielen	–	
Umsatzziel für Neukunden	=	
durchschnittlicher Umsatz pro Neukunde	/	
Anzahl der erforderlichen Neukunden (NK)	=	

Aktivitätsziele

durchschnittliche Abschlussquote aus der Analyse (AQ)	
Anzahl der erforderlichen Verkaufsgespräche $(VG = NK/AQ \times 100)$	
pro Monat	
durchschnittliche Terminquote aus der Analyse (TQ)	
Anzahl der erforderlichen Erstkontakte $(VG/TQ \times 100)$	
pro Monat	

Zeit- und Kapazitätsplanung

durchschnittliche Dauer Erstkontakte aus der Analyse		
Anzahl der erforderlichen Erstkontakte	×	
benötigte Kapazität für Erstkontakte	=	
durchschnittliche Dauer Verkaufsgespräche aus der Analyse		
Anzahl der erforderlichen Verkaufsgespräche	×	
benötigte Kapazität für Verkaufsgespräche	=	
benötigte Gesamtkapazität für die Neukundengewinnung		

✓ **Checkliste Ziele**

Sind die qualitativen strategischen Unternehmensziele definiert?	❑
Sind aus den qualitativen Zielen quantitative Ziele abgeleitet worden?	❑
Haben Sie sich auf einige wenige TOP-Ziele konzentriert?	❑
Sind für jeden einzelnen Vertriebsmitarbeiter konkrete Ergebnisziele festgelegt?	❑
Sind für jeden einzelnen Vertriebsmitarbeiter konkrete Aktivitätsziele festgelegt?	❑
Haben Sie die Ziele schriftlich fixiert – zum Beispiel in Aufgaben- und Ergebnisvereinbarungen?	❑
Haben Sie anhand der Kapazitäten überprüft, ob die Ziele realistisch sind?	❑
Haben Sie bei den Kapazitäten berücksichtigt, dass ein Vertriebsmitarbeiter nicht seine gesamte Arbeitszeit für die Kundenbetreuung und Neukundengewinnung zur Verfügung hat?	❑

3. Zielkunden definieren und adressieren: die Strategie

Im nächsten Schritt müssen Sie nun die passende Strategie für Ihre Ziele finden. Hier geht es zunächst vor allem darum, die potenziellen Kunden zu selektieren und zu qualifizieren. Dazu legen Sie Zielgruppen beziehungsweise Zielkunden, Produkte und Dienstleistungen sowie gegebenenfalls regionale Gebiete fest.

Auswahl der Zielgruppen und -kunden

Für die Auswahl der Zielgruppen beziehungsweise Zielkunden gibt es drei unterschiedliche Ansätze:

1. Sie suchen gezielt nach neuen Kunden.
2. Sie versuchen, verloren gegangene Kunden zurückzugewinnen.
3. Sie konzentrieren sich auf Kunden Ihrer Hauptwettbewerber.

Bei allen drei Ansätzen müssen Sie im ersten Schritt Daten zu den potenziellen Kunden sammeln. Für die Suche nach neuen Kunden können Sie dazu zum Beispiel folgende Quellen benutzen:

- ▶ Telefonbücher
- ▶ Gelbe Seiten
- ▶ Branchenbücher
- ▶ regionale und überregionale Tageszeitungen
- ▶ Veranstaltungskalender
- ▶ Cityzeitungen
- ▶ lokale Anzeigenblätter
- ▶ Fachpresse
- ▶ Internet
- ▶ Datensammlungen auf CD-ROM wie Telefonbücher oder Branchenverzeichnisse
- ▶ professionelle Adressenmakler – die Listbroker
- ▶ IHK-Mitteilungen
- ▶ Handelsregister
- ▶ Amtsblätter
- ▶ Stellenanzeigen.

Tipp

Anschriften von Listbrokern erhalten Sie zum Beispiel im Internet beim Deutschen Dialogmarketing Verband e.V. unter *www.ddv.de*.

Erfassen Sie bei der Datensammlung aber nicht nur Anschriften, sondern beschaffen Sie so viele Informationen wie eben möglich, zum Beispiel:

- ▶ Anzahl der Mitarbeiter
- ▶ Umsatz
- ▶ Tätigkeitsfeld
- ▶ Niederlassungen.

➢ **Hinweis:** Diese Daten werden im zweiten Schritt für die Qualifizierung der Kunden benötigt.

Die Daten zu verloren gegangenen Kunden können Sie einfach aus Ihrer Kundendatenbank oder Ihrem CRM-System übernehmen – vorausgesetzt, Sie haben die Daten weiter gesichert und nicht gelöscht. Andernfalls kann es unter Umständen recht schwierig werden, an die Informationen zu kommen. Dann bleibt Ihnen nämlich nichts anderes übrig, als in alter Korrespondenz zu suchen oder das Gedächtnis der Vertriebsmitarbeiter zu bemühen.

Analysieren Sie bei den Kunden, die Sie verloren haben, zusätzlich auch die Gründe für die Abwanderung. Denn eine erneute Kontaktaufnahme nach dem Motto „Wir wollten uns mal wieder melden" wird Ihnen kaum helfen, den Kunden zurückzugewinnen. Sie müssen gezielt gegen die Ursachen der Abwanderung vorgehen, proaktiv mögliche Einwände vorwegnehmen und den Kunden erneut überzeugen.

Beim dritten Ansatz – dem „Abwerben" von Kunden der Hauptwettbewerber – ist das Sammeln der Daten nicht ganz einfach. Denn „freiwillig" wird Ihnen mit Sicherheit kein Wettbewerber diese Informationen zur Verfügung stellen.

Mögliche Quellen sind hier:

► Kundenreferenzen des Wettbewerbers – zum Beispiel auf der Internet-Seite oder in Broschüren,
► Daten aus Erstkontakten bei möglichen Interessenten durch den eigenen Vertrieb oder
► anonymisierte Umfragen über ein Call-Center.

Tipp

Das „Abwerben" von Kunden kann sehr aufwändig sein, da Sie erst einmal die Bindung zwischen dem Kunden und seinem „Stamm-Lieferanten" aufweichen müssen. Konzentrieren Sie sich daher zunächst auf die vermeintlich schwächsten Wettbewerber. Hier ist es oft sehr viel einfacher, einen Kunden abzuwerben, als bei einem starken Wettbewerber, der möglicherweise schon sehr viel länger auf dem Markt präsent oder gar besser positioniert ist als Ihr eigenes Unternehmen. Die Erfahrungen, die Sie bei schwächeren Wettbewerbern sammeln, liefern Ihnen wertvolle Hinweise, wie Sie auch gegen stärkere Wettbewerber erfolgreich sein können.

Nach der Sammlung der Informationen müssen die Daten im IT-System erfasst werden. Dabei sollten Sie noch keine Selektion durchführen, sondern **alle** potenziellen Kunden und Interessenten berücksichtigen – auch wenn es sich im Moment vielleicht noch nicht um einen Zielkunden handelt. Aber diese Daten könnten ja für eine weitere Vertriebs-Offensive interessant werden.

Sammeln Sie so viele Daten wie eben möglich – gleichgültig, ob Sie die Informationen aktuell verwenden wollen oder nicht. Je mehr Daten Sie besitzen, desto größer sind Ihre Chancen, neue Kunden zu gewinnen.

Achten Sie darauf, dass Sie keine Daten doppelt erfassen. Andernfalls wird der potenzielle Kunde unter Umständen später mehrfach von unterschiedlichen Mitarbeitern kontaktiert. Und das sorgt immer für Missstimmungen – sowohl beim Kunden als auch bei den Mitarbeitern.

Tipp

Überlassen Sie das „Aussieben" doppelter Einträge Ihrem IT-System. Nahezu alle Systeme zur Vertriebs-Unterstützung verfügen über eine Dublettensuche, mit der Sie sehr ähnliche oder identische Einträge mit einem einfachen Mausklick aufspüren können.

Die Matrix: Selektion der Produkte, Zielgruppen und Regionen

Im nächsten Schritt wählen Sie gegebenenfalls die Produkte beziehungsweise Dienstleistungen aus, die im Mittelpunkt der Vertriebs-Offensive zur Neukundengewinnung stehen sollen. Mögliche Auswahlkriterien sind:

▶ ein eindeutiges Alleinstellungsmerkmal gegenüber dem Wettbewerb
▶ eine stärkere Positionierung eines Produkts oder einer Dienstleistung oder
▶ die Markteinführung.

Danach selektieren Sie die Zielkunden beziehungsweise die Zielgruppen, die für die ausgewählten Produkte oder Dienstleistungen in Frage kommen.

Außerdem können Sie auch eine weitere Selektion über die Region durchführen – zum Beispiel dann, wenn Sie die Vertriebs-Offensive zur Neukundengewinnung zunächst nur in einem bestimmten Postleitzahlengebiet durchführen wollen. Beide Selektionen lassen sich normalerweise mit relativ geringem Aufwand über das IT-System durchführen.

Kundenqualifizierung: zum Entscheider vordringen

Danach geht es dann an eine detaillierte Qualifizierung der Kunden. Diese Qualifizierung hat entscheidende Bedeutung für den weiteren Erfolg der Vertriebs-Offensive. Denn je genauer Sie Ihren potenziellen Kunden kennen, desto konkreter und passgenauer können Sie von Anfang an seine individuellen Bedürfnisse berücksichtigen.

Beschränken Sie die Kundenqualifizierung daher nicht nur – wie oft üblich – auf Umsatzzahlen, sondern erfassen Sie zum Beispiel auch folgende Informationen:

- ► Wer sind die Entscheider?
- ► Wer sind die wichtigsten Ansprechpartner?
- ► Wie sieht die Kundenstruktur des potenziellen Kunden aus?
- ► Wer sind die Wettbewerber des potenziellen Kunden?
- ► In welchem Markt bewegt er sich?
- ► Wie viele Mitarbeiter hat das Unternehmen?
- ► Welches Potenzial gibt es für Ihre Produkte und Dienstleistungen bei dem potenziellen Kunden?
- ► Gibt es besondere Qualitätsanforderungen?
- ► Gegen welche Wettbewerber müssen Sie antreten?
- ► Wie stark sind die Bindungen zwischen dem potenziellen Kunden und Ihren Wettbewerbern?
- ► Welche Preise und Konditionen bietet der Wettbewerb?
- ► Ist der potenzielle Kunde ein Marktführer oder Meinungsmacher?
- ► Wie hoch ist der wahrscheinliche Betreuungsaufwand für den Kunden?
- ► Wie hoch ist die Abwanderungswahrscheinlichkeit?

Diese Daten lassen sich allerdings nicht immer über Quellen wie Medien sammeln. Zum Teil werden Sie bereits für die Qualifizierung einen ersten Kontakt zum Kunden aufbauen müssen, zum Beispiel durch einen Telefonanruf oder einen Besuch. In einigen Branchen eignen sich auch Gebietsbegehungen ideal für die Informationssammlung.

Aus den Daten können Sie ein Profil des potenziellen Kunden erstellen. Dazu bewerten Sie verschiedene Faktoren wie den Umsatz, die Wettbewerber, gegen die Sie antreten müssen, das Umsatzpotenzial für Ihre eigenen Produkte und Dienstleistungen, die Abwanderungswahrscheinlichkeit. Ein Beispiel:

Kundenprofil

Faktor	Bewertung			Punkte
	1 Punkt	2 Punkte	3 Punkte	
Umsatz	< 100 000	100 000 – 200 000	**> 200 000**	3
Umsatzpotenzial	< 10 000	10 000 – 20 000	**> 20 000**	3

Faktor	Bewertung			Punkte
	1 Punkt	2 Punkte	3 Punkte	
Wettbewerber	**sehr stark**	durchschnittlich	keine oder sehr schwach	1
Bindung zum Wettbewerb	stark	**durchschnittlich**	schwach	2
Abwanderungswahrscheinlichkeit	hoch	**durchschnittlich**	niedrig	2
Betreuungsaufwand	**hoch**	durchschnittlich	niedrig	1
Summe:				12

Quelle: in Anlehnung an Dannenberg 2003, S. 149

➤ **Hinweis:** Die Kundenprofile müssen individuell auf Ihr Unternehmen, Ihre Branche und Ihr Umfeld zugeschnitten werden – sowohl bei der Auswahl der Faktoren als auch bei der Bewertung. Erstellen Sie deshalb in jedem Fall eigene Profile.

Mit den Profilen eröffnen Sie sich gleich zwei Möglichkeiten:

1. Zum einen können Sie sehr einfach Rankings mit den „interessantesten" potenziellen Kunden erstellen und Ihre Aktivitäten zunächst gezielt auf diese Kunden konzentrieren.

2. Zum anderen können Sie aus den Kundenprofilen ohne viel Arbeit ein Aufwandsprofil ableiten. Dazu bewerten Sie die einzelnen Faktoren nach dem Aufwand, den sie für einen Vertriebsmitarbeiter darstellen.

Das Aufwandsprofil für das weiter oben gewählte Beispiel würde dann so aussehen:

Aufwandsprofil

Faktor	Bewertung			Punkte
	1 Punkt	2 Punkte	3 Punkte	
Umsatz	< 100 000	100 000 – 200 000	**> 200 000**	3
Umsatzpotenzial	< 10 000	10 000 – 20 000	**> 20 000**	3

Faktor	Bewertung			Punkte
	1 Punkt	2 Punkte	3 Punkte	
Wettbewerber	keine oder sehr schwach	durch-schnittlich	**sehr stark**	3
Bindung zum Wettbewerb	schwach	**durch-schnittlich**	stark	2
Abwanderungs-wahrscheinlichkeit	niedrig	**durch-schnittlich**	hoch	2
Betreuungsaufwand	niedrig	durch-schnittlich	**hoch**	3
Summe:				16

Solche Aufwandsprofile ermöglichen eine noch feinere Steuerung der Vertriebsaktivitäten. Denn der Aufwand, den ein Vertriebsmitarbeiter bei der Gewinnung eines Kunden aufbringen muss, schlägt sich nicht unmittelbar in den Kennzahlen zu den Ergebnis- und Aktivitätszielen nieder. Es kann also durchaus sein, dass ein Vertriebsmitarbeiter bei der Bearbeitung eines „wertvollen" potenziellen Kunden seine Erfolgs- und auch Aktivitätsziele zunächst nicht erreicht. Tatsächlich leistet er aber unter Umständen einen sehr viel höheren Beitrag zum Unternehmenserfolg als ein Vertriebsmitarbeiter, der zwar seine Ziele übertrifft, sich dabei aber auf „einfachere" Kunden mit einem niedrigen Aufwandsfaktor konzentriert.

Versteckte und offene Kosten: Budget für die Vertriebs-Offensive

Bevor Sie sich nun im nächsten Schritt mit den verschiedenen Methoden zur Neukundengewinnung beschäftigen, sollten Sie zunächst das Budget für die Vertriebs-Offensive klären. Denken Sie dabei unbedingt auch an „versteckte" Kosten – zum Beispiel

▶ für den Druck von Unterlagen
▶ für die Schulungen der Vertriebsmitarbeiter und der Führungskräfte oder
▶ für das Anmieten von Räumen.

✓ **Checkliste Auswahl und Qualifizierung der Zielkunden**

(zum Download unter www.vertriebs-offensive.com)

Haben Sie die Zielgruppen beziehungsweise die Zielkunden für die Vertriebs-Offensive ausgewählt?	❏
Haben Sie so viele Daten wie möglich zu den potenziellen Kunden erfasst?	❏
Sind sämtliche Informationen IT-technisch erfasst?	❏
Haben Sie doppelte Einträge ausgesiebt?	❏
Sind die Produkte beziehungsweise Dienstleistungen ausgewählt, die im Mittelpunkt der Vertriebs-Offensive zur Neukundengewinnung stehen sollen?	❏
Sind die Zielkunden beziehungsweise Zielgruppen selektiert, für die diese Produkte beziehungsweise Dienstleistungen interessant sein könnten?	❏
Haben Sie gegebenenfalls eine weitere Selektion über regionale Gebiete durchgeführt?	❏
Haben Sie die potenziellen Kunden qualifiziert?	❏
Haben Sie dabei neben dem Umsatz auch weitere Informationen wie Umsatzpotenziale, den Wettbewerb oder die Abwanderungswahrscheinlichkeit berücksichtigt?	❏
Gibt es für jeden einzelnen potenziellen Kunden ein Profil mit einer Bewertung?	❏
Haben Sie Rankings der „interessantesten" Kunden aus den bewerteten Profilen erstellt?	❏
Haben Sie Aufwands-Profile für die Vertriebsmitarbeiter aus den Kunden-Profilen abgeleitet?	❏

Push oder Pull: Wählen Sie den passenden Methodenmix

Nachdem die Zielgruppe beziehungsweise die Zielkunden, die Sie mit der Vertriebs-Offensive zur Neukundengewinnung ansprechen wollen, bestimmt sind, müssen Sie festlegen, wie Sie aus den potenziellen Interessenten auch tatsächlich Kunden machen: Sie müssen die Methoden auswählen.

Eine optimale Methode, die in jedem Fall zum Erfolg führt, gibt es dabei allerdings nicht. Sie müssen aus den verschiedenen Methoden die auswählen, die am besten zu Ihren Zielen und auch zu Ihrer Zielgruppe passen.

> **Hinweis:** Alle Methoden zur Neukundengewinnung können nur dann erfolgreich sein, wenn Sie Ihre Zielkunden definiert und auch qualifiziert haben. Bei einer breiten, willkürlich ausgewählten Zielgruppe verlieren sämtliche Methoden sehr viel an Wirkung und Schlagkraft.

Die Methoden im Überblick

1. Push-Strategien

Methode	Kurzbeschreibung	besondere Ziele	Vorteile
Kaltakquisition	direkte und aktive Ansprache potenzieller Kunden mit und ohne Terminvereinbarung	• Interesse wecken • Beratungs- und Verkaufsgespräche vereinbaren • weitere Qualifizierung von Adressen	• hohe Kontaktfrequenz • direkter Kontakt
Empfehlungs-management	Sammeln qualifizierter Adressen von Interessenten bei zufriedenen Stammkunden	• Daten qualifizierter Interessenten gewinnen • starke Kundenbindung erzeugen • Kontakt mit persönlichem Aufhänger herstellen	• kostengünstig • sehr hohe Abschlusswahrscheinlichkeit • glaubwürdiges Qualitätssiegel durch persönliche Referenz
Multiplikatoren-Methode	Auswahl von Multiplikatoren, die Kontakte zu potenziellen Kunden herstellen	• zielgerichtete Ansprache qualifizierter Interessenten • starke Kundenbindung erzeugen • zielgruppenspezifische Marktdurchdringung	• sehr hoher Rücklauf • gezielte Auswahl der Interessenten • Präsentation des Unternehmens als kompetenter Partner

Methode	Kurzbeschreibung	besondere Ziele	Vorteile
Verkaufsevent	Einladung potenzieller Kunden zu einer Verkaufsveranstaltung mit Rahmenprogramm	• gezielte Kunden-Information • starke Kunden-bindung erzeugen • weitere qualifizierte Adressen gewinnen • Abschlüsse tätigen	• gezielte Auswahl der Teilnehmer • Image-Verbesserung • Möglichkeit des Cross-Sellings • Reduzierung des Beratungsaufwands
Neukunden-gewinnung auf der Messe	Einladung von ausgewählten potenziellen Kunden zu einem Gespräch in einem speziellen Interessenten-Center am Messestand	• zielgerichtete Ansprache qualifizier-ter Interessenten • gezielte Kunden-information • Marktpräsenz erhöhen	• geringere Hemm-schwellen für den Vertriebsmitarbeiter, da er nicht selbst ak-tiv auf die potenziel-len Kunden zugehen muss • sehr effiziente Bera-tung durch die gleich-zeitige Präsentation auf der Messe • gezielte Auswahl der Interessenten • Image-Verbesserung
Neukunden-gewinnungstag im Unternehmen	Sämtliche Mitarbeiter des Vertriebs beteiligen sich aktiv den gesamten Tag an der Neukunden-gewinnung.	• Sachzwänge schaffen („Heute müssen Kun-denkontakte durch-geführt werden.") • Verständnis zwischen den verschiedenen Beteiligten erzeugen	• Bündelung aller Kräfte für ein gemeinsames Ziel
Neukunden-gewinnung durch eine Task Force	Zusammenstellung eines temporären Teams, das sich ausschließlich auf die Neukundengewinnung konzentriert	• Gewinnung einer klar definierten Anzahl neuer Kunden in einem klar definierten Zeitraum	• Ausgleich möglicher Defizite einiger Mitarbeiter durch den gezielten Einsatz von Spezialisten

2. Pull-Strategien

Methode	Kurzbeschreibung	besondere Ziele	Vorteile
Messen	Präsentation des Unternehmens sowie der Produkte und Dienstleistungen auf einem Messestand	• Interesse wecken • qualifizierte Adressen gewinnen • nachfolgende Beratungs- und Verkaufsgespräche vereinbaren • Marktpräsenz erhöhen • Darstellung des Unternehmens als kompetenter und verlässlicher Partner	• direkter Kontakt • effiziente Beratung durch gleichzeitige Präsentation auf der Messe • breite Darstellung des gesamten Angebots
Internet-Präsenz	Präsentation des Unternehmens sowie der Produkte und Dienstleistungen auf Internetseiten	• Interesse wecken • qualifizierte Adressen gewinnen • breite Darstellung des Angebots • Darstellung des Unternehmens als kompetenter und verlässlicher Partner	• je nach Branche direkte Verkaufsmöglichkeiten ohne persönliche Betreuung • weltweite Reichweite • permanente Verfügbarkeit der Informationen ohne großen personellen Aufwand
Mailings	Einer breiten Zielgruppe werden konkrete Angebote des Unternehmens per Brief vorgestellt.	• Interesse wecken • weitere Qualifizierung von Adressen • Marktpräsenz erhöhen	• hohe Reichweite • vergleichsweise geringer personeller Aufwand
E-Mail-Newsletter	Kunden und Interessenten werden regelmäßig aktuelle Neuigkeiten aus dem Unternehmen per E-Mail mitgeteilt.	• gezielte Information von Kunden und Interessenten • Kundenbindung erhöhen • Hinweise auf spezielle Aktionen	• vergleichsweise geringer Aufwand • sehr geringe Kosten • hohe Reichweite
Fax	Kunden und Interessenten werden spezielle Aktionsangebote per Fax unterbreitet.	• zielgerichtete Ansprache von Kunden und Interessenten • maßgeschneiderte Angebote für klar definierte Zielgruppen • Kundenbindung erhöhen	• oft sehr hohe Rücklaufquoten durch zielgruppenspezifische Auswahl • Zugang zu Kundengruppen, die auf anderen Wegen – zum Beispiel per Internet oder E-Mail – nicht oder nur schlecht zu erreichen sind

Mit und ohne Terminvereinbarung: die Kaltakquisition

Die Kaltakquisition ist sicher die herausforderndste Methode zur Neukundengewinnung. Im Laufe meiner Tätigkeit als Verkäufer habe ich weit über 1 000 Kaltakquisitionen selbst durchgeführt – und während der Neukundengewinnungs-Offensiven mit unseren Kundenunternehmen hat unser Team viele tausend Kaltakquisitionen begleitet.

Die Erfahrung zeigt: Zunächst stehen die Berater einer Aufforderung zur Verstärkung der Kaltakquisition in den meisten Fällen skeptisch gegenüber. Das ist nachvollziehbar, sind bei dieser Vorgehensweise doch Misserfolgserlebnisse nahezu vorprogrammiert – und fällt die Verarbeitung von Misserfolgserlebnissen den Menschen sehr schwer. Zudem ist gerade bei der Kaltakquise in den wenigsten Branchen der schnelle Abschluss zu holen, da der neu angesprochene Adressat erst zum Interessenten und später zum Kunden gemacht wird. Wegen der bei vielen Produkten oder Dienstleistungen natürlichen längeren Sales-Cycles wird der Aufwand der Akquise erst zu einem späteren Zeitpunkt belohnt.

Die Erfahrung mit der Vertriebs-Offensive zur Neukundengewinnung bei einem Automobilanbieter fällt mir da beispielhaft ein. Bevor es zum Auftrag kam, war eine entscheidende Frage des Vorstandes, ob die Kaltakquisition überhaupt die richtige Methode für das Unternehmen sei: Kritisch wurde hinterfragt, ob die Methode zum Image der Marke passt. Nach langwierigen Diskussionen hat man sich entschieden, die Kaltakquisition für die Markteinführung des Top-Produktes einzusetzen.

Die Ergebnisse sprachen für sich.

- 91 617 Kaltakquisitionen bei Nichtkunden durch 643 Verkäufer über 1 Jahr
- Während des Projektes realisierter Umsatz: 21 696 000 EUR
- Während des Projektes realisierter Reinerlös: 4 339 200 EUR
- Erwarteter Umsatz basierend auf dem Interessentenvorlauf: 201 000 000 EUR

Und weiter: Nach der Auswertung der Ergebnisse ist die Kaltakquisition in das Ausbildungsprogramm für Junior- und Seniorverkäufer aufgenommen worden und heute nicht mehr aus dem verkäuferischen Handeln dieses Großkunden wegzudenken.

Kaltakquise braucht Entschlossenheit und Strategie

Die Kaltakquisition ist heute aus dem Mix an Vertriebsmethoden nicht mehr wegzudenken: Ein potenzieller Kunde wird gezielt von einem Vertriebsmitarbeiter persönlich angesprochen. Dabei lassen sich grundsätzlich zwei Varianten unterscheiden: die Kaltakquisition ohne Terminvereinbarung und die Kaltakquisition mit Terminvereinbarung.

Die Kaltakquisition ohne Terminvereinbarung eignet sich vor allem dann, wenn die Chance, den gewünschten Ansprechpartner anzutreffen, sehr hoch ist oder wenn der Vertriebsmitarbeiter auf einer Tour bereits in der Nähe des potenziellen Kunden ist.

Bei potenziellen Kunden dagegen, die schwierig anzutreffen sind oder die eine längere Anreise erfordern, sollte vorher telefonisch ein Termin abgestimmt werden. Andernfalls ist der ganze Besuch möglicherweise umsonst.

Auch dazu fällt mir eine Geschichte aus unserer Coachingpraxis ein: Unser Auftraggeber war in dem Fall ein medizintechnisches Unternehmen, sein Produkt bestimmt für Ärzte und Professoren im Operationssaal. Die große Problematik für den Verkäufer: an diese Ansprechpartner heranzukommen! Entweder haben die Ärzte gerade Visite oder sie sind im OP. Mailingaktionen haben bei dieser Zielgruppe wenig Erfolg, da der Entscheidungsprozess bei Krankenhäusern sehr komplex ist. Für dieses Produkt kamen 250 Krankenhäuser in Deutschland in Frage. Es gab also nicht nur eine schwierige Aufgabenstellung, noch dazu war ein zeitlich begrenzter Wettbewerbsvorsprung für das Produkt gegeben, da man wusste, dass der Hauptwettbewerber mit einem ähnlichen Produkt in rund sieben Monaten auf den Markt kommen würde. Also war richtig Druck in der Pipeline. Wir entschieden uns, die Professoren am Arbeitsplatz direkt aufzusuchen. Wegen des großen zeitlichen Aufwandes für die Anreise zu diesen Krankenhäusern war es wichtig, dass es uns gelang, zu einem persönlichen Gespräch mit den Entscheidungsträgern zu kommen.

Ich machte mich deshalb mit einem Vertriebsmitarbeiter auf den Weg in ein ausgewähltes Krankenhaus. Während der Fahrt erzählte er mir von den Schwierigkeiten im Umgang mit Professoren, wie schwer es sei, einen Termin zu bekommen und von der Problematik des Entscheidungsprozesses. Bei dem Gejammer war schnell klar, dass der Vertriebsmitarbeiter mit dieser Einstellung und Haltung kaum Erfolg haben konnte. Wir bekamen an der Pforte die Auskunft, dass unser gewünschter Gesprächspartner operiere. Für meinen Vertriebsmitarbeiter war damit der Fall erledigt. Jetzt griff ich in das Gespräch ein und fragte unsere Pförtnerin, wer denn seine Sprechstundenhilfe sei. Dies war unsere wichtigste Anlaufstelle, denn sie kannte die Pausenzeiten im OP. Wir baten sie, dem Professor eine Info im OP zukommen zu lassen, dass wir ihn in seiner Pause kurz kontaktieren wollten. Wir warteten vor dem OP. Als der Professor mit seiner OP-Kleidung heraus kam, stellten wir uns vor und erklärten ihm unser Anliegen. Er war tatsächlich erfreut, dass wir diesen ungewöhnlichen Weg der Information gewählt hatten, da er bereits von dem Produkt gehört hatte und sich dafür interessierte. Drei Monate später war der Vertrag unter Dach und Fach. Kostenpunkt der Anschaffung 250 000 Euro. Und so ging es weiter. Krankenhaus für Krankenhaus. Das Projekt wurde zum vollen Erfolg und führte dazu, dass unser Kundenunternehmen die Marktführerschaft im beschriebenen Produktsegment erreichte.

Zweier-Teams: Mit Unterstützung starten!

Die Kaltakquisition – egal in welcher Variante – ist für jeden Vertriebsmitarbeiter eine große Herausforderung, da der Erfolg unmittelbar vom Auftreten und Vorgehen des Mitarbeiters abhängt. Außerdem wohnt der Methode ein hohes Frustrationspotenzial inne: Der Kontakt durch den Vertriebsmitarbeiter wird von den potenziellen Kunden möglicherweise als Belästigung empfunden und der „Verkäufer" muss sich mit direkter und offener Ablehnung auseinandersetzen – nicht selten sogar sehr grob und unhöflich vorgetragen.

Tipp

Besonders Vertriebsmitarbeiter, die keine oder nur sehr wenig Erfahrung mit der Kaltakquisition haben, sind bei ihren ersten „Gehversuchen" oft sehr unsicher und gehemmt. Diese Unsicherheiten können Sie sehr einfach vermeiden, indem Sie die Mitarbeiter durch Training gezielt auf die Kaltakquisition vorbereiten und zu Beginn der Umsetzung mit Zweier-Teams arbeiten. Stellen Sie dem „Anfänger" einen erfahrenen „Profi" an die Seite.

Der direkte Kundenkontakt ist aber auch ein großer Vorteil der Kaltakquisition. Denn der Vertriebsmitarbeiter kann von Anfang an eine positive Beziehung zum Kunden aufbauen, Ihr Unternehmen als leistungsfähigen Partner präsentieren und unmittelbar auf Wünsche und Äußerungen seines Gegenübers reagieren. Das gelingt aber nur dann, wenn die Kaltakquisition sorgfältig in mehreren Schritten vorbereitet und durchgeführt wird (siehe Abbildung 11).

➤ **Hinweis:** Lassen Sie Ihren Vertrieb nicht ins „offene Messer laufen". Unstrukturiert durchgeführte Kaltakquisitionen enden schnell im ungeliebten „Klinken-Putzen" und liefern vor allem nachhaltig frustrierte Mitarbeiter, die permanent „abgewimmelt" werden.

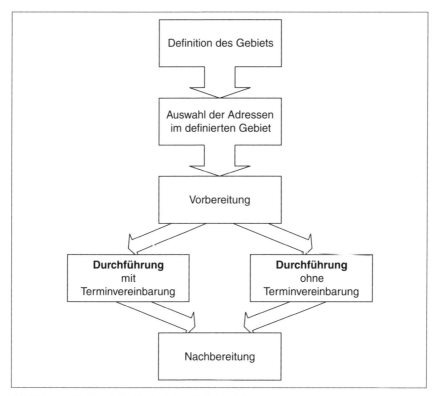

Abbildung 11: Die Schritte bei der Kaltakquisition

Schritt 1: Die Definition des Gebiets

Im ersten Schritt weisen Sie den einzelnen Vertriebsmitarbeitern eindeutig definierte Gebiete zu, die sie bei der Kaltakquisition bearbeiten. Wie diese Einteilung erfolgt, hängt auch von der regionalen Ausdehnung Ihrer Vertriebs-Offensive ab. Möglich sind zum Beispiel:

▶ einzelne Straßen
▶ einzelne Stadtteile
▶ bestimmte Städte und Ballungsgebiete oder
▶ Bundesländer.

Schritt 2: Die Auswahl der Adressen

Nach der Definition der Gebiete selektieren Sie die Adressen, die von den Vertriebsmitarbeitern kontaktiert werden sollen. Dafür eignen sich ideal Rankings aus den Kundenprofilen, die Sie bei der Qualifizierung der Zielgruppen erstellt haben. Diese Rankings liefern nicht nur die Adressen, sondern geben dem einzelnen Vertriebsmitarbeiter auch eine Reihenfolge vor, in der er die potenziellen Kunden kontaktieren kann.

Schritt 3: Die Vorbereitung

Im nächsten Schritt wird die Kaltakquisition vorbereitet. Dazu gehören zum Beispiel:

► die Entscheidung, ob der erste Kontakt bei einem Kunden telefonisch oder mit einem persönlichen Besuch erfolgt
► gegebenenfalls die Auswahl von Produkten und Dienstleistungen und
► die Vorbereitung der benötigten Unterlagen wie Gesprächsbogen, Prospekte oder Flyer.

Sorgen Sie in der Vorbereitung auch für Standards bei den Erstkontakten, die während der Kaltakquisition eingehalten werden – zum Beispiel über spezielle vorgefertigte Gesprächsbögen. Solche Bögen stellen auf der einen Seite sicher, dass der Vertriebsmitarbeiter auch bei schwierigen Gesprächen nicht den roten Faden verliert, zum anderen garantieren sie, dass tatsächlich alle wichtigen Informationen beim potenziellen Kunden abgefragt werden.

Tipp

Die Themen im Gesprächsbogen müssen über die reine Produktvorstellung hinausgehen. Der Gesprächspartner soll schon beim ersten Kontakt das Gefühl haben, dass es Ihnen nicht nur um das „reine" Verkaufen geht. So erhöhen Sie auch die Aufmerksamkeit der potenziellen Kunden und können sich sehr gut von Ihren Wettbewerbern abgrenzen. Mögliche Themen für den Erstkontakt können sein:

- ▶ die aktuelle Marktsituation und Veränderungen im Markt
- ▶ momentane Herausforderungen, denen sich der potenzielle Kunde stellen muss
- ▶ die Ziele des potenziellen Kunden
- ▶ besondere Anforderungen an das Produkt beziehungsweise die Dienstleistung
- ▶ besondere Anforderungen an die Logistik
- ▶ besondere Anforderungen an das Angebot
- ▶ und so weiter.

➢ **Hinweis:** In welcher Reihenfolge Kontakt zu den potenziellen Kunden aufgenommen wird, ergibt sich nahezu automatisch aus den Rankings für die einzelnen Vertriebsmitarbeiter, die Sie zweiten Schritt erstellt haben. Der „interessanteste" Kunde sollte auch zuerst bearbeitet werden.

Erarbeiten Sie in der Vorbereitung auch Gesprächseinstiege, Verabschiedungen, Einwandbehandlungen und eine Nutzenargumentation. Achten Sie dabei darauf, dass diese Vorgaben zu der Zielgruppe passen.

Gesprächseinstiege

- ▶ „Mein Name ist ... . Ich bin ... ."
- ▶ „Ich bin heute zu Ihnen gekommen, weil Sie nicht unser Kunde sind."
- ▶ „Wir möchten Sie gerne als Kunden gewinnen."
- ▶ „Ich bin heute bei Ihnen, damit wir uns kennen lernen können und Sie sich ohne großen Aufwand von unserer Kompetenz überzeugen können."
- ▶ „Ich möchte Ihnen Arbeit abnehmen und Ihnen einen perfekten Service bieten."

- ▶ „Ich bin der festen Überzeugung, dass auch Sie von unseren Leistungen profitieren können."

- ▶ „Ich möchte Ihnen gerne unsere Dienstleistungen und Produkte vorstellen."

Einwandbehandlung

- ▶ *Kunde: „Haben Sie einen Termin?"*
  Vertriebler: „Nein. Aber melden Sie mich doch bitte bei Herrn/Frau ... an, damit wir einen Termin vereinbaren können. Vielleicht hat Herr/Frau ... ja auch gerade einige Minuten Zeit für mich."

- ▶ *Kunde: „Ich habe kein Interesse."*
  Vertriebler: „Was kann ich tun, um Ihr Interesse zu wecken?"

- ▶ *Kunde: „Ich habe keine Zeit."*
  Vertriebler: „Ich halte Sie auch nicht lange auf. Wir brauchen nur einen kurzen Moment, und dann entscheiden alleine Sie, ob wir das Gespräch fortsetzen oder nicht."

- ▶ *Kunde: „Sie wollen doch nur etwas verkaufen."*
  Vertriebler: „Ich denke auch, dass Sie nur das kaufen sollten, was Sie tatsächlich brauchen und was Ihnen wirklich nützt. Deshalb ..."

- ▶ *Kunde: „Oh, mit Leuten wie Ihnen habe ich ganz schlechte Erfahrungen gemacht."*
  Vertriebler: „Beschreiben Sie mir doch bitte etwas genauer, was Sie gestört hat. Was kann ich tun, um Sie trotz Ihrer schlechten Erfahrungen zu überzeugen, dass ich ein guter Partner für Sie sein kann?"

Verabschiedung

- ▶ „Herr/Frau ..., wir sehen uns dann am ... gegen ... Uhr. Ich freue mich und wünsche Ihnen eine erfolgreiche Woche."

- ▶ „Vielen Dank, dass Sie mir etwas von Ihrer wertvollen Zeit zur Verfügung gestellt haben. Ich denke, unser Gespräch hat viele interessante Punkte aufgezeigt, von denen wir beide profitieren können. Auf Wiedersehen."

Schritt 4: Die Durchführung

Wie die Durchführung erfolgt, hängt im Wesentlichen davon ab, ob eine Kaltakquisition ohne oder mit Terminvereinbarung durchgeführt wird.

Bei der **Kaltakquisition ohne Terminvereinbarung** hat sich das folgende allgemeine Vorgehen in der Praxis bewährt:

- ▶ Suchen Sie nach dem richtigen Ansprechpartner.
- ▶ Begrüßen Sie den potenziellen Kunden und stellen Sie kurz Ihr Anliegen vor.
- ▶ Ermitteln und analysieren Sie den Kundenbedarf anhand des Gesprächsbogens, um Ansatzpunkte für das weitere Gespräch zu erhalten.
- ▶ Stellen Sie Ihr eigenes Unternehmen anhand eines kurzen Flyers vor.
- ▶ Stellen Sie die Produkte und Dienstleistungen vor, die für den potenziellen Kunden interessant sind.
- ▶ Vereinbaren Sie verbindlich das weitere Vorgehen.
- ▶ Verabschieden Sie sich mit freundlichen Worten.

Die **Kaltakquisition mit Terminvereinbarung** unterscheidet sich von der Kaltakquisition ohne Terminvereinbarung vor allem durch ein vorlaufendes Telefongespräch. In diesem Gespräch stellt der Vertriebsmitarbeiter sich und sein Anliegen vor und ermittelt – wenn möglich – den Kundenbedarf. Danach wird dann ein verbindlicher Termin für ein persönliches Gespräch vereinbart.

Stellen Sie dem potenziellen Kunden nicht einfach wahllos Produkte oder Dienstleistungen vor. Dadurch entsteht in vielen Fällen der Eindruck, Sie wollen „etwas los werden" – ohne auf die individuellen Interessen und Bedürfnisse des Gesprächspartners einzugehen. Präsentieren Sie nur die Produkte und Dienstleistungen, die auch tatsächlich dem Bedarf des Kunden entsprechen. Zeigen Sie ihm dabei gezielt seine persönlichen Vorteile und seinen persönlichen Nutzen auf.

Schritt 5: Die Nachbereitung

Nach jeder Kaltakquisition – gleich ob telefonisch oder durch einen persönlichen Besuch – müssen die Ergebnisse des Kontakts dokumentiert werden. Und zwar nicht „irgendwann einmal, wenn Zeit ist", sondern möglichst zeitnah. Andernfalls gehen unter Umständen wichtige Informationen verloren.

Die Nachbereitung muss folgende Fragen beantworten:

- ▶ Welche Ergebnisse hat der Kontakt gebracht?
- ▶ Welche Wünsche hat der potenzielle Kunde geäußert?
- ▶ Welchen Bedarf hat der potenzielle Kunde?
- ▶ Welche Folgeaktivitäten sind vorgesehen?
- ▶ Wann sollen die Folgeaktivitäten durchgeführt werden?
- ▶ Wer ist für die Folgeaktivitäten verantwortlich?
- ▶ Wie muss das Angebot aufgebaut sein?

Tipp

Bei einer Kaltakquisition sind im Schnitt drei Kontakte erforderlich, bis es zu konkreten Verhandlungen mit dem Kunden kommt. Nicht wenige Vertriebsmitarbeiter verlieren aber bereits nach dem ersten Besuch das Interesse – vor allem dann, wenn der Kunde keine eindeutigen Kaufsignale gezeigt hat.

Sorgen Sie daher dafür, dass „angewärmte" Kontakte nicht wieder ganz „kalt" werden, und definieren Sie klare Zeiträume, in denen die Folgeaktivitäten durchgeführt werden müssen. Überprüfen Sie außerdem die Ergebnisse der Aktivitäten – zum Beispiel in Team-Besprechungen.

✓ **Checkliste Kaltakquisition**

(zum Download unter www.vertriebs-offensive.com)

Haben Sie klare und eindeutige Gebiete für jeden einzelnen Vertriebsmitarbeiter definiert?	❏
Auswahl der Adressen	
Haben Sie für jeden einzelnen Vertriebsmitarbeiter die potenziellen Kunden ausgewählt, die er kontaktieren soll?	❏
Haben Sie die Auswahl der Kontakte anhand eines Kunden-Rankings für das definierte Gebiet jedes einzelnen Vertriebsmitarbeiters durchgeführt?	❏
Haben Sie bei der Anzahl der vorgesehenen Kontakte genügend Zeit für die Vor- und Nachbereitung berücksichtigt?	❏
Vorbereitung	
Ist festgelegt, welche potenziellen Kunden zunächst telefonisch kontaktiert werden sollen?	❏
Haben Sie gegebenenfalls Produkte und Dienstleistungen ausgewählt?	❏
Sind die Vertriebsmitarbeiter in der Durchführung der Kaltakquisition ausreichend geschult?	❏
Sind alle erforderlichen Unterlagen wie Gesprächsbogen, Prospekte und Flyer vorbereitet?	❏
Haben Sie Gesprächseinstiege, Verabschiedungen, Einwandbehandlungen und Nutzenargumentationen erarbeitet?	❏

Nachbereitung	
Werden folgende Informationen zeitnah erfasst?	
▶ Ergebnisse des Kontakts	❏
▶ Wünsche des Kunden	❏
▶ Bedarf des Kunden	❏
▶ vorgesehene Folgeaktivitäten	❏
▶ Termin der Folgeaktivitäten	❏
▶ Verantwortlicher der Folgeaktivitäten	❏
Haben Sie klare Zeiträume für die Folgeaktivitäten festgesetzt?	❏
Haben Sie die Ergebnisse überprüft – zum Beispiel in einer Teamsitzung?	❏

Oft zitlert, selten gemacht: das Empfehlungsmanagement

„Wenn Sie mit uns zufrieden sind, empfehlen Sie uns weiter. Wenn nicht, sagen Sie uns, was wir besser machen können."

Den ersten Teil dieser bekannten Botschaft können Sie sich gezielt zu Nutze machen – mit einem systematischen Empfehlungsmanagement. Zufriedene Stammkunden empfehlen Ihnen potenzielle Interessenten und stellen sich gleichzeitig als Referenz zur Verfügung. Diese Methode hat gleich drei große Vorteile:

1. Sie kommen mit sehr wenig Aufwand und geringen Kosten an hoch qualifizierte Adressen, da die Empfehlungsgeber fast immer eine sehr gute Auswahl treffen.

2. Sie erzielen durch die persönliche Referenz des Empfehlungsgebers sehr hohe Termin- und Abschlussquoten.

3. Sie binden den Empfehlungsgeber enger an Ihr Unternehmen. Denn wer Ihr Unternehmen weiter empfiehlt, wird selbst nur in den seltensten Fällen beim Wettbewerb kaufen.

Und: Das Empfehlungsmanagement erfordert keine umfangreiche und aufwändige Vorbereitung, sondern lässt sich ständig einsetzen (siehe Abbildung 12). Sie müssen Ihre Vertriebsmitarbeiter häufig lediglich ein wenig für den richtigen „Aufhänger" sensibilisieren und ihnen helfen, Hemmschwellen zu überwinden.

➢ **Hinweis:** Empfehlungsmanagement macht nur dann Sinn, wenn Sie Kunden als Empfehlungsgeber nutzen, die eine dauerhafte positive Beziehung zu Ihrem Unternehmen aufgebaut haben. Einen Neukunden

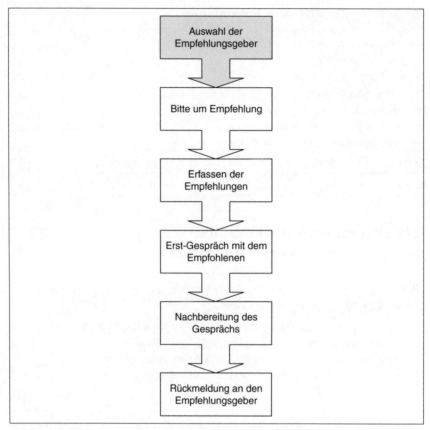

Abbildung 12: Die Schritte des Empfehlungsmanagements

um eine Weiterempfehlung zu bitten, sorgt fast immer nur für peinliche Irritationen – „Die müssen es aber nötig haben ...". Außerdem sind Kunden, die bisher nur einmal bei Ihnen gekauft haben, keine besonders glaubwürdige Referenz.

Schritt 1: Die Auswahl der Empfehlungsgeber

In diesem Schritt suchen Sie unter Ihren Stammkunden nach möglichen Empfehlungsgebern und sprechen sie dann gezielt an.

Häufig ist diese Vorauswahl gar nicht erforderlich. Denn wenn Ihre Vertriebsmitarbeiter aufmerksam auf mögliche „Aufhänger" achten, kommen die Empfehlungsgeber quasi von alleine.

Schritt 2: Die Bitte um Empfehlung

Der ideale Ansatzpunkt sind zum Beispiel positive Rückmeldungen in oder nach Kundengesprächen. Hier sollte der Mitarbeiter sofort einhaken und um Weiterempfehlung bitten. Dazu kann er entweder einige Visitenkarten überreichen, die der Empfehlungsgeber dann selbst weitergibt, oder gezielt nach den Daten von potenziellen Interessenten fragen. Noch besser ist eine Kombination der beiden Varianten: Der Vertriebsmitarbeiter erfragt die Daten der Interessenten und bittet den Empfehlungsgeber, diesen Interessenten seine Karte zu übergeben und dabei seinen Anruf anzukündigen. Der Anruf beim Interessenten muss dann aber auch zeitnah erfolgen – und nicht erst mehrere Wochen später.

Wenn vom Kunden selbst keine positiven Rückmeldungen kommen, kann der Vertriebsmitarbeiter am Ende eines Gesprächs auch gezielt nachfragen – zum Beispiel: „Herr/Frau ..., wir arbeiten jetzt ja schon einige Jahre zusammen. Wie zufrieden sind Sie eigentlich mit meiner Beratung?"

Dieses gezielte Nachfragen setzt voraus, dass die Grundstimmung positiv ist und auch die „Chemie" zwischen dem Kunden und dem Mitarbeiter stimmt. Außerdem erfordert es von vielen Vertriebsmitarbeitern zunächst Überwindung. Nicht selten ist die Angst vor negativen Rückmeldungen so groß, dass lieber erst gar nicht gefragt wird – aber oft ist diese Angst unbegründet. Und: Nicht gefragt ist ein „Nein". Jede andere Reaktion ist also besser!

Einen weiteren Aufhänger können auch persönliche Informationen aus dem Gespräch bieten – zum Beispiel: „Sie haben mir vorhin erzählt, dass Sie im Tennis-Verein ... aktiv sind. Vielleicht kennen Sie ja in dem Verein noch das ein oder andere Mitglied, das ebenfalls Interesse an unseren Produkten haben könnte?"

Eine dritte Variante schließlich ist das gezielte Fragen nach Empfehlungen von Kollegen, Freunden, Bekannten, Verwandten, Nachbarn und so weiter. Dabei sollten Sie allerdings nicht pauschal nachfragen, sondern den Empfehlungsgeber im Gespräch gezielt auf jeweils eine Zielgruppe lenken, damit er sich gedanklich voll und ganz auf diese eine Zielgruppe konzentrieren kann. Erst wenn Ihr Gesprächspartner seine Überlegungen für die eine Zielgruppe abgeschlossen hat, fragen Sie ihn nach der nächsten.

Also nicht:

▶ „Kennen Sie noch jemanden, für den unsere Produkte interessant sein könnten?"

sondern:

▶ „Für wen aus Ihrem Freundeskreis könnten unsere Produkte noch interessant sein?"

- ▶ „Wer aus Ihrem Kollegenkreis könnte von unseren Produkten profitieren?"

- ▶ „Wer von Ihren Lieferanten könnte an unseren Produkten interessiert sein?"

> ➤ **Hinweis:** Holen Sie sich vom Empfehlungsgeber immer ausdrücklich die Erlaubnis, seinen Namen als Referenz bei den neuen Kontakten verwenden zu dürfen. Wenn der Empfehlungsgeber dazu nicht bereit ist, verzichten Sie auf die Referenz. Sonst machen Sie sich unglaubwürdig, weil Sie keinen Namen nennen wollen beziehungsweise können.

Ohne namentliche Referenz sollten Sie bei Privatpersonen, die Ihnen empfohlen werden, einen Brief für den ersten Kontakt verwenden. Ein Anruf, bei dem Sie keinen konkreten Bezug zum Empfehlungsgeber herstellen können, ist rechtlich genauso heikel wie eine Kaltakquisition ohne vorherigen Kontakt.

Schritt 3: Erfassen der Empfehlungen

Sowohl bei der spontanen Bitte als auch bei der gezielten Suche nach Empfehlungen müssen Sie detailliert protokollieren, wer genau welche Empfehlungen gegeben hat. Andernfalls werden mögliche Empfehlungsgeber unter Umständen doppelt kontaktiert oder – noch sehr viel unangenehmer: Niemand kennt einen Interessenten, der aufgrund einer Empfehlung selbst mit Ihnen Kontakt aufnimmt, und er muss erst langatmig erklären, was er überhaupt möchte.

Tipp

Halten Sie die Daten der Interessenten am besten direkt in der Kundendatenbank beziehungsweise im CRM-System fest. Damit stehen sie sofort allen beteiligten Mitarbeitern zur Verfügung.

Stimmen Sie außerdem im Team ab, wer sich um welchen potenziellen Empfehlungsgeber kümmert.

Falls möglich, lassen Sie sich von Ihrem IT-System auch daran „erinnern", dass Sie einen potenziellen Empfehlungsgeber beim nächsten Kontakt gezielt nach Interessenten fragen.

Schritte 4 und 5: Erstgespräch und Nachbereitung

Beim Erstgespräch mit dem Interessenten und der Nachbereitung gibt es keine Besonderheiten. Achten Sie unbedingt darauf, dass sofort beim Gesprächseinstieg der Bezug zum Empfehlungsgeber hergestellt wird – zum

Beispiel: „Guten Tag, Herr/Frau ... . Mein Name ist ... vom Unternehmen ... . Frau Schmitz, die seit langen Jahren bei uns Kundin ist, hat Sie mir empfohlen und meinen Anruf ja auch angekündigt ...".

Schritt 6: Die Rückmeldung an den Empfehlungsgeber

Im letzten Schritt schließlich sollten Sie den Empfehlungsgeber selbst über den Verlauf des Kontakts informieren und sich noch einmal ausdrücklich für seine Empfehlung bedanken.

Eine nette Geste ist es, wenn Sie sich bei einer passenden Gelegenheit mit einem kleinen Geschenk oder einer Aufmerksamkeit für die Empfehlungen revanchieren.

Tipp

Stellen Sie die Geschenke nicht in den Mittelpunkt des Empfehlungsmanagements. Ihre Kunden sollen Sie weiterempfehlen, weil sie Ihnen vertrauen und nicht, weil sie großzügige Geschenke erwarten.

✓ Checkliste Empfehlungsmanagement

Suche nach Empfehlungsgebern	
Haben Sie die Vertriebsmitarbeiter für mögliche „Aufhänger" sensibilisiert – zum Beispiel positive Rückmeldungen in oder nach einem Kundengespräch?	
Fragen die Vertriebsmitarbeiter zufriedene Stammkunden gezielt nach Empfehlungen?	
Haben Sie sichergestellt, dass der Empfehlungsgeber damit einverstanden ist, dass er als Referenz genannt wird?	
Erfassung der Empfehlungen	
Werden die potenziellen Interessenten unmittelbar nach der Empfehlung in der Kundendatenbank oder im CRM-System erfasst?	
Wird erfasst, wer welche Empfehlungen gegeben hat?	
Erstgespräch und Rückmeldungen an den Empfehlungsgeber	
Stellen die Vertriebsmitarbeiter im Erstgespräch sofort einen Bezug zum Empfehlungsgeber her?	
Erfolgen Rückmeldungen an die Empfehlungsgeber?	
Haben Sie sich bei den Empfehlungsgebern für die Empfehlungen bedankt?	

Vertriebspartner bringen Mehr-Wert: die Multiplikatoren-Methode

Die Multiplikatoren-Methode beruht auf einem ähnlichen Grundprinzip wie auch das Empfehlungsmanagement: Ein Dritter – der Multiplikator – vermittelt Ihnen gezielt Kontakte zu potenziellen Kunden aus seinem Umfeld. Als Multiplikatoren kommen dabei neben Privatpersonen durchaus auch Institutionen oder andere Unternehmen in Frage. Auf diese Weise lassen sich mit der Multiplikatoren-Methode gezielt Synergien schaffen, von denen alle Beteiligten profitieren – Ihr Unternehmen, der Multiplikator und auch der Kunde.

Ein **Beispiel:**

Viele Gebrauchtwagen-Händler bieten ihren Kunden neben den Autos zusätzlich auch einen Zulassungs- und Versicherungs-Service an. Diese speziellen Services werden dabei in der Regel von anderen Unternehmen ausgeführt, mit denen der Kunde nicht unbedingt selbst in Kontakt treten muss. Der Gebrauchtwagen-Händler kann so mit geringem Mehraufwand einen Full-Service anbieten, der ihm möglicherweise einen entscheidenden Wettbewerbsvorteil verschafft. Die anderen beteiligten Unternehmen erhalten hoch qualifizierte Adressen oder gewinnen im Idealfall sogar sofort neue Kunden – ohne selbst beim Kunden aktiv werden zu müssen.

Neben der direkten Gewinnung von Neukunden bietet die Multiplikatoren-Methode noch eine ganze Reihe weiterer Vorteile:

▶ Sie erhalten hoch qualifizierte Kontakte, da der Multiplikator – genau wie ein Empfehlungsgeber – eine gezielte Auswahl der Interessenten vornimmt. Damit bietet auch die Multiplikatoren-Methode eine sehr hohe Abschlussquote.

▶ Der Arbeitsaufwand ist im Vergleich zu anderen Methoden recht gering. Sie müssen lediglich zu Beginn etwas Zeit investieren. Danach beschränkt sich der Aufwand vor allem auf die regelmäßige Betreuung und Information des Multiplikators sowie die Kontaktaufnahme zu den Interessenten.

▶ Sie können nicht nur die Kunden, sondern auch die Multiplikatoren sehr eng an Ihr Unternehmen binden – vorausgesetzt, die Betreuung verläuft optimal und der Multiplikator profitiert ebenfalls von der Zusammenarbeit.

Allerdings werden sich interessante Multiplikatoren in der Regel nicht selbst bei Ihrem Unternehmen melden und Interesse an einer Zusammenarbeit bekunden. Anders als beim Empfehlungsmanagement, das sich oft spontan „auf Zuruf" einsetzen lässt, müssen Sie die Multiplikatoren-Methode daher gezielt vorbereiten und in mehreren Schritten umsetzen (siehe Abbildung 13).

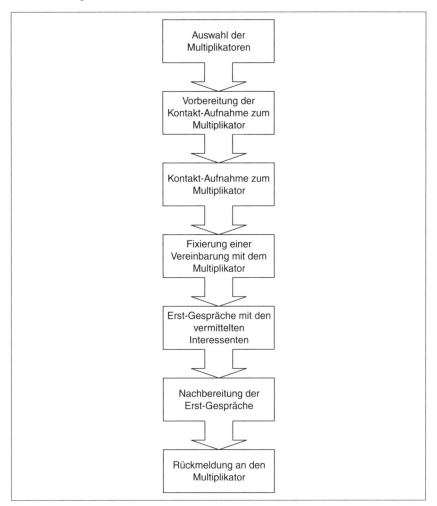

Abbildung 13: Die Schritte der Multiplikatoren-Methode

Schritt 1: Die Auswahl der Multiplikatoren

Im ersten Schritt wählen Sie Multiplikatoren aus, die grundsätzlich für eine Zusammenarbeit in Frage kommen. Wichtig ist dabei, dass der Multiplikator zahlreiche und intensive Kontakte zu den Zielgruppen Ihrer Vertriebs-Offensive zur Neukundengewinnung hat.

➤ **Hinweis:** Ein Multiplikator mit sehr vielen hochkarätigen Kontakten nützt Ihnen nichts, wenn bei diesen Kontakten kein Bedarf oder Interesse für Ihre Produkte und Dienstleistungen vorhanden ist. Sie können zwar möglicherweise von dem ein oder anderen „Zufallstreffer" profitieren, haben aber in der Regel nur unnützen Aufwand durch die Betreuung des Multiplikators.

Bei der Suche nach Multiplikatoren können Sie zunächst einmal bereits bestehende Kundenkontakte durchforsten. Zusätzlich sollten Sie aber auch gezielt nach Multiplikatoren suchen, die nicht bereits bei Ihnen Kunde sind. In Frage kommen dabei zunächst einmal alle Personen und Institutionen, die grundsätzlich intensive Kontakte zu Ihren Zielgruppen haben könnten – zum Beispiel:

▶ Berufsverbände
▶ Universitäten und Fachhochschulen
▶ Volkshochschulen
▶ Private Clubs wie Rotary oder Lions
▶ Vereine
▶ Industrie- und Handelskammern
▶ Handwerkskammern
▶ Presse
▶ Rundfunk.

Die Daten dieser Personen und Institutionen können Sie über ähnliche Quellen ermitteln wie auch bei der Auswahl der Zielkunden beziehungsweise Zielgruppen – also zum Beispiel aus

▶ Telefon- und Branchenbüchern
▶ Tageszeitungen
▶ Veranstaltungskalendern
▶ Datensammlungen auf CD-ROM
▶ IHK-Mitteilungen
▶ Amtsblättern
▶ Stellenanzeigen.

Auch andere Unternehmen können durchaus wertvolle Multiplikatoren sein – allerdings nur dann, wenn Ihre Produkte und Leistungen für die Kunden des anderen Unternehmens einen echten Mehrwert darstellen und das andere Unternehmen diese Produkte und Leistungen nicht auch selbst anbieten kann. Wenn Sie Unternehmen als mögliche Multiplikatoren ins Auge fassen, achten Sie daher peinlich genau darauf, dass es keine Überschneidungen in den Geschäftsfeldern gibt. Wenn Sie gemeinsam komplementäre Produkte oder Dienstleistungen im „Package" bündeln, schaffen Sie noch einen echten Mehrwert und Servicevorteil für Ihre Kunden!

Tipp

Eine weitere Quelle für mögliche Multiplikatoren sind Freunde, Bekannte und Verwandte. Überlegen Sie einfach einmal, wer aus Ihrem privaten Umfeld über entsprechende Kontakte verfügt. Fragen Sie auch Ihre Vertriebsmitarbeiter.

Schritt 2: Die Vorbereitung der Kontaktaufnahme

Im zweiten Schritt bereiten Sie gezielt die Kontaktaufnahme zu den ausgewählten Multiplikatoren vor. Dabei legen Sie fest,

► wer aus dem Team sich um welchen Multiplikator kümmert,
► wie die Kontaktaufnahme zu dem Multiplikator erfolgen soll,
► wann die Kontaktaufnahme erfolgen soll,
► welche Produkte und Dienstleistungen über den Multiplikator angeboten werden können und
► wer Prospekte, Flyer und so weiter zu den Produkten und Dienstleistungen beschafft.

➢ **Hinweis:** Die Multiplikatoren-Methode erfordert Zeit – sowohl für die Betreuung der Multiplikatoren als auch für die Betreuung der Interessenten. Beschränken Sie sich daher zunächst auf sechs bis acht der interessantesten Multiplikatoren pro Vertriebsmitarbeiter.

Erarbeiten Sie in der Vorbereitungsphase mögliche Gesprächseinstiege sowie maßgeschneiderte Einwandbehandlungen und Nutzenargumentationen für die Erstkontakte mit einem Multiplikator. Denn nicht jeder potenzielle Multiplikator wird sofort voller Begeisterung auf das gemeinsame Projekt anspringen. Häufig müssen Sie erst Überzeugungsarbeit leisten.

Gesprächseinstiege bei Multiplikatoren

Begrüßung bei Kunden

► „Guten Tag, Frau/Herr ... . Mein Name ist ... . Ich bin Ihr Kundenbetreuer beim Unternehmen ..."

Begrüßung bei Nicht-Kunden

► „Guten Tag, Frau/Herr ... . Mein Name ist ... . Ich arbeite für das Unternehmen ..., das sich auf ... spezialisiert hat."

Nennen des Anliegens

▶ „Ich rufe Sie an, weil ich Ihnen einen Vorschlag unterbreiten möchte, der uns beiden etwas bringt. Haben Sie kurz Zeit, damit ich das etwas genauer erklären kann?"

▶ „Ich möchte Ihnen ein Geschäft anbieten, von dem wir beide profitieren können."

▶ „Ich bin auf der Suche nach neuen Geschäftspartnern für unser Unternehmen."

▶ „Unser Unternehmen hat ein neues Partnerkonzept entwickelt – die Multiplikatoren-Methode. Diese Methode möchte ich Ihnen gerne vorstellen."

Einwandbehandlung bei Multiplikatoren

▶ *Multiplikator: „Ich habe kein Interesse."*
Vertriebler: „Nehmen wir einmal an, auch Sie würden durch unsere Zusammenarbeit wesentlich profitieren. Wären Sie dann interessiert?"

▶ *Multiplikator: „Das ist mir viel zu viel Arbeit."*
Vertriebler: „Ähnliche Bedenken hatten auch schon andere Partner, mit denen wir jetzt sehr erfolgreich zusammenarbeiten. Denn in der Praxis hat sich gezeigt, dass Ihr Aufwand eher geringer wird und gleichzeitig Ihre Kunden zufriedener sind."

▶ *Multiplikator: „Ich suche doch nicht für Sie neue Kunden!"*
Vertriebler: „Warum denn nicht? Davon profitieren ja nicht nur wir. Unsere neuen Kunden wären ja auch für Sie ein wesentlicher Vorteil."

▶ *Multiplikator: „Ihrem Unternehmen muss es ja schlecht gehen, wenn Sie so etwas nötig haben ..."*
Vertriebler: „Wie jedes andere Unternehmen sind auch wir an neuen Kunden interessiert. Und mit dieser sehr persönlichen Form haben wir ausgesprochen gute Erfahrungen gemacht. Außerdem kommen die Vorteile beiden Seiten zu Gute."

Nutzenargumentationen für Multiplikatoren

Die Nutzen müssen für jeden Multiplikator individuell erarbeitet werden. Die folgenden Punkte können Ihnen dabei als Basis dienen:

▶ Arbeitserleichterung in den Bereichen ...
▶ kostenloses Expertenwissen in den Bereichen ...
▶ Imagegewinn durch Zusammenarbeit mit einem renommierten Unternehmen

- ▶ neue Kunden durch gemeinsame Aktionen
- ▶ einfache Erweiterung der Angebotspalette
- ▶ hohe Kundenbindung durch optimalen Service und Mehrwert-Angebote.

Schritt 3: Die Kontaktaufnahme

Nach der Vorbereitung wird dann ein erster Kontakt zu den ausgewählten Multiplikatoren aufgenommen – entweder telefonisch oder direkt durch ein persönliches Gespräch.

Tipp

Die Kontaktaufnahme mit möglichen Multiplikatoren sollte nicht „nebenbei" im Tagesgeschäft erfolgen. Geben Sie Ihren Mitarbeitern die Chance, sich voll und ganz auf diese anspruchsvolle Arbeit zu konzentrieren. Stellen Sie ihnen dazu am besten einen eigenen Arbeitsplatz zur Verfügung und planen Sie ausreichend Zeit ein, in denen ausschließlich Kontakt zu potenziellen Multiplikatoren gesucht wird.

Beim ersten Kontakt sollten Sie

- ▶ sich und Ihr Unternehmen vorstellen,
- ▶ Ihr Anliegen erläutern sowie
- ▶ das Konzept der Multiplikatoren-Methode und den Nutzen für den Multiplikator kurz erklären.

Gehen Sie aber nicht davon aus, dass jeder Multiplikator sofort zustimmt. Einwände und auch Vorbehalte sind eher die Regel als die Ausnahme – vor allem dann, wenn der potenzielle Multiplikator keinerlei Erfahrung mit dieser Methode hat. Daher ist es sehr wichtig, vor der Kontaktaufnahme maßgeschneiderte Einwandbehandlungen und Nutzenargumentationen zu erarbeiten.

Tipp

Eine der stärksten Waffen, um einen zurückhaltenden Multiplikator vielleicht doch noch zu überzeugen, sind Provisionen oder besondere Konditionen bei der Abnahme Ihrer Produkte und Leistungen. Verschießen Sie Ihr Pulver aber nicht sofort, sondern machen Sie Provisionen und Sonderkonditionen erst dann zum Thema, wenn andere Vorteile vom potenziellen Multiplikator nicht akzeptiert werden.

Ermitteln Sie dann durch eine Bedarfsanalyse, in welchen Bereichen eine Zusammenarbeit mit dem Multiplikator Sinn macht. Anschließend werden fast immer Verhandlungen folgen, wie die Zusammenarbeit konkret aussehen soll.

> **Tipp**
>
> Die Bedarfsanalyse und auch die Verhandlungen über die Zusammenarbeit sollten Sie nicht am Telefon durchführen. Vereinbaren Sie einen oder – wenn erforderlich – auch mehrere Termine für persönliche Gespräche.

Schritt 4: Die Fixierung der Vereinbarung

Wenn Sie sich mit dem Multiplikator auf eine Zusammenarbeit einigen konnten, sollten Sie die Bedingungen klar und eindeutig fixieren – am besten schriftlich. Die entsprechende Vereinbarung muss mindestens folgende Punkte enthalten:

▶ Den Namen und die Anschrift Ihres Unternehmens
▶ Den Namen und die Anschrift des Multiplikators
▶ Eine Aufzählung Ihrer Produkte und Dienstleistungen, die der Multiplikator seinen Kunden und Interessenten anbieten wird
▶ Eine Liste der Informations-Materialien, die Sie dem Multiplikator für seine Arbeit zu Verfügung stellen – zum Beispiel Produktbeschreibungen, Flyer, Werbematerial
▶ Eine Beschreibung, wie die Vermittlung durch den Multiplikator genau erfolgt
   – Nennt der Multiplikator dem Interessenten lediglich einen Ansprechpartner in Ihrem Unternehmen und der Interessent nimmt dann selbst mit Ihnen Kontakt auf?
   – Gibt der Multiplikator die Daten des Interessenten an Sie weiter, damit Sie Kontakt mit dem Interessenten aufnehmen können?
   – Stellt der Multiplikator den Interessenten selbst seinem Ansprechpartner in Ihrem Unternehmen vor?
   – Bietet der Multiplikator direkt Ihre Produkte und Dienstleistungen dem Interessenten an und gibt Ihnen dann die Informationen über erfolgte Abschlüsse weiter?
▶ Eine Auflistung der Interessenten-Daten, die der Multiplikator an Sie weiterleitet. Zum Beispiel
   – Name und Anschrift
   – Alter
   – Beruf
   – spezielle Interessen.

▶ Eine Beschreibung, wie und wann Informationen ausgetauscht werden. Zum Beispiel
  – bei Terminvereinbarungen mit einem Interessenten
  – nach Gesprächen mit Interessenten oder
  – nach erfolgten Abschlüssen.

▶ Gegebenenfalls eine exakte Beschreibung der Provisions-Regelungen und der Sonderkonditionen für den Multiplikator

Tipp

Auch wenn es keinen konkreten Anlass wie einen Abschluss oder eine Terminvereinbarung mit einem Interessenten gibt, sollten Sie mindestens alle vier Wochen Kontakt mit dem Multiplikator aufnehmen. Solche regelmäßigen Treffen stärken zum einen die Bindung zwischen Ihrem Unternehmen und dem Multiplikator, bieten zum anderen aber auch eine gute Möglichkeit, die Zusammenarbeit zu optimieren.

Fixieren Sie auch die Ergebnisse dieser Kontakttreffen schriftlich – am besten in einem kurzen Gesprächsprotokoll. Damit vermitteln Sie nicht nur Seriosität und Professionalität, sondern können im Zweifelsfall auch jederzeit nachsehen, welche Vereinbarungen nun genau getroffen wurden.

Nachdem die Zusammenarbeit schriftlich fixiert ist, führen Sie den Multiplikator kurz in Ihr Unternehmen ein. Stellen Sie ihm wichtige Mitarbeiter persönlich vor und nennen Sie alternative Ansprechpartner, falls Sie nicht erreichbar sind. Denken Sie auch daran, dem Multiplikator Visitenkarten seiner wichtigsten Ansprechpartner zu übergeben.

Halten Sie die Vereinbarungen mit dem Multiplikator unter allen Umständen exakt ein. Geben Sie ihm ein Vorbild für die Zusammenarbeit. Wenn Sie oder Ihre Mitarbeiter gegen die Vereinbarungen verstoßen, können Sie nicht erwarten, dass der Multiplikator die Vereinbarungen selbst einhält.

Schritte 5 und 6: Erstgespräche mit den vermittelten Interessenten und Nachbereitung

Die Erstgespräche mit den vermittelten Interessenten und auch die Nachbereitung erfolgen mit den üblichen Verfahren. Genau wie beim Empfehlungsmanagement sollten Sie aber auch bei der Multiplikatoren-Methode direkt beim Gesprächseinstieg einen Bezug zum Multiplikator herstellen.

Fragen Sie dann gezielt nach, welche Informationen zu Ihren Produkten und Dienstleistungen der Interessent bereits vom Multiplikator erhalten hat. Damit ersparen Sie sich und auch dem potenziellen Kunden unter Umständen lange Erklärungen, die nichts Neues mehr vermitteln.

Zum Abschluss des Gesprächs bitten Sie den Interessenten um sein Einverständnis, dass Sie dem Multiplikator eine Rückmeldung zum Verlauf des Kontakts geben dürfen. Betonen Sie dabei, dass Sie dem Multiplikator lediglich mitteilen, ob es zu einem Abschluss gekommen ist oder nicht. Sämtliche Details des Abschlusses müssen vertraulich bleiben.

Schritt 7: Rückmeldung an den Multiplikator

Im letzten Schritt geben Sie dem Multiplikator eine Rückmeldung über den Verlauf des Kontakts mit dem Interessenten – vorausgesetzt, der Interessent hat sein Einverständnis gegeben. Andernfalls teilen Sie dem Multiplikator lediglich mit, dass ein Treffen stattgefunden hat, der potenzielle Kunde aber nicht damit einverstanden ist, weitere Informationen bekannt zu geben.

Nutzen Sie die Rückmeldungen aber nicht nur für den reinen Informationsaustausch, sondern schaffen Sie eine enge Bindung zwischen Ihrem Unternehmen und dem Multiplikator. Bedanken Sie sich und sorgen Sie für neue Motivation – zum Beispiel, indem Sie den Multiplikator für seine gute Arbeit loben.

> **Hinweis:** Eine gute und intensive Beziehung zwischen Ihrem Unternehmen und einem Multiplikator kann eine sehr ergiebige Quelle bei der Neukundengewinnung sein – und das bei recht geringem Aufwand. Pflegen Sie daher die Beziehungen zu Ihren Multiplikatoren und sorgen Sie für eine möglichst enge Bindung zu Ihrem Unternehmen.

✓ Checkliste Multiplikatoren-Methode

Auswahl der Multiplikatoren	
Haben Sie bestehende Kundenkontakte nach möglichen Multiplikatoren durchsucht?	❏
Haben Sie andere Quellen wie zum Beispiel Fachhochschule, Universitäten oder private Clubs geprüft?	❏
Kommen möglicherweise andere Unternehmen als Multiplikator in Frage?	❏
Wenn ja: Bestehen keinerlei Überschneidungen in den Geschäftsfeldern?	❏
Haben Sie unter Freunden, Verwandten und Bekannten nach Multiplikatoren gesucht?	❏
Haben die ausgewählten Multiplikatoren zahlreiche und intensive Kontakte zu den Zielgruppen und Zielkunden Ihrer Vertriebs-Offensive?	❏
Vorbereitung	
Ist eindeutig im Team geregelt, wer wann Kontakt zu welchem Multiplikator aufnimmt?	❏
Nimmt jeder Mitarbeiter maximal mit sechs bis acht möglichen Multiplikatoren gleichzeitig Kontakt auf?	❏
Haben Sie Gesprächseinstiege, Einwandbehandlungen und Nutzenargumentationen für den ersten Kontakt mit den Multiplikatoren erarbeitet?	❏
Kontaktaufnahme und Fixierung der Vereinbarung	
Können sich die Mitarbeiter voll und ganz auf die Kontaktaufnahme mit den Multiplikatoren konzentrieren?	❏
Haben Sie gemeinsam mit dem Multiplikator durch eine Bedarfanalyse ermittelt, in welchen Bereichen eine Zusammenarbeit sinnvoll ist?	❏
Sind die Details der Zusammenarbeit schriftlich fixiert?	❏

Erstgespräch mit den vermittelten Interessenten	
Wird beim Erstkontakt mit einem Interessenten sofort der Bezug zum Multiplikator hergestellt?	❑
Fragt der Vertriebsmitarbeiter beim Interessenten nach, welche Informationen zu den Produkten und Dienstleistungen bereits durch den Multiplikator vermittelt wurden?	❑
Wird sichergestellt, dass der Interessent mit der Rückmeldung an den Multiplikator einverstanden ist?	❑
Rückmeldungen an den Multiplikator	
Erfolgen regelmäßige Rückmeldungen an den Multiplikator?	❑
Nutzen Sie die Rückmeldungen auch, um eine enge Bindung des Multiplikators an Ihr Unternehmen zu schaffen?	❑

Erlebnisorientiert und animierend: das Verkaufsevent

Im Rahmen meiner Tätigkeit als Berater und Trainer habe ich in vielen Unternehmen gesehen, dass sie regelmäßig ausgewählte Zielgruppen zu Verkaufsveranstaltungen einladen mit der Hoffnung, daraus neue Kunden zu gewinnen. Das Ergebnis oft: die Veranstaltungen machen zwar den Gästen Spaß, aber unter dem Strich kommt nichts dabei heraus. So entwickelte ich zusammen mit Christian und Ulrich Innerhofer ein neues Konzept für die Gewinnung von Neukunden mittels Kundenveranstaltungen, das „ITO Verkaufsevent". An diesem Thema arbeite ich nun seit 1992. Seither stellen wir jedes Jahr fest, dass unser Verkaufsevent großen Erfolg für die Kunden bringt. Dafür ein paar Beispiele aus den Jahren 2005/06 bezogen auf den Finanzdienstleistungsbereich:

Branche	Ziel	Anzahl Verkaufs-events	Ergebnis
Sparkasse	Vertrieb von Immobilien- und Schiffsfonds	1	1,1 Mio. € Zeichnungs- summe innerhalb von 6 Wochen
Immobilien- firma	Vertrieb von Immobilienfonds	2	600 000 € Zeichnungs- volumen in 2 Monaten
Genobank	Vertrieb ausge- wählter Wertpapiere	1	1,2 Mio. € Zeichnungs- summe innerhalb von 6 Wochen
Sparkasse	Vertrieb von bAV	3	Ca. 300 Mitarbeiter im öffentlichen Dienst haben abgeschlossen
Großbank	Gewinnen vermö- gender Privatkunden	30	Ca. 300 Neukunden
Privatbank	Vertrieb von Medienfonds	3	in 2,5 Monaten 4 Mio. € Zeichnungssumme
Privatbank	Gewinnen von Man- daten für die Vermö- gensverwaltung	6	In 4 Monaten 11 Mio. € zu verwaltendes Vermögen
Freie Finanz- dienstleister	Vermarktung Immobilienfonds	40	40 Mio. € Zeichnungs- summe im Jahresend- geschäft (ca. 3 Monate)

Abbildung 14: Beispiele für Verkaufsevents aus dem Finanzdienstleistungsbereich und ihre Ergebnisse

Natürlich konzipierten und führten wir die Verkaufsevents auch für die Branchen Automobil, Investitionsgüter, Konsumgüter und Telekommunikation durch. Auf Veranstaltungen im Automobilbereich haben wir eine dreißigprozentige, im Investitionsgüterbereich gar eine vierzigprozentige Abschlussquote bei den anwesenden potenziellen Käufern erzielt.

Die Verkaufsberater stehen dieser Form der Neukundengewinnung sehr aufgeschlossen gegenüber, weil sie durch den Event eine große Unterstützung in der Neukundengewinnung erfahren. Das Erfolgsgeheimnis steckt bei dieser Methode in den Details. Deshalb ist es wichtig, dass Sie in der Vorbereitung des Verkaufsevents sehr genau arbeiten. In diesem Kapitel erhalten Sie detaillierte Information über die Faktoren, auf die es ankommt.

Verkaufsevents müssen emotionalisieren

Allzu oft sehen Verkaufsveranstaltungen in Unternehmen noch so aus: Ein Mitarbeiter steht auf einer Art „Bühne" und stellt dem Publikum mehr oder weniger redegewandt Produkte und Dienstleistungen vor. Die „Kunden" sitzen in Stuhlreihen nebeneinander in einem Saal und sind fast immer strikt von den Beratern getrennt. Nach der Präsentation kaufen die Teilnehmer – oder auch nicht – und verlassen den Saal wieder.

Klare Vereinbarungen mit den Gästen werden dabei nur in den seltensten Fällen getroffen, Folgeaktivitäten kaum durchgeführt. Das Ergebnis: Der Erfolg solcher Veranstaltungen hängt in erster Linie von den „Künsten" des Verkäufers ab. Messbar ist er ausschließlich über die Anzahl der unmittelbar im Anschluss an die Präsentation getätigten Verkäufe.

Dabei können Sie im Rahmen von Verkaufsveranstaltungen gleich mehrere Erfolgsfaktoren zusammenführen:

1. Sie präsentieren Ihre Produkte und Dienstleistungen erlebnisnah in einem angemessenen Rahmen und wecken so die Kauflust.

2. Sie schaffen einen willkommenen Anlass, Kunden und Interessenten zu kontaktieren – ohne das Gefühl zu hinterlassen, Sie wollen um jeden Preis etwas verkaufen.

3. Sie haben einen idealen Aufhänger für nachfolgende individuelle Beratungs- und Verkaufsgespräche.

4. Sie erhalten durch unmittelbare Rückmeldungen der Teilnehmer wertvolle Hinweise auf die Bedürfnisse Ihrer Kunden.

5. Und – ganz wichtig – Sie verstärken durch das gemeinsame Erlebnis intensiv die Beziehungen zwischen Ihnen und Ihren Kunden.

Diese Vorteile kommen allerdings nur dann zum Tragen, wenn Sie die Veranstaltung systematisch vorbereiten, planen und durchführen. Sie müssen die Verkaufsveranstaltung zum Verkaufsevent machen.

Dieses Verkaufsevent besteht aus sechs wesentlichen Schritten (siehe Abbildung 15).

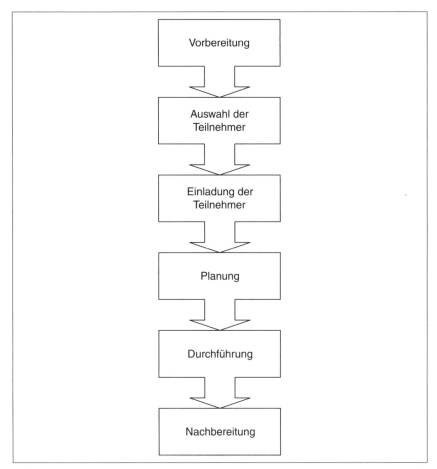

Abbildung 15: Die Schritte des Verkaufsevents

Schritt 1: Die Vorbereitung

Zur Vorbereitung gehören folgende Punkte:

▶ Wann soll das Verkaufsevent stattfinden?
▶ Welches Thema soll es haben?

► Welche Produkte beziehungsweise Dienstleistungen sollen präsentiert werden?
► Welches Ziel hat das Verkaufsevent?
► Welche Zielgruppen sollen mit dem Verkaufsevent angesprochen werden?
► Wie viele Personen sollen maximal teilnehmen?
► Welche Mitarbeiter aus dem Unternehmen sollen am Verkaufsevent teilnehmen?
► Welche Rolle übernimmt der einzelne Mitarbeiter (Moderator/Betreuer/Fachexperte)?
► Welche organisatorischen Rahmenbedingungen müssen beachtet werden?

Schritt 2: Die Auswahl der Teilnehmer

Im zweiten Schritt wählen die Vertriebsmitarbeiter gezielt die einzelnen Teilnehmer am Verkaufsevent aus. Ausgangspunkt ist dabei die Zielgruppe, die in der Vorbereitung definiert wurde.

➢ **Hinweis:** Damit sich jeder Vertriebsmitarbeiter individuell um seine Gäste kümmern kann, sollte er nicht mehr als fünf Teilnehmer auswählen. Wie viele Personen Sie insgesamt zu dem Verkaufsevent einladen, hängt also nicht nur von der Größe des Veranstaltungsraums ab, sondern auch von der Anzahl Ihrer Vertriebsmitarbeiter, die an der Veranstaltung teilnehmen.

Schritt 3: Die Einladungen

Wie die Einladungen erfolgen, hängt von der Zielgruppe ab. Bei anspruchsvollen gehobenen Kunden sollte jeder Berater seinen Gästen eine persönliche schriftliche Einladung überreichen – am besten mit einem vorgefertigten Antwortbogen.

Bei einem Verkaufsevent mit großer Teilnehmerzahl und weniger anspruchsvollen Gästen können die Einladungen auch telefonisch erfolgen – zum Beispiel über ein eigens beauftragtes Call-Center.

Schritt 4: Die Planung

Zur Planung gehören die folgenden Fragen:

▶ Wo soll das Verkaufsevent stattfinden (Hotel, Saal, eigene Räume)?
▶ Welche einzelnen Programmpunkte sind vorgesehen? Wie ist der zeitliche Ablauf? Soll ein Rahmenprogramm angeboten werden?

- ▶ Werden für einen Programmpunkt Spezialisten oder Gastredner benötigt?
- ▶ Wie soll für das leibliche Wohl gesorgt werden? Wer übernimmt das Catering?
- ▶ Sind die Rollen der Mitarbeiter für das Verkaufsevent eindeutig definiert und den Mitarbeitern bekannt?

Den Abschluss der Planungs-Phase bildet eine Team-Besprechung, in der die Mitarbeiter noch einmal gezielt auf das Verkaufsevent eingestimmt und vorbereitet werden.

Schritt 5: Die Durchführung

Sicherlich kennen Sie dieses Gefühl auch: Sie stehen auf einer Messe oder einem Empfang verloren mit einem Glas Sekt in der Hand herum und wissen nicht so recht, was Sie eigentlich auf dieser Veranstaltung sollen. Sie fühlen sich unwohl und wollen die Veranstaltung eigentlich nur möglichst schnell wieder verlassen. Bei solch einer Grundhaltung kann natürlich auch ein noch so sorgfältig vorbereitetes Verkaufsevent nicht erfolgreich sein. Sie müssen daher dafür sorgen, dass sich Ihre Gäste rundum wohl fühlen, gerne zum Verkaufsevent kommen und auch gerne bleiben.

Das „Rundum-Wohlfühlen" darf sich dabei aber nicht nur auf die Getränke und das Essen oder ein unterhaltsames Rahmenprogramm beschränken. Ihre Gäste müssen das Gefühl bekommen, dass es richtig war, die Einladung anzunehmen. Dieses Gefühl lässt sich recht einfach durch persönliche „Betreuer" erzielen – die Vertriebsmitarbeiter, mit denen die Kunden und Interessenten bereits Kontakt hatten beziehungsweise die die Einladungen überreicht haben. Sorgen Sie dafür, dass die Gäste nach dem Eintreffen am Veranstaltungsort zunächst einmal Namensschilder erhalten und anschließend in eine Art „Empfangszone" geleitet werden. Dort werden sie von ihrem Betreuer noch einmal individuell begrüßt und an einem Tisch „gesammelt". Der Betreuer kann die Tischrunde miteinander bekannt machen und auch durch ein wenig Smalltalk für „Unterhaltung" sorgen.

Tipp

Niemand setzt sich gerne an einen Tisch, an dem bereits andere Personen sitzen. Sorgen Sie daher von Anfang an für eine zwanglose Atmosphäre – zum Beispiel, indem Sie Stehtische in der Empfangszone verwenden. Die meisten Menschen empfinden „Dazu-Stellen" weniger als Eindringen als „Dazu-Setzen".

Kurz vor Beginn des eigentlichen Verkaufsevents führt der Betreuer dann seine Gäste gemeinsam an einen Tisch im Veranstaltungs-Raum.

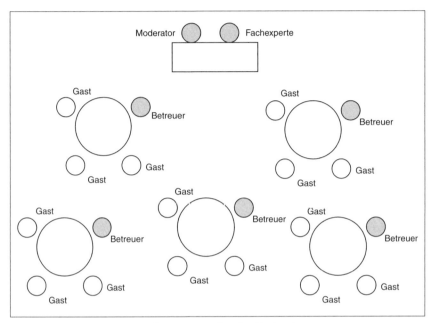

Abbildung 16: Die perfekte Sitzordnung für das Verkaufsevent

Der eigentliche Ablauf eines Verkaufsevents gliedert sich in einen offiziellen Teil und einen inoffiziellen, geselligen Teil – zum Beispiel bei einem gemeinsamen Essen. Im offiziellen Teil hat sich folgendes **Vorgehen** bewährt:

1. Zunächst erfolgt eine Präsentation von knapp 30 Minuten Dauer.

2. Danach diskutieren die einzelnen Tische gemeinsam mit ihrem Betreuer den Vortrag und notieren dabei gegebenenfalls offene Fragen auf Karten.

3. Nach circa 15 Minuten werden diese Karten eingesammelt und die Fragen vor allen Teilnehmern durch den Moderator beziehungsweise den Fachexperten beantwortet.

Nach der Beantwortung der Fragen hat der Betreuer die Aufgabe, mit seinen Gästen verbindliche Vereinbarungen zu treffen und nach Möglichkeit schriftlich zu fixieren.

Am Ende der Veranstaltung werden die Gäste außerdem um eine Rückmeldung gebeten – zum Beispiel durch einen vorbereiteten Feedback-Bogen.

Schritt 6: Die Nachbereitung

Zu jedem Verkaufsevent gehört auch eine ausführliche Nachbereitung. Nur so lässt sich der Erfolg des Events überprüfen und gegebenenfalls auch der Ablauf verbessern.

Die erste Nachbereitung erfolgt unmittelbar nach dem Verkaufsevent anhand der ausgefüllten Feedback-Bögen. Hier stellt jeder Betreuer auch seine Vereinbarungen mit den Gästen vor. Die Feedback-Bögen werden anschließend an die Führungskräfte weitergegeben. Am folgenden Tag sprechen die Führungskräfte die Ergebnisse des Verkaufsevents mit den einzelnen Mitarbeitern durch. Dabei wird auch eine Aktivitätenliste mit dem weiteren Vorgehen für jeden einzelnen Gast erstellt. Der Vertriebsmitarbeiter nimmt dann möglichst innerhalb der folgenden beiden Tage Kontakt mit seinen persönlichen Gästen auf. Aufhänger für das Gespräch ist dabei der Feedback-Bogen, den der Gast ausgefüllt hat.

Abgeschlossen wird die Nachbereitung circa 14 Tage nach dem Verkaufsevent durch einen Erfahrungsaustausch. Hier präsentiert jeder Mitarbeiter seine Ergebnisse – sowohl die Erfolge als auch die Misserfolge.

✓ Checkliste Verkaufsevent

(zum Download unter www.vertriebs-offensive.com)

Vorbereitung	
Steht der Termin?	
Ist das Thema festgelegt?	
Sind die Produkte/Dienstleistungen ausgewählt?	
Ist das Ziel definiert?	
Sind die Zielgruppen definiert?	
Ist die maximale Anzahl Teilnehmer festgelegt?	
Sind die eigenen Mitarbeiter ausgewählt, die am Verkaufsevent teilnehmen sollen?	
Sind die Rollen der eigenen Mitarbeiter festgelegt?	
Sind die organisatorischen Rahmenbedingungen geklärt?	
Auswahl der Teilnehmer	
Sind die Teilnehmer anhand der Zielgruppen ausgewählt?	
Ist die Gruppe homogen?	
Einladungen	
Ist festgelegt, wie die Einladungen erfolgen sollen? Durch eine persönlich überreichte schriftliche Einladung oder telefonisch über ein Call-Center?	
Sind die schriftlichen Einladungen erstellt?	
Haben die schriftlichen Einladungen eine vorgefertigte Rückantwort?	
Können Stammkunden weitere Interessenten anmelden?	
Sind die Einladungen rechtzeitig erfolgt?	
Planung	
Sind die Räumlichkeiten geklärt?	
Sind die Programmpunkte festgelegt?	
Ist der zeitliche Ablauf klar?	
Steht das Rahmenprogramm?	
Sind gegebenenfalls erforderliche Spezialisten oder Gastredner eingeladen?	

Sind die Gastredner oder Spezialisten mit dem Ablauf der Veranstaltung vertraut gemacht worden?	
Ist für Essen und Getränke gesorgt?	
Sind die Rollen der eigenen Mitarbeiter allen bekannt?	
Wurde die Team-Besprechung zur Einstimmung und Vorbereitung durchgeführt?	

Durchführung

Sind Betreuer für die Gäste ausgewählt?	
Haben Sie eine Empfangszone mit Stehtischen eingerichtet?	
Hat jeder Tisch in der Empfangszone einen eigenen Betreuer?	
Ist die Sitzordnung für die eigentliche Veranstaltung festgelegt?	
Ist eine Diskussion für jeden einzelnen Tisch eingeplant?	
Sind die Karten für die Sammlung von Fragen vorbereitet?	
Werden die gesammelten Fragen vor allen Teilnehmern beantwortet?	
Hat der Betreuer Vereinbarungen mit seinen Gästen getroffen und schriftlich fixiert?	
Ist der Feedback-Bogen vorbereitet?	
Hat jeder Gast einen Feedback-Bogen ausgefüllt?	

Nachbereitung

Sind die Feedback-Bögen direkt nach dem Verkaufsevent ausgewertet worden?	
Hat jeder Betreuer seine Vereinbarungen mit seinen Gästen vorgestellt?	
Sind die Feedback-Bögen an die Führungskräfte weitergegeben worden?	
Hat eine Besprechung am folgenden Tag stattgefunden?	
Ist dabei eine Aktivitätenliste für jeden einzelnen Gast erstellt worden?	
Hat der Vertriebsmitarbeiter zeitnah Kontakt mit seinen Gästen aufgenommen?	
Hat circa 14 Tage später der Erfahrungsaustausch stattgefunden?	

Interessenten-Center einrichten: Neukundengewinnung auf Messen funktioniert

Die Teilnahme an Messen gehört im Vertrieb schon fast zum Tagesgeschäft. Es vergeht kaum ein Tag, an dem nicht irgendwo eine Messe stattfindet, auf der sich ein Unternehmen präsentieren könnte. Allzu oft stehen dabei aber vor allem zwei Gedanken im Vordergrund: „Wir müssen unbedingt dabei sein" und „Klotzen statt kleckern – unser Stand muss auffallen". Das eigentliche Ziel – die Gewinnung neuer Kunden – tritt nicht selten in den Hintergrund. In vielen Fällen wird der Messeauftritt sicherlich einige neue Interessenten und Kontakte liefern, vielleicht sogar den ein oder anderen direkten Abschluss am Stand. Häufig geschieht auf Messen aber vor allem eins: Langjährige Stammkunden werden mit sehr großem Aufwand empfangen und bewirtet.

Nach der Messe weiß niemand so recht, was denn nun unter dem Strich herausgekommen ist. Ein kritischer Vergleich von Aufwand und Ergebnis liefert oft eine vernichtende Bilanz: Trotz enormer Kosten bringt der Messeauftritt kaum neue Kunden. Für viele Unternehmen stellt sich daher mittlerweile die Frage: Lohnt sich die Teilnahme an einer Messe überhaupt noch?

Wenn Sie nicht das olympische Motto „Dabei sein ist alles" in den Vordergrund stellen, sondern eine Messe gezielt zur Neukundengewinnung nutzen, lohnt sich der Aufwand in jedem Fall. Es nützt nun aber nichts, einfach als Motto für die nächste Messe vorzugeben „Gewinnt mehr neue Kunden". Auch breit gestreute Einladungen an einen mehr oder weniger willkürlich ausgewählten Personenkreis helfen Ihnen nicht weiter. So können Sie vielleicht die Besucherzahl an Ihrem Stand erhöhen – ob aus diesen Besuchern aber auch Kunden werden, bleibt nach wie vor mehr oder weniger dem Zufall überlassen.

Interessenten-Center zur Betreuung

Für zählbare Erfolge bei der Neukundengewinnung auf einer Messe müssen Sie Ihren Auftritt systematisch vorbereiten, durchführen und auch nachbereiten. Dazu installieren Sie am besten ein spezielles Interessenten-Center – einen getrennten abgeschirmten Bereich auf Ihrem Messestand, in dem potenzielle Neukunden besonders betreut und beraten werden. Warten Sie aber nicht einfach ab, bis sich die Besucher von selbst einfinden, sondern laden Sie sie gezielt in das Interessenten-Center ein.

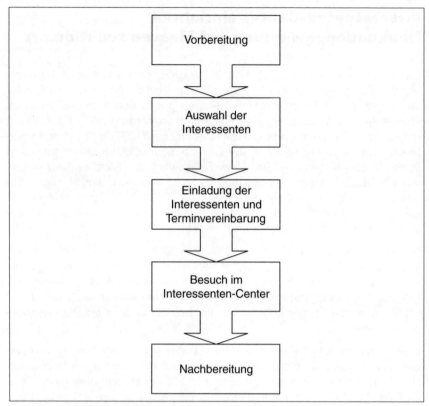

Abbildung 17: Neukundengewinnung auf einer Messe

Schritt 1: Die Vorbereitung

Bei der Vorbereitung geht es im Wesentlichen um die Organisation des Interessenten-Centers:

- ▶ Wie soll das Center genau aufgebaut werden?
- ▶ Wie viele Tische werden benötigt?
- ▶ Wer aus dem Vertriebs-Team soll als Berater im Interessenten-Center auftreten?
- ▶ Wer übernimmt den Empfang der eingeladenen Gäste und leitet sie in das Interessenten-Center weiter?
- ▶ Für welche Zielgruppen kommt eine Einladung grundsätzlich in Frage?
- ▶ Wie viele Einladungen sollen maximal erfolgen?
- ▶ Gibt es besondere organisatorische Rahmenbedingungen auf der Messe, die beachtet werden müssen?

▶ Wie werden die Berater auf die Gespräche im Interessenten-Center vorbereitet? Wie erfolgt die Schulung der Berater für den Einsatz im Interessenten-Center?

Tipp

Planen Sie das Interessenten-Center nicht als „Massenveranstaltung". Die potenziellen Neukunden müssen das Gefühl haben, individuell und maßgeschneidert beraten zu werden. Kalkulieren Sie daher für jedes Gespräch im Interessenten-Center knapp 30 Minuten ein. Sorgen Sie auch dafür, dass die Beratung in ruhiger angenehmer Atmosphäre erfolgen kann – zum Beispiel an einem abgeschirmten Stehtisch bei einer Tasse Kaffee oder Tee.

Schritt 2: Die Auswahl der Interessenten

Im zweiten Schritt legen Sie fest, wen Sie genau zum Interessenten-Center einladen wollen. Die Auswahl kann dabei zum Beispiel durch die einzelnen Vertriebsmitarbeiter anhand der Zielgruppen erfolgen, die in der Vorbereitung definiert wurden.

Tipp

Berücksichtigen Sie bei der Auswahl unbedingt die Anzahl der Beratungsplätze im Interessenten-Center. Wenn Ihnen beispielsweise fünf Tische zur Verfügung stehen, können Sie auch nur fünf Gespräche gleichzeitig durchführen. Bei einer durchschnittlichen Dauer von 30 Minuten pro Gespräch könnten Sie damit pro Messetag maximal 80 Termine vereinbaren. Dabei sind aber keine Pausen für die Vertriebsmitarbeiter berücksichtigt und auch keine Terminverschiebungen – zum Beispiel, weil ein Gespräch länger dauert als 30 Minuten oder weil sich ein Gast verspätet. Damit Sie nicht in Zeitdruck geraten, sollten Sie pro Messetag nicht mehr als 10 Termine pro Tisch vereinbaren.

Denken Sie vor allem bei regionalen Messen auch an die Anreise der Interessenten. Niemand wird mehrere Hundert Kilometer Anfahrt auf sich nehmen, wenn eine vergleichbare Messe an einem anderen Termin in seiner Nähe stattfindet. Laden Sie dann den Interessenten lieber zu der Messe ein, die vor seiner Haustür stattfindet.

Schritt 3: Die Einladung der Interessenten und die Terminvereinbarung

Im dritten Schritt werden die ausgewählten Interessenten schriftlich eingeladen. Dabei sollten Sie aber nicht – wie oft üblich – einen Abschnitt auf dem Antwortbogen für die Terminwunschangabe des Interessenten vorsehen. Denn damit geben Sie die Kontrolle über die Terminvergabe weitgehend aus der Hand und müssen später die Wünsche der Interessenten mit sehr viel Aufwand irgendwie koordinieren. Dabei wird Ihnen in vielen Fällen auch nichts anderes übrig bleiben, als dem ein oder anderen Interessenten absagen zu müssen.

Sehr viel einfacher wird die Terminplanung, wenn Sie selbst dem potenziellen Kunden einige Termine vorschlagen können. Dazu teilen Sie dem Interessenten in der Einladung lediglich mit, dass Sie auf der Messe präsent sein werden und ihn gerne einladen möchten. Kündigen Sie in dem Anschreiben außerdem an, dass Sie sich in Kürze telefonisch melden werden, um einen genauen Termin abzustimmen. Rufen Sie dann aber auch kurz nach dem Verschicken der Einladungen tatsächlich an. Länger als eine Woche sollten Sie nicht verstreichen lassen.

Einladung zum Interessenten-Center auf einer Messe

In dem Telefonat können Sie dem Kunden gezielt freie Termine vorschlagen beziehungsweise anhand der Planung der anderen Gespräche sofort sehen, ob ein Wunschtermin des Interessenten noch verfügbar ist.

Bestätigen Sie dann den Termin noch einmal mit einem kurzen Schreiben und erklären Sie dem Interessenten, wo er sich auf dem Messestand melden soll.

Guten Tag, Herr/Frau ... ,

vom ... bis ... findet die Messe ... in ... statt. Unseren Stand finden Sie in der Halle ... .

Damit Sie uns und unsere Produkte noch besser kennen lernen können, möchten wir Sie gerne zu einem persönlichen Gespräch einladen. Für eine Terminabsprache werden wir uns in den nächsten Tagen telefonisch mit Ihnen in Verbindung setzen.

Mit freundlichen Grüßen

Terminbestätigung für das Interessenten-Center

Guten Tag, Herr/Frau ... ,

wir freuen uns, dass Sie uns am ... um ... auf unserem Messestand in der Halle ... besuchen kommen.

Bitte melden Sie sich mit diesem Schreiben am Empfang unseres Messestandes. Ihr Gesprächspartner erwartet Sie dann bereits.

Mit freundlichen Grüßen

Tipp

Die telefonische Terminvereinbarung und das Versenden der Bestätigungen können vor allem bei vielen Einladungen sehr zeitaufwändig werden. Es lohnt sich daher in vielen Fällen, diese Arbeiten extern an ein Call-Center zu vergeben. Im Idealfall übergeben Sie dem Call-Center eine Liste mit den einzuladenden Personen und erhalten später die komplette Terminplanung für das Interessenten-Center zurück.

Nachdem die einzelnen Gesprächstermine feststehen, erstellen Sie einen detaillierten Einsatzplan für die Messe. Notieren Sie in diesem Plan,

- ▶ welcher Mitarbeiter
- ▶ wann
- ▶ welchen Interessenten

berät, und verteilen Sie ihn an das Team des Interessenten-Centers. Ein Exemplar des Einsatzplans erhält außerdem der Empfang auf dem Messestand.

Schritt 4: Der Messebesuch

Für die reibungslose Organisation des Messebesuchs durch den Kunden hat sich folgender Ablauf bewährt:

- ▶ Der Interessent meldet sich am Empfangsschalter.
- ▶ Der Mitarbeiter am Empfang sieht im Einsatzplan nach, welcher Berater im Interessenten-Center für den Besucher vorgesehen ist und leitet den Interessenten an den entsprechenden Tisch weiter.
- ▶ Dort findet das Gespräch zwischen dem Berater und dem Interessenten statt.
- ▶ Abschließend führt der Berater den Interessenten zu seinem gewünschten Schwerpunkt auf dem eigentlichen Messestand.

> **Hinweis:** Informieren Sie sämtliche Mitarbeiter am Messestand über den vorgesehenen Ablauf. Ein Interessent darf auf keinen Fall zufällig am Messestand von einem Mitarbeiter empfangen werden, der nicht weiß, worum es überhaupt geht. Stellen Sie den Ablauf am besten am ersten Messetag vor der Eröffnung noch einmal dem kompletten Team vor und erläutern Sie dabei auch kurz die Ziele des Interessenten-Centers.

Schritt 5: Die Nachbereitung

Die Ergebnisse eines Gesprächs werden von den einzelnen Beratern direkt nach der Verabschiedung eines Interessenten erfasst. Dazu können Sie zum Beispiel spezielle Formblätter verwenden, die zunächst handschriftlich ausgefüllt werden. Am Ende eines Tages oder nach der Messe werden die Daten dann gesammelt in das IT-System übernommen.

Tipp

Die direkte Eingabe in das IT-System unmittelbar nach einem Gespräch setzt voraus, dass die Vertriebsmitarbeiter sehr gut mit dem System umgehen können. Andernfalls kostet die Eingabe unter Umständen sehr viel Zeit, die Sie besser für die Beratung verwenden können. Achten Sie bei der Erfassung darauf, dass der potenzielle Kunde eindeutig als Messekontakt zu erkennen ist. So können Sie später sehr einfach feststellen, wie viele Neukunden das Interessenten-Center auf der Messe tatsächlich gebracht hat.

Da Sie nur in sehr seltenen Fällen direkt auf der Messe zu einem Abschluss kommen werden, sollten Sie außerdem dafür sorgen, dass der Kontakt zum Besucher nicht wieder abreißt und er sein Interesse möglicherweise verliert. Das heißt: Der Vertriebsmitarbeiter muss sich um einen Folgetermin beim potenziellen Kunden kümmern – und zwar möglichst kurzfristig nach der Messe.

> **Hinweis:** Setzen Sie den Vertriebsmitarbeitern sowohl für die Terminvereinbarung als auch für den eigentlichen Besuch feste Fristen. So sollte der Termin innerhalb einer Woche vereinbart werden und der Besuch spätestens drei Wochen nach der Messe erfolgen. Geben Sie die Fristen aber nicht nur vor, sondern überprüfen Sie auch, ob sie eingehalten werden.

Falls eine Terminabsprache direkt auf der Messe nicht möglich ist, verschicken Sie spätestens einen Tag nach dem Besuch im Interessenten-Center einen Brief an den potenziellen Kunden. Bedanken Sie sich in diesem Brief noch einmal beim Besucher und kündigen Sie einen Anruf zur weiteren Terminabsprache an.

Anschreiben nach dem Messebesuch

Guten Tag, Herr/Frau ... ,

vielen Dank für Ihren Besuch an unserem Stand auf der Messe ... und das angenehme Gespräch.

Um das weitere Vorgehen zu besprechen, werden wir uns in den nächsten Tagen telefonisch mit Ihnen in Verbindung setzen.

Mit freundlichen Grüßen

Tipp

Mit dem Anschreiben unmittelbar nach dem Messebesuch können Sie die neu aufgebaute Beziehung zum Interessenten bereits in dieser sehr frühen Phase wirkungsvoll vertiefen. Lassen Sie diese Möglichkeit daher nicht ungenutzt. Bedanken Sie sich für den Besuch und kündigen Sie dem potenziellen Kunden an, wie es weitergeht.

Neben der individuellen Nachbereitung durch jeden einzelnen Berater sollten Sie außerdem am Ende eines Messetages eine Feedbackrunde mit dem gesamten Team durchführen. Lassen Sie hier jeden Mitarbeiter kurz seine Ergebnisse vorstellen, und nutzen Sie die Gelegenheit, um sich für den Einsatz aller Beteiligten zu bedanken.

✓ Checkliste Neukundengewinnung auf einer Messe

Vorbereitung	
Ist der genaue Aufbau des Interessenten-Centers festgelegt?	❏
Ist klar, wie viele Tische für das Interessenten-Center benötigt werden?	❏
Ist geregelt, welche Vertriebsmitarbeiter als Berater im Interessenten-Center auftreten?	❏
Sind der Empfang am Messestand und die Weiterleitung der Besucher in das Interessenten-Center festgelegt?	❏
Sind die Zielgruppen für die Einladungen definiert?	❏
Ist die maximale Anzahl der Einladungen festgelegt?	❏

Bietet das Interessenten-Center ausreichend Ruhe und eine angenehme Atmosphäre?	❏
Haben Sie eventuelle Besonderheiten bei den organisatorischen Rahmenbedingungen der Messe berücksichtigt?	❏
Sind die Berater für die Gespräche mit den Interessenten ausreichend geschult?	❏

Auswahl der Interessenten

Sind die potenziellen Kunden ausgewählt worden, die zum Interessenten-Center eingeladen werden sollen?	❏
Erfolgte die Auswahl anhand der vorher definierten Zielgruppen?	❏
Haben Sie den Anreiseaufwand der Interessenten bei der Auswahl berücksichtigt?	❏
Haben Sie genügend Zeit für jeden Besucher eingeplant?	❏
Haben Sie die Anzahl der zur Verfügung stehenden Tische bei der Kapazitätsplanung berücksichtigt?	❏
Haben Sie pro Tisch und Messetag nicht mehr als zehn Termine eingeplant?	❏

Einladung und Terminvereinbarung

Haben Sie die Einladungen für die Interessenten erstellt und verschickt?	❏
Ist die telefonische Terminabsprache erfolgt?	❏
Haben Sie abgesprochene Termine noch einmal schriftlich bestätigt?	❏
Haben Sie dem Interessenten in der Bestätigung mitgeteilt, wo er sich auf Ihrem Messestand melden soll?	❏
Haben Sie nach abgeschlossener Terminplanung einen detaillierten Einsatzplan für das Interessenten-Center erstellt?	❏
Haben Sie den Einsatz-Plan an alle Mitarbeiter im Interessenten-Center und auch an den Empfang auf dem Messestand verteilt?	❏

Messebesuch

Ist sichergestellt, dass der Interessent vom Empfang zu seinem Gesprächspartner im Interessenten-Center weitergeleitet wird?	❏
Führt der Berater den potenziellen Kunden nach dem Gespräch im Interessenten-Center weiter zu seinem gewünschten Schwerpunkt auf dem eigentlichen Messestand?	❏

Sind sämtliche Mitarbeiter auf dem Messestand über den grundsätzlichen Ablauf des Interessenten-Centers ausreichend informiert?	❏
Nachbereitung	
Werden die Ergebnisse der einzelnen Gespräche unmittelbar nach der Verabschiedung des Interessenten erfasst?	❏
Sind die Daten aus handschriftlich ausgefüllten Formularen vollständig in das IT-System übernommen worden?	❏
Werden Messe-Kontakte bei der Erfassung eindeutig gekennzeichnet?	❏
Haben Sie den Vertriebsmitarbeitern Fristen gesetzt, wann ein weiteres Gespräch mit dem Interessenten vereinbart werden muss und wann dieses Gespräch durchgeführt werden muss?	❏
Prüfen Sie die Einhaltung dieser Vorgaben?	❏
Haben Sie an alle Besucher des Interessenten-Centers einen Brief verschickt, in dem Sie sich bedanken und Folgeaktivitäten ankündigen?	❏
Führen Sie am Ende jedes Messetages eine Feedbackrunde durch, in der jeder Mitarbeiter seine Ergebnisse kurz vorstellen kann?	❏

Gemeinsam alle aktiv einbinden: Neukundengewinnungstag im Unternehmen

Bei den bisher vorgestellten Methoden zur Neukundengewinnung stand vor allem eins im Mittelpunkt: der möglichst optimale Kontakt zwischen den Außendienstmitarbeitern und den potenziellen Kunden. Zwar ist die Qualität dieser Kontakte ein wichtiger Erfolgsfaktor für die Vertriebs-Offensive zur Neukundengewinnung, das bedeutet aber nicht, dass die Außendienstmitarbeiter die Hauptlast allein tragen sollen und müssen.

➢ **Hinweis:** Durchschlagende Erfolge lassen sich nur dann erzielen, wenn alle Vertriebsmitarbeiter des Unternehmens an einem Strang ziehen und gemeinsam in die Vertriebs-Offensive zur Neukundengewinnung gehen.

Oft steht bei den einzelnen Abteilungen im Vertrieb indes vor allem das Tagesgeschäft im Vordergrund. Im Ergebnis wird häufig nebeneinander statt miteinander gearbeitet. Der Innendienst weiß nicht recht, was die Mitarbeiter im Außendienst denn nun genau machen. Die Führungskräfte interessieren sich vor allem für handfeste Ergebnisse und weniger für alltägliche Probleme des Vertriebs. Das Ergebnis dieses Nebeneinanders:

Nicht selten fühlen sich die Außendienst-Mitarbeiter als „Einzelkämpfer", die vom Innendienst und auch von den Führungskräften im Vertrieb mehr schlecht als recht bei der Neukundengewinnung unterstützt werden.

So weit sollten Sie es erst gar nicht kommen lassen. Sorgen Sie dafür, dass die Neukundengewinnung das gemeinsame Ziel aller Vertriebsmitarbeiter wird – zum Beispiel durch einen Neukundengewinnungstag im Unternehmen. An solch einem Tag steht vor allem eins im Vordergrund: Sämtliche Mitarbeiter des Vertriebs – auch die Führungskräfte – beteiligen sich aktiv an der Gewinnung neuer Kunden. Damit sorgen Sie nicht nur für ein „Wir"-Gefühl und ein besseres Verständnis der Mitarbeiter untereinander, sondern Sie schaffen auch Sachzwänge: Am Neukundengewinnungstag müssen Kundenkontakte hergestellt werden.

Neukundengewinnungstag gut durchorganisieren

Wenn Sie nun allerdings lediglich ein Datum aussuchen und zum Neukundengewinnungstag erklären, sorgen Sie höchstens für Chaos. Keiner weiß, was er denn nun genau machen soll und zu wem er Kontakt aufnehmen muss. Bereiten Sie den Neukundengewinnungstag im Unternehmen daher sorgfältig vor. Suchen Sie gezielt potenzielle Kunden aus, die an diesem Tag kontaktiert werden sollen und legen Sie fest, wie der Kontakt durchgeführt werden soll. Geben Sie dann jedem Mitarbeiter eine Liste der Kontakte, für die er persönlich am Neukundengewinnungstag verantwortlich ist. Denken Sie dabei auch an die Führungskräfte im Vertrieb. Sie müssen an diesem Tag Vorbildfunktion übernehmen!

Tipp

Ideale Methoden, für die Interessenten auf einen Neukundengewinnungstag zu sorgen, sind zum Beispiel die Kaltakquisition am Telefon oder Terminabsprachen für ein Beratungsgespräch. Lassen Sie aber unerfahrene Mitarbeiter nicht ins kalte Wasser springen. Geben Sie ihnen vor dem Neukundengewinnungstag die Möglichkeit, sich mit der telefonischen Kontaktaufnahme vertraut zu machen, und bauen Sie Hemmschwellen ab.

Der optimale Ablauf

Für den eigentlichen Neukundengewinnungstag hat sich folgender **Ablauf** bewährt:

▶ Beginnen Sie gegen 7 Uhr morgens mit einer Einstimmung der Beteiligten. Geben Sie dabei noch einmal die Ziele für den Tag vor, üben Sie Gespräche und bauen Sie Hemmschwellen ab.

▶ Zwischen 8 Uhr und 17 Uhr werden dann die Kontakte anhand der vorher verteilten Listen durchgeführt.

▶ Um 18.30 Uhr erfolgt eine Auswertung der Kontakte. Außerdem werden Folgeaktivitäten definiert und geplant.

▶ Den Abschluss des Neukundengewinnungstages bildet dann ein kleines Fest. Hier können die Mitarbeiter ihre Erfahrungen und Erlebnisse austauschen, Erfolge feiern und Misserfolge verarbeiten.

Sorgen Sie auf diesem Fest für eine entspannte Atmosphäre und positive Stimmung – zum Beispiel durch entsprechende Musik und ein Begleitprogramm.

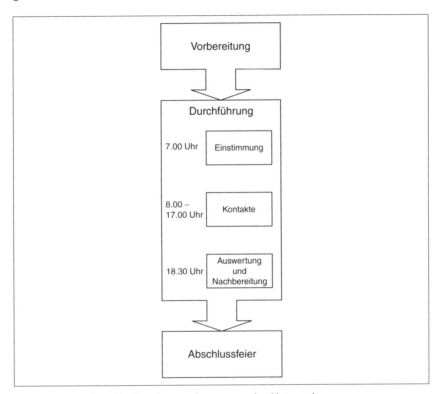

Abbildung 18: Der Neukundengewinnungstag im Unternehmen

Denken Sie daran: Alle Aktivitäten des Neukundengewinnungstags müssen aufgegriffen und fortgeführt werden – unter Umständen von anderen Mitarbeitern. Daher ist eine detaillierte Dokumentation der durchgeführten Kontakte zwingend erforderlich. Nutzen Sie dazu gegebenenfalls zunächst Formulare, die handschriftlich ausgefüllt werden. Stellen Sie dann aber sicher, dass die Daten möglichst schnell im IT-System erfasst werden!

➢ **Hinweis:** Ohne eine Dokumentation der Kontakte vom Neukundenge-winnungstag ist keine Nachbereitung und damit auch keine Kontrolle der Folgeaktivitäten möglich!

Tipp

Die positiven Effekte eines Neukundengewinnungstages gehen in vie-len Fällen nach einiger Zeit im Tagesgeschäft wieder verloren. Machen Sie den Neukundengewinnungstag daher zu einer festen Einrichtung in Ihrem Unternehmen – am besten ein bis zwei Mal pro Jahr.

✓ **Checkliste Neukundengewinnungstag im Unternehmen**

(zum Download unter www.vertriebs-offensive.com)

Vorbereitung	
Haben Sie die potenziellen Kunden ausgewählt, die am Neukundengewinnungstag kontaktiert werden sollen?	❏
Haben Sie festgelegt, wie der Kontakt erfolgen soll?	❏
Haben Sie jedem Mitarbeiter eine Liste der Kontakte gegeben, für die er am Neukundengewinnungstag persönlich verantwortlich ist?	❏
Haben Sie sichergestellt, dass sich auch die Führungskräfte aktiv am Neukundengewinnungstag beteiligen?	❏
Haben Sie unerfahrenen Mitarbeitern die Möglichkeit gegeben, Hemmschwellen bei der telefonischen Kontaktaufnahme mit potenziellen Kunden abzubauen?	❏
Durchführung	
Haben Sie eine kurze Einstimmung vor den eigentlichen Kundenkontakten eingeplant?	❏
Haben Sie bei der Einstimmung noch einmal die Ziele genannt und Gespräche geübt?	❏
Erfolgt eine Auswertung der Kontakte?	❏
Werden Folgeaktivitäten definiert und geplant?	❏
Werden alle Aktivitäten detailliert dokumentiert?	❏
Abschluss	
Haben Sie ein kleines Fest zum Abschluss eingeplant?	❏
Ist für positive Stimmung und eine angenehme Atmosphäre auf dem Abschlussfest gesorgt?	❏

Das Power-Team: Neukundengewinnung mittels Task Force

Die Neukundengewinnung ist eine sehr anspruchsvolle Aufgabe, der nicht immer alle Vertriebsmitarbeiter sofort gewachsen sein werden. In vielen Fällen müssten eigentlich zunächst einmal Schulungen durchgeführt werden, damit die verschiedenen Methoden überhaupt effektiv eingesetzt werden können – und das kostet wertvolle Zeit. In dieser Zeit müssen aber Ihre Vertriebsaktivitäten nun keineswegs brach liegen oder auf Sparflamme laufen. Sie können zum Beispiel eine Task Force bilden, die sich ganz gezielt ausschließlich um die Neukundengewinnung kümmert. Die Mitglieder der Task Force rekrutieren Sie dabei aus gut geschulten eigenen Mitarbeitern und – wenn erforderlich – auch aus externen Spezialisten.

Geben Sie der Task Force eine klar definierte Zielsetzung – zum Beispiel eine bestimmte Anzahl von Neukunden, die in einem festgelegten Zeitraum zu gewinnen ist. Wenn die Task Force ihre Ziele erreicht hat, können Sie das Team wieder auflösen.

➢ **Hinweis:** Damit die Aktivitäten der Task Force von anderen Mitarbeitern reibungslos fortgesetzt werden können, müssen Sie auch hier – genau wie beim Neukundengewinnungstag im Unternehmen – auf eine detaillierte Dokumentation achten. Es muss eindeutig geregelt sein, wer sich wie weiter um die Kontakte beziehungsweise die Kunden kümmert, die die Task Force aufgebaut hat. Andernfalls verpuffen die Bemühungen unter Umständen wirkungslos.

Tipp

Die Neukundengewinnung durch eine Task Force können Sie auch dann einsetzen, wenn Sie in kurzer Zeit schnelle Ergebnisse brauchen – zum Beispiel bei der Einführung eines neuen Produkts – oder wenn Sie „Schwung" in Ihren Vertrieb bringen wollen. Die Task Force sorgt dann sozusagen für die Initialzündung.

4. Kapazitäten richtig planen: die Rahmenbedingungen

Nach der Auswahl der geeigneten Methoden müssen die Rahmenbedingungen für die Umsetzung der Vertriebs-Offensive zur Neukundengewinnung geschaffen werden. Dazu gehören vor allem:

▶ eine abschließende Kapazitätsplanung,
▶ die Anpassung der Entlohnungssysteme,
▶ die Schaffung von Standards – zum Beispiel für Erstgespräche mit potenziellen Kunden und
▶ die Auswahl der Führungsinstrumente zum Controlling und Coaching.

Engpässe vermeiden: die abschließende Kapazitätsplanung

Im ersten Schritt sollten Sie zunächst noch einmal überprüfen, ob die vorhandenen Kapazitäten im Vertrieb überhaupt ausreichen, um Ihre Ziele mit den ausgewählten Methoden zu erreichen. Denn: Viele gut gemeinte Projekte zur Neukundengewinnung scheitern in der Praxis schlicht und einfach an zu geringen Kapazitäten.

Denken Sie daran: Ein Vertriebsmitarbeiter mit 220 Arbeitstagen im Jahr hat davon im Durchschnitt nur 173 Arbeitstage für die Betreuung seiner Kunden und Interessenten zur Verfügung. Abhängig von den Erfolgsquoten und dem zeitlichen Aufwand für die einzelnen Aktivitäten reichen diese 173 Arbeitstage unter Umständen noch nicht einmal aus, um 20 Neukunden im Jahr zu gewinnen.

Eine Möglichkeit, drohende Engpässe zu beheben, sind natürlich Neueinstellungen im Außendienst. Damit lassen sich allerdings keine kurzfristigen Steigerungen erzielen, denn einen „fertigen" Mitarbeiter, den Sie sofort in Ihrem Vertrieb einsetzen können, werden Sie nur in sehr seltenen Fällen finden. In der Regel ist eine ausführliche und zeitaufwändige Einarbeitung erforderlich.

Neuverteilung von Aufgaben zur Effizienzsteigerung

Eine andere Variante, Kapazitätsproblemen zu begegnen, ist eine Neuverteilung der Aufgaben zwischen dem Innen- und dem Außendienst im Vertrieb. Hier finden sich oft zahlreiche Optimierungsmöglichkeiten, die zudem noch sehr viel kostengünstiger sind als Neueinstellungen. So können Sie zum Beispiel telefonische Terminvereinbarungen, Bestätigungen oder auch Einladungen vollständig durch den Innendienst erledigen lassen. Je nach Branche können die Mitarbeiter im Innendienst sogar die gesamte Neukundengewinnung telefonisch durchführen – zumindest bei „einfachen" Kunden. Der Außendienst muss dann nur noch in „schwierigen" Fällen aktiv werden – zum Beispiel, wenn spezielle Kundenbedürfnisse vor Ort analysiert werden müssen oder wenn Überzeugungsarbeit im persönlichen Gespräch erforderlich ist.

➤ **Hinweis:** Überlassen Sie Ihrem Innendienst nicht nur reine „Zulieferfunktionen". Binden Sie ihn so weit wie möglich verkaufsaktiv in die Vertriebs-Offensive zur Neukundengewinnung ein.

Tipp

Für kurzfristige Spitzen – zum Beispiel für Einladungen zum Interessenten-Center auf einer Messe oder zu einem Verkaufsevent mit großer Teilnehmerzahl – können Sie auch sehr gut auf externe Call-Center zurückgreifen. Definieren Sie dann aber die Aufgaben so exakt wie eben möglich, damit Sie auch wirklich das gewünschte Ergebnis erhalten.

Eine dritte Variante für den Umgang mit Kapazitätsengpässen schließlich ist die Zweiteilung Ihrer Vertriebsmannschaft. Der eine Teil kümmert sich weiter um bestehende Kunden, der andere Teil dagegen wird ausschließlich für die Neukundengewinnung eingesetzt. Damit verhindern Sie auch sehr wirkungsvoll „hausgemachte" Kapazitätsprobleme. Denn allzu oft fehlt den Vertriebsmitarbeitern tatsächlich weniger die Zeit, sondern eher die Motivation, sich intensiv um die ungeliebte Neukundengewinnung zu kümmern. Stattdessen wird die „Flucht" in eine sehr zeitaufwändige Betreuung der Stammkunden angetreten.

➤ **Hinweis:** Bei der Zweiteilung der Vertriebs-Mannschaft sind – genau wie bei der Neukundengewinnung durch eine Task Force – klar definierte Schnittstellen zwischen den beiden Teilen zwingend erforderlich. Es muss eindeutig geregelt werden, wie die Übergabe eines neu gewonnenen Kunden erfolgt und wer sich weiter um den Kunden kümmert.

Anpassung der Entlohnungssysteme: wann ist die Komfortzone erreicht?

Im zweiten Schritt sollten Sie dann Ihre Entlohnungssysteme für die Vertriebsmitarbeiter unter die Lupe nehmen. Denn in vielen Fällen werden hier noch „klassische" Verfahren eingesetzt, die auf einem Fixum und einem umsatzabhängigen Erfolgsanteil basieren. Diese althergebrachten Entlohnungssysteme liefern aber keinerlei Impulse für die Neukundengewinnung – ganz im Gegenteil: Sie wirken sich häufig sogar negativ aus.

Ein Beispiel: Ein Vertriebsmitarbeiter erhält ein monatliches Fixum in Höhe von 2 000 Euro. Für jeden erfolgreichen Abschluss bekommt er zusätzlich eine Provision von fünf Prozent der Netto-Auftragssumme, bei einer Auftragssumme über 50 000 Euro steigt seine Provision auf zehn Prozent. Welchen Aufwand er für den Abschluss betreiben muss, spielt bei der Berechnung überhaupt keine Rolle. Das Einzige, was zählt, ist der Auftragseingang. Die Konsequenz einer solchen Entlohnung: Der Vertriebsmitarbeiter wird sich einen Weg suchen, bei dem er mit dem geringsten Aufwand zum Ziel kommt. Und dieser Weg führt nicht über die Neukundengewinnung, sondern über die bereits bestehenden Kunden! Aus Sicht des Vertriebsmitarbeiters lohnt sich der Aufwand für die Neukundengewinnung schlicht und einfach nicht. Er kann seine erfolgsabhängigen Anteile ja sehr viel einfacher über die bestehenden Kundenkontakte abdecken.

Die Komfortzone der Entlohnung

Ob der Mitarbeiter sich dann noch weiter um die unbequeme und aus seiner Sicht wenig lukrative Neukundengewinnung kümmert, hängt davon ab, wie schnell er seine persönliche Sicherheits- und Komfortzone erreicht. Denn viele Vertriebsmitarbeiter streben gar nicht – wie oft angenommen – einen möglichst hohen Verdienst an, sondern achten vor allem darauf, dass sie ein für ihre Bedürfnisse passendes, bestimmtes Mindesteinkommen erzielen können. Sobald dieses Niveau erreicht ist, lässt die Motivation oft schlagartig nach. Der Mitarbeiter hat seine finanzielle Sicherheitszone erreicht und beginnt, sich eine möglichst bequeme Komfortzone einzurichten. Im Extremfall macht er nur noch das, was eben nötig ist, um nicht unangenehm aufzufallen. Verlassen wird er seine Komfortzone nur dann, wenn es sich für ihn wirklich lohnt und kein oder nur sehr wenig Aufwand entsteht.

Komplett verhindern können Sie das Erreichen der Komfortzone bei einem Vertriebsmitarbeiter nicht. Sie können aber durch eine Anpassung des Entlohnungssystems dafür sorgen, dass der Vertriebsmitarbeiter andere Ziele erreichen muss, um überhaupt in seine Sicherheits- und Komfortzone zu gelangen. Dazu machen Sie den erfolgsabhängigen Anteil nicht mehr starr nur von den erzielten Umsätzen in der Vergangenheit abhängig, sondern zum Beispiel von dem Umsatz, den der Vertriebsmitarbeiter mit Neukunden erreicht hat oder auch von der Anzahl der Neukunden, die der Vertriebsmitarbeiter gewonnen hat.

Zielerreichungsgrade auch graduell unterschiedlich entlohnen

Bei diesen Zielen sollten Sie außerdem keine festen Werte für „Ziel erreicht" beziehungsweise „Ziel nicht erreicht" vorgeben, sondern mit unterschiedlichen Zielerreichungsgraden arbeiten.

Auch hierzu ein **Beispiel:** Mit einem Vertriebsmitarbeiter sind fünf Neukunden mit jeweils mindestens 100 000 Euro Jahresumsatz in der Aufgaben- und Ergebnisvereinbarung als Ziel festgelegt worden. Wenn er dieses Ziel erreicht, erhält er einen Bonus von 10 000 Euro.

Geben Sie jetzt aber nur dieses feste Ziel für den Bonus vor, schaffen Sie gleich zwei Probleme:

1. Gewinnt der Vertriebsmitarbeiter zum Beispiel nur vier Neukunden, steht ihm der Bonus eigentlich nicht zu – selbst dann nicht, wenn er das Ziel nur ganz knapp verfehlt hat. Das sorgt mit ziemlicher Sicherheit für viel Frustration und schwindende Motivation.

2. Gewinnt der Mitarbeiter dagegen fünf Neukunden, hat er sein Ziel erreicht. Weitere Neukunden werden nicht mehr belohnt und daher vom Vertriebsmitarbeiter auch gar nicht mehr aktiv angegangen.

Anders dagegen sieht es aus, wenn Sie mit unterschiedlichen Zielerreichungsgraden arbeiten – zum Beispiel in einer Spanne von 80 bis 120 Prozent. Für das Übertreffen des Ziels wird der Mitarbeiter überproportional belohnt und für das Verfehlen überproportional „bestraft".

Bei vier Neukunden – also einer Zielerreichung von 80 Prozent – könnten Sie die Prämie zum Beispiel auf 6 000 Euro reduzieren. Bei sechs Neukunden und einer Zielerreichung von 120 Prozent dagegen würde die Prämie auf 14 000 Euro steigen. Durch diese „schwimmenden" Ziele vermeiden Sie auf der einen Seite Frustrationen bei Mitarbeitern, die das gesteckte Ziel knapp verfehlt haben, sorgen auf der anderen Seite aber auch dafür, dass Ihre Mitarbeiter motiviert werden, die gesetzten Ziele zu übertreffen.

Tipp

Setzen Sie bei flexiblen Entlohnungssystemen vor allem die obere Grenze nicht zu früh. Die Skala sollte im Idealfall bei einem Zielerreichungsgrad enden, der eigentlich nach menschlichem Ermessen nur durch reinen Zufall oder Glück erreicht werden könnte. Bieten Sie auch hoch motivierten und sehr erfolgreichen Vertriebsmitarbeitern immer noch genügend Anreize, weiter aktiv an der Neukundengewinnung zu arbeiten.

Aufwände mit entlohnen

Zusätzlich können Sie bei Ihrem Entlohnungssystem auch den Aufwand berücksichtigen, den ein Vertriebsmitarbeiter mit einem Kunden hat. Diese Daten lassen sich ohne weiteres aus den Aufwandsprofilen übernehmen, die Sie bei der Qualifizierung der Kunden erstellt haben. Auch hier sollten Sie einen besonders hohen beziehungsweise einen besonders niedrigen Aufwand überproportional bewerten. Damit machen sich dann besondere Anstrengungen auch in „barer Münze" für den Vertriebsmitarbeiter bemerkbar beziehungsweise ein Mitarbeiter, der gerne auf „einfache" Kunden ausweicht, spürt dieses Vermeidungsverhalten auch in seiner Gehaltsabrechnung.

➢ **Hinweis:** Starre Entlohnungssysteme, die sich ausschließlich an Umsatzzielen orientieren, können fatale Bremswirkungen für die Neukundengewinnung haben. Richten Sie flexible Entlohnungssysteme ein, die die Ziele Ihrer Vertriebs-Offensive zur Neukundengewinnung in verschiedenen Graden abdecken und auch den Aufwand jedes einzelnen Vertriebsmitarbeiters angemessen berücksichtigen.

Tipp

Sorgen Sie nicht nur über das Gehalt für eine hohe Motivation. Führen Sie auch zusätzliche Neukundengewinnungs-Incentives durch. Dabei können Sie zum Beispiel den Vertriebsmitarbeiter auszeichnen, der in einem bestimmten Zeitraum die meisten Neukunden gewonnen hat oder der die meisten neuen Kontakte aufgebaut hat. Nehmen Sie die Auszeichnung aber nicht im „stillen Kämmerlein" vor. Gestalten Sie sie öffentlich mit einem festlichen Rahmen.

Denken Sie bitte daran, dass nicht bei allen Menschen finanzielle Anreize der Motor für besondere Anstrengungen ist. Setzen Sie daher auch andere „Preise" und „Belohnungen" aus. Das müssen nicht immer gleich großartige Geschenke sein. Oft erzielen auch ein paar lobende Worte in der Öffentlichkeit oder ein „besserer" Parkplatz in der Nähe des Eingangs erstaunliche Wirkung.

Qualitätsmanagement im Vertrieb:
Prozessstandards definieren

Im nächsten Schritt müssen Sie verbindliche Standards für Ihre Vertriebs-Offensive zur Neukundengewinnung setzen. Dabei sollten Sie sich aber nicht nur auf Banalitäten wie Kleidungs- und Benimmregeln oder den Inhalt des Musterkoffers beschränken.

Definieren Sie für den gesamten Ablauf der einzelnen Methoden zur Neukundengewinnung klare Vorgaben. Legen Sie dabei eindeutig fest,

- ▶ wer
- ▶ welche Schritte
- ▶ in welcher Reihenfolge
- ▶ mit welchem Ergebnis
- ▶ in welchem Zeitraum

durchzuführen hat.

Für eine Kaltakquisition könnte ein grober standardisierter **Ablauf** zum Beispiel so aussehen:

Aktivität	Ergebnis	Zeitraum
gegebenenfalls Terminabsprache	Gesprächstermin	unmittelbar nach der Vorbereitungsphase
Erstgespräch	ausgefüllter Gesprächsbogen	unmittelbar nach der Vorbereitungsphase beziehungsweise abhängig vom vereinbarten Termin
Nachbereitung des Erstgesprächs	Dokumentation der Ergebnisse Erstellen eines Vorschlags für die Zusammenarbeit mit dem Kunden	Dokumentation nach Möglichkeit sofort, spätestens einen Tag nach dem Gespräch Vorschlag zur Zusammenarbeit spätestens eine Woche nach dem Gespräch
Zweitgespräch	eventuell: Auftrag	spätestens zwei Wochen nach dem Erstgespräch
Nachbereitung des Zweitgesprächs	Dokumentation der Ergebnisse und Definition weiterer Schritte	nach Möglichkeit sofort, spätestens einen Tag nach dem Gespräch
eventuell: Drittgespräch	...	...

➤ Denken Sie daran: Bei der Kaltakquisition werden Sie nur in sehr seltenen Fällen direkt im ersten Gespräch zum Abschluss kommen. Im Schnitt sind **drei** Kontakte erforderlich. Das standardisierte Vorgehen darf deshalb nicht mit der Nachbereitung des Erstgesprächs enden. Sie müssen auch das Zweit- und gegebenenfalls das Drittgespräch berücksichtigen.

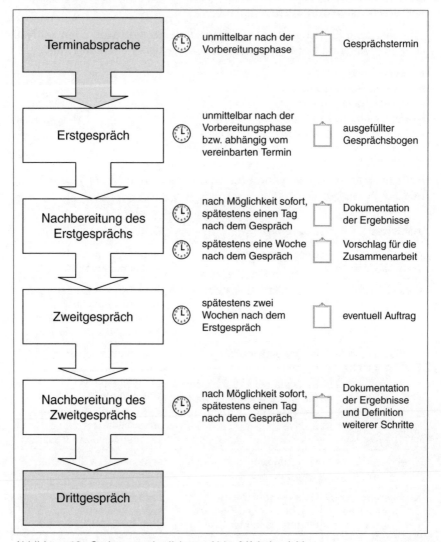

Abbildung 19: Grober standardisierter Ablauf Kaltakquisition

(zum Download unter www.vertriebs-offensive.com)

Den groben Ablauf verfeinern Sie dann durch weitere Vorgaben für die einzelnen Aktivitäten. Ein Standard für ein Erstgespräch könnte zum Beispiel so aussehen:

Standard für ein Erstgespräch

Ziele:

▶ Bedarfsermittlung und -analyse
▶ Interesse für die Produkte und Dienstleistungen des Unternehmens wecken
▶ Vereinbarung eines Folgetermins

Dauer: ca. 20 – 30 Minuten

Eingesetzte Dokumente:

▶ Gesprächsbogen
▶ Broschüren
▶ Flyer zum Unternehmen

Schritte:

▶ Suche nach dem richtigen Ansprechpartner
▶ Begrüßung des potenziellen Kunden
▶ Ermittlung und Analyse des Kundenbedarfs anhand des Gesprächsbogens
▶ Vorstellung des eigenen Unternehmens
▶ Vorstellung der Produkte und Dienstleistungen
▶ Verbindliche Vereinbarung des weiteren Vorgehens
▶ Verabschiedung

Auch für die einzelnen Schritte können Sie dann weitere Standards vorgeben – zum Beispiel

Schritt	Standard
Suche nach dem Ansprechpartner	• Behandeln Sie alle Personen korrekt und höflich. • Begrüßungs-Standard: „Guten Tag. Mein Name ist ... von der Firma ... . Wer ist bei Ihnen zuständig für ...?" • Benutzen Sie diesen Begrüßungs-Standard bei jedem, den Sie fragen. Besonders bei kleineren Unternehmen können Sie nie wissen, ob Sie nicht vielleicht bereits die entscheidende Person vor sich haben!
Begrüßung	• Nennen Sie klar und eindeutig Ihr Anliegen: „Wir möchten Sie gerne als Kunden gewinnen." • Reden Sie nicht um den „heißen Brei" herum.

Schritt	Standard
Bedarfsermittlung und -analyse	• Benutzen Sie in jedem Fall den Gesprächsbogen. • Erklären Sie Ihrem Gesprächspartner kurz den Bogen, bevor Sie die Fragen stellen. • Machen Sie das Gespräch nicht zum „Verhör", nur um den Bogen ausfüllen zu können. • Konzentrieren Sie sich auf die individuelle Situation des Kunden und seine Bedürfnisse.
...	• ...

Tipp

Geben Sie den Vertriebsmitarbeitern auch Gesprächsbeispiele, die mit den Rollen Vertriebsmitarbeiter und potenzieller Kunde durchgespielt werden. In diese Beispiele können Sie auch Gesprächseinstiege, Einwandbehandlungen, Nutzenargumentationen und Verabschiedungen einarbeiten. Weisen Sie Ihre Mitarbeiter aber ausdrücklich darauf hin, dass es sich lediglich um Beispiele und Anregungen handelt, die einen roten Faden für ein Gespräch vorgeben und helfen, die nötigen Informationen zu sammeln.

Abschließend sollten Sie auch die eingesetzten Dokumente standardisieren – zum Beispiel den Gesprächsbogen, Berichte oder den Vorschlag zur Zusammenarbeit, der dem potenziellen Kunden vorgelegt wird.

➢ **Hinweis:** Denken Sie beim Gesprächsbogen bitte unbedingt daran, dass er nicht nur die reine Produktvorstellung abdecken darf. Wichtig sind vor allem beim Erstkontakt unter anderem auch
  ▶ die aktuelle Marktsituation,
  ▶ die Herausforderungen, denen sich der potenzielle Kunde stellen muss
  ▶ die Ziele des potenziellen Kunden und
  ▶ besondere Anforderungen des potenziellen Kunden.

Muster für einen Gesprächsbogen

Wie sehen Sie Ihren Markt?

Welche Kunden haben Sie aktuell? _____

_____

_____

Wie werden Ihre Kunden in der Zukunft aussehen? _____

_____

_____

Welche Herausforderungen sehen Sie in naher Zukunft für Ihr Unternehmen?

_____

_____

Welche Ziele haben Sie für Ihr Unternehmen? _____

_____

_____

Wie ist Ihr Unternehmen im Moment aufgestellt?

Wie viele Mitarbeiter haben Sie? _____

Sind Ihre Mitarbeiter auf die kommenden Herausforderungen vorbereitet?

_____

_____

Was sind Ihre besonderen Stärken? _____

_____

_____

**Welche besonderen Anforderungen haben Sie an eine
Partnerschaft?**

_____

_____

_____

_____

_____

_____

Muster für Vorschlag zur Zusammenarbeit

Kursiv gedruckte Texte dienen als Ausfüllhilfe.

Kunde: _____

_____

Die wichtigsten Ergebnisse aus unserem letzten Gespräch:
Geben Sie hier maximal drei Punkte an.

_____

_____

_____

Konkrete Maßnahmen:

Maßnahme	**Unser Beitrag**	**Ihr Beitrag**
Geben Sie hier die konkreten Einzelmaß-nahmen an.	*Tragen Sie hier unsere Leistungen ein.*	*Tragen Sie hier die Leistungen ein, die der potenzielle Kunde erbringen soll.*

Zusätzliche Leistungen:

Leistung

Geben Sie hier zusätzliche Leistungen an.   *Beschreiben Sie hier die zusätzlichen Leistungen.*

Das weitere Vorgehen:

Unser nächster Termin ist am _____ .

Das Thema ist dann: _____

_____

_____

_____

Tipp

Der ausgefüllte Gesprächsbogen bleibt beim Interessenten. Nutzen Sie ihn daher nicht nur für eine Dokumentation der Ergebnisse, sondern präsentieren Sie sich auch in ansprechender Form als optimaler Partner für den potenziellen Kunden. Stellen Sie die besonderen Leistungen Ihres Unternehmens und den Mehrwert Ihrer Lösungen noch einmal dar.

Um dem Vertriebsmitarbeiter das doppelte Ausfüllen des Bogens zu ersparen, arbeiten Sie am besten mit speziellem Durchschreibepapier. Der Kunde erhält das komplette Original, der Mitarbeiter nimmt lediglich die durchgeschriebenen Seiten mit den Ergebnissen mit.

Sie können den Gesprächsbogen zur Zusammenarbeit auch direkt am Computer ausfüllen und dann ausdrucken. Das setzt aber voraus, dass Ihr Kunde den Umgang mit Computern gewohnt ist. Im Zweifelsfall ist die „Papierversion" die bessere Wahl.

➢ **Hinweis:** Setzen Sie auch für die Ziele Ihrer Vertriebs-Offensive zur Neukundengewinnung Standards. Überprüfen Sie noch einmal, ob die Ziele klar und eindeutig sind. Wann gilt ein Kunde zum Beispiel als Neukunde? Bereits nach dem ersten Auftrag oder erst, wenn er einen bestimmten Umsatz beziehungsweise einen bestimmten Deckungsbeitrag geliefert hat?

Controlling und Coaching: die Auswahl der Führungsinstrumente

Nach der Definition der Standards für Ihre Vertriebsmitarbeiter müssen Sie geeignete Führungsinstrumente für das Controlling und Coaching auswählen.

Controlling-Instrumente

Bei den Controlling-Instrumenten sollten Sie im ersten Schritt überprüfen, welche Berichte und Auswertungen Ihnen Ihr IT-System liefern kann. Sie benötigen zum einen verdichtete Informationen, die Ihnen Aussagen zum allgemeinen Stand der Vertriebs-Offensive liefern, zum anderen aber auch detaillierte Darstellungen zu den Aktivitäten und Ergebnissen jedes einzelnen Vertriebsmitarbeiters.

Denken Sie daran: Sie brauchen Kennzahlen, um die Zielerreichung zu prüfen und gegebenenfalls bei Abweichungen gegensteuern zu können –

und nicht, um möglichst dicke Berichte zu produzieren. Solche „Zahlen-wüsten" verschwinden in der Regel sowieso nur ungelesen in der Schublade. Orientieren Sie Ihr Berichtswesen daher konsequent an den Zielen Ihrer Vertriebs-Offensive. Lassen Sie gegebenenfalls die entsprechenden Auswertungen zielgruppenspezifisch und problemorientiert in unterschiedlichen Detaillierungsgraden neu erstellen.

Neben dem „klassischen" Berichtswesen benötigen Sie aber auch noch weitere Controlling-Instrumente, mit denen Sie den Erfolg der Vertriebs-Offensive aktiv steuern können. Dazu gehören

- ▶ Aufgaben- und Ergebnisvereinbarungen
- ▶ Wochenpläne
- ▶ Statusgespräche und
- ▶ Meetings.

In den **Aufgaben- und Ergebnisvereinbarungen** werden für jeden Vertriebsmitarbeiter individuell die qualitativen und quantitativen Ziele der Vertriebs-Offensive zur Neukundengewinnung festgelegt. Ausgehend von diesen Zielen werden dann die erforderlichen Schritte und Kernaufgaben definiert und in einem groben Aktivitätenplan für die nächsten zwölf Monate fixiert.

➢ **Hinweis:** Die Aufgaben- und Ergebnisvereinbarung gibt die individuellen Ziele für jeden Vertriebsmitarbeiter vor. Sie muss daher **vor** dem eigentlichen Start der Vertriebs-Offensive zur Neukundengewinnung erstellt werden. Denken Sie daran, nicht nur die Ergebnisziele zu definieren, sondern auch die Aktivitätsziele.

Tipp

Erstellen Sie die Aufgaben- und Ergebnisvereinbarung gemeinsam mit dem Mitarbeiter und halten Sie die Ergebnisse schriftlich fest – am besten in einem standardisierten Formular. Dadurch erhält die Vereinbarung einen sehr viel verbindlicheren Charakter als nur eine mündliche Absprache.

Muster Aufgaben- und Ergebnisvereinbarung für die Vertriebs-Offensive zur Neukundengewinnung

Meine quantitativen Ziele

Ziel

Beschreibung

_____

_____

_____

_____

_____

_____

Meine qualitativen Ziele

Ziel

Beschreibung

_____

_____

_____

_____

_____

_____

Meine Ergebnisziele

Ziel

Beschreibung

_____

_____

_____

_____

_____

_____

Meine Aktivitätsziele

Ziel

Beschreibung

_____

_____

_____

_____

_____

_____

Mein grober Aktivitätenplan Kernaufgaben

Aufgabe

Beschreibung

_____

_____

_____

_____

_____

_____

Aktivitäten

Aktivität

zu erledigen bis

_____

_____

_____

_____

_____

_____

erstellt durch:	
am:	

Wochenpläne aufstellen

Die groben Angaben aus dem Aktivitätenplan der Aufgaben- und Ergebnisvereinbarung werden dann im Laufe der Vertriebs-Offensive detailliert für jede einzelne Woche abgebildet. Für das Erstellen dieser **Wochenpläne** ist jeder Vertriebsmitarbeiter zunächst einmal selbst verantwortlich. Lassen Sie sich die Ergebnisse aber vorlegen und kommentieren Sie sie bei Bedarf. Das kann entweder in einem persönlichen Gespräch oder kurz per Telefon erfolgen.

Tipp

Standardisieren Sie den Aufbau der Wochenpläne. Eine mögliche Variante finden Sie in dem folgenden Muster. Solche Tabellen lassen sich sehr viel schneller und effektiver prüfen als zum Beispiel eine Wochenplanung, die als eine Art „Aufsatz" gestaltet wird.

Muster Wochenplan

Wochentag	Aktivität
Montag Datum:	
Dienstag Datum:	
Mittwoch Datum:	
Donnerstag Datum:	

Wochentag	Aktivität
Freitag Datum:	_____ _____ _____
Samstag Datum:	_____ _____ _____
erstellt durch: **am:**	_____ _____

Statusgespräche werden für die individuelle Überprüfung der Zielerreichung eingesetzt. Lassen Sie zunächst den Vertriebsmitarbeiter über seine Ergebnisse berichten. Diskutieren Sie anschließend mit dem Mitarbeiter,

► welche Ziele besonders leicht oder auch besonders schwer zu erreichen sind
► welche Ziele möglicherweise angepasst werden können
► wo Probleme bei der Zielerreichung drohen und
► welche Maßnahmen gegebenenfalls zur Korrektur durchgeführt werden müssen.

➤ **Hinweis:** Statusgespräche sind ein sehr wirksames Frühwarnsystem. Führen Sie die Gespräche daher in regelmäßigen Abständen durch und nicht erst dann, wenn bereits Probleme auftreten.

Vertriebs-Meetings sind auch „Blitzableiter"

Meetings schließlich dienen vor allem zum Erfahrungsaustausch zwischen den Vertriebsmitarbeitern untereinander und zum Erfahrungsaustausch zwischen Vertriebsmitarbeitern und Führungskräften. Außerdem bieten sie eine ideale Plattform, Erfolge bei der Neukundengewinnung gemeinsam zu feiern und Misserfolge eines Einzelnen in der Gruppe zu verarbeiten.

Verzichten Sie auf keinen Fall auf diese Möglichkeit. Installieren Sie regelmäßige Vertriebs-Meetings in kurzen Abständen – abhängig von der Branche und der Situation zum Beispiel wöchentlich oder alle 14 Tage. Damit geben Sie Ihren Mitarbeitern auch die Chance, negative Emotionen „loszuwerden", Unsicherheiten zu überwinden und Frustrationen abzubauen. Ohne diese gezielte Kanalisierung droht die Gefahr, dass der Frust und die negative Energie bei potenziellen Kunden „abgeladen" werden oder die Vertriebsmitarbeiter in eine Vermeidungshaltung gehen.

Die Vertriebs-Meetings eignen sich auch hervorragend für die Motivation Ihrer Mitarbeiter – oft, ohne dass Sie selbst viel dafür unternehmen müssen. Denn häufig reicht allein schon das Vorbild eines besonders erfolgreichen Mitarbeiters aus, um weniger erfolgreiche Mitarbeiter zu mehr Leistung zu animieren. Hier sorgt die Gruppe für zusätzlichen „Druck": Keiner will der Schlechteste sein!

Dieser Effekt kann Ihnen auch die Führungsarbeit erheblich erleichtern. Die Mitarbeiter in der Gruppe kontrollieren sich weitgehend selbst und helfen sich durch den gegenseitigen Austausch, Probleme zu bewältigen. Diese Art der „Führung unter Gleichen" wird von vielen Mitarbeitern sehr viel besser akzeptiert als Anweisungen, Empfehlungen und Kontrollen eines Vorgesetzten.

Standardisierte Agenda und feste Regeln

Allerdings haben Meetings auch ihre Tücken. Denn sie werden liebend gern von Selbstdarstellern für endlose Monologe missbraucht und ziehen sich nicht selten wie Gummi in die Länge – oft ohne irgendein handfestes Ergebnis. Damit Ihre Vertriebs-Meetings nicht zu solchen „Schwafelrunden" verkommen, sollten Sie den Ablauf über eine standardisierte Tagesordnung strukturieren und auch feste Regeln vorgeben.

Standard Tagesordnung für Vertriebs-Meetings	
TOP 1:	Vorstellung der Aktivitäten und Ergebnisse durch jeden einzelnen Vertriebsmitarbeiter
TOP 2:	Feedback der Führungskraft
TOP 3:	Diskussion und Erfahrungsaustausch
TOP 4:	gegebenenfalls Verabschiedung von Maßnahmen

4 Grundregeln für Vertriebs-Meetings

Regel 1: Ein Meeting dauert maximal 90 Minuten – auf keinen Fall länger.

Regel 2: Jeder Teilnehmer ist **verpflichtet**, seine Aktivitäten und Ergebnisse vorzustellen. Das gilt sowohl für Erfolge als auch für Misserfolge.

Regel 3: Jeder Teilnehmer muss sich auf das Meeting vorbereiten.

Regel 4: Jeder Beitrag dauert maximal drei Minuten. Diese Beschränkung gilt auch für Führungskräfte.

Stärken stärken, Kompetenz steigern: Coaching-Instrumente

Besonders in der Anfangsphase der Vertriebs-Offensive zur Neukundengewinnung werden sich bei einigen Mitarbeitern auch Unsicherheiten breit machen. Vieles ist neu und ungewohnt, die Standards müssen sich erst noch im Alltag einschleifen, unter Umständen hat ein Mitarbeiter auch schon erste Misserfolge im Kontakt mit potenziellen Kunden erlebt.

Bieten Sie Ihren Mitarbeitern daher durch gezieltes Coaching individuelle Unterstützung. Damit erzielen Sie gleich mehrere positive Effekte:

▶ Der Mitarbeiter fühlt sich nicht allein gelassen.
▶ Durch die gezielte Hilfestellung wächst die Kompetenz des Mitarbeiters. Er wird sicherer.
▶ Misserfolge werden weniger. Dadurch steigt auch automatisch die Motivation.
▶ Der Mitarbeiter kann seine eigenen Fähigkeiten besser einschätzen – sowohl seine persönlichen Stärken als auch seine persönlichen Schwächen.
▶ Er kann selbst gezielt daran arbeiten, besser zu werden.

➢ **Hinweis:** Coaching soll einen Mitarbeiter gezielt weiterbringen, ihn motivieren und ihm die Möglichkeit geben, seine Leistung zu steigern. Der Mitarbeiter muss selbst erkennen können, wo seine Stärken und Schwächen liegen und wie er gezielt an seinen Schwächen arbeitet. Coaching ist keine Kontrolle, sondern Hilfe zur Selbsthilfe.

Grundsätzlich lassen sich zwei verschiedene Coaching-Varianten unterscheiden: das **Coaching on the job** und das **Coaching am Telefon**.

Coaching on the job

Beim Coaching on the job im Rahmen der Neukundengewinnung nehmen Sie als Führungskraft an einem Kundenbesuch teil. Sie begleiten den Vertriebsmitarbeiter also direkt bei seiner Arbeit vor Ort und geben ihm anschließend eine Rückmeldung. Diese begleitende Beobachtung macht allerdings nur dann Sinn, wenn das Gespräch möglichst „normal" abläuft. Und das bedeutet für Sie: Halten Sie sich soweit wie eben möglich zurück. Der Mitarbeiter führt das Gespräch – nicht Sie!

➤ **Hinweis:** Das Coaching on the job soll Ihre Mitarbeiter im Tagesgeschäft unterstützen. Wenn Sie als Führungskraft das Gespräch an sich reißen, haben Sie keinerlei Möglichkeit, das Verhalten Ihres Mitarbeiters im Alltag zu beobachten. Greifen Sie daher nur dann aktiv ein, wenn das Gespräch völlig aus dem Ruder zu laufen droht. Sprechen Sie am besten vor dem Kundenkontakt mit Ihrem Mitarbeiter durch, wer welche Rolle in dem Gespräch übernimmt.

Analyse und Feedback bei Coaching on the job

Sobald das Gespräch beendet ist und Sie mit Ihrem Mitarbeiter wieder allein sind, führen Sie gemeinsam eine Analyse durch. Dabei hat sich folgendes Vorgehen bewährt:

1. Bitten Sie den Vertriebsmitarbeiter zunächst, das Gespräch aus seiner Sicht zu schildern und sein Vorgehen zu beurteilen.

2. Greifen Sie die Schilderungen des Mitarbeiters auf und ergänzen Sie sie durch Ihre eigenen Beobachtungen.

3. Lassen Sie den Mitarbeiter Konsequenzen aus den Beobachtungen ableiten:
   ▶ Was ist nicht so gut gelaufen?
   ▶ Wie könnte es besser gemacht werden?
   ▶ Welche Punkte müssen bei zukünftigen Gesprächen besonders beachtet werden?

4. Lassen Sie die Ergebnisse des Coaching-Gesprächs vom Mitarbeiter zusammenfassen. Damit wissen Sie, was genau beim Mitarbeiter angekommen ist.

5. Fragen Sie nach, ob noch offene Punkte sind.

6. Der Mitarbeiter hält die getroffenen Vereinbarungen fest.

5 wichtige Regeln für die Nachbesprechung

Das Coaching soll dem Mitarbeiter die Möglichkeit geben, selbst seine eigenen Schwächen zu erkennen und gezielt zu beheben. Das gelingt am besten, wenn Sie die folgenden Regeln für die Nachbesprechung beachten.

Regel 1: Verstärken Sie positives Verhalten.

Geben Sie Ihrem Mitarbeiter eine positive Rückmeldung. Sagen Sie ihm, was Ihnen an dem Gespräch gut gefallen hat, und geben Sie ihm so die Möglichkeit, seine Stärken wahrzunehmen. Außerdem nehmen Sie durch das positive Feedback auch den Druck der vermeintlichen „Kontrolle" aus der Nachbesprechung.

Regel 2: Bleiben Sie objektiv.

Beschreiben Sie nur das, was Sie wirklich beobachtet haben – und nicht das, was Sie vielleicht annehmen oder unterstellen. Bewerten Sie deshalb auch nicht, sondern teilen Sie Ihre Beobachtungen mit.

Also nicht: *„Auf die Frage nach den besonderen Konditionen waren Sie nicht gut vorbereitet."*

Sondern: *„Mir ist aufgefallen, dass Sie die Frage nach den besonderen Konditionen nur sehr zögerlich und unsicher beantwortet haben."*

Regel 3: Kritisieren Sie – aber gezielt.

Rückmeldungen wie „Das Gespräch ist aber gründlich schief gegangen" oder „Ihre Mehrwertargumentation war viel zu allgemein" helfen niemandem weiter – ganz im Gegenteil. Solch allgemeines Feedback bietet sehr viel Platz für Interpretationen und provoziert oft lediglich eine Verteidigungshaltung bei Ihrem Mitarbeiter. Sagen Sie klar und deutlich, was nicht gut gelungen ist, und machen Sie konkrete Vorschläge für Verbesserungen – zum Beispiel: *„Bei der Mehrwertargumentation haben Sie sich sehr stark auf ... konzentriert. Wenn Sie hier den Schwerpunkt auf ... legen, kann der Kunde seinen konkreten Mehrwert sehr viel einfacher und schneller erkennen."*

Regel 4: Nehmen Sie Ihren Mitarbeiter durch gezielte Fragen ernst.

Knüpfen Sie Ihre Beobachtungen an die Eindrücke Ihres Mitarbeiters an – und wischen Sie dabei Unsicherheiten und mögliche negative Vorerfahrungen im Umgang mit dem Kunden nicht einfach bei Seite. Geben Sie Ihrem Mitarbeiter durch gezielte Fragen die Gelegenheit, sein eigenes Verhalten und auch die konkrete Situation zu reflektieren – zum Beispiel: *„Warum glauben Sie, ist die Mehrwertargumentation beim Kunden nicht auf fruchtbaren Boden gefallen?"* oder *„Erinnern Sie sich an die Frage des Kunden zu den besonderen Konditionen?"*.

Regel 5: Konzentrieren Sie sich auf die wesentlichen Punkte

Kundengespräche, bei denen alles misslingt, gibt es genauso selten wie Gespräche, bei denen alles perfekt verläuft. Häufig sind einige Stellen die entscheidenden „Knackpunkte" für den Erfolg oder den Misserfolg. Konzentrieren Sie sich in der Nachbesprechung genau auf diese „Knackpunkte" und halten Sie sich nicht mit Nebensächlichkeiten auf, die möglicherweise überhaupt keinen Einfluss auf das Ergebnis hatten.

Denken Sie auch daran: Ihr Mitarbeiter soll sein Verhalten ändern. Das gelingt aber nur dann, wenn er sich gezielt maximal zwei oder drei Punkte der Reihe nach vornimmt. Überfordern Sie Ihren Mitarbeiter nicht, indem Sie ihn mit unzähligen Vorschlägen und Hinweise „überschütten".

Das Coaching on the job ist zwar sehr effektiv, allerdings aus sehr zeitaufwändig. Sie sollten es daher vor allem gezielt zu Beginn Ihrer Vertriebs-Offensive zur Neukundengewinnung einsetzen, um Unsicherheiten bei den Mitarbeitern abzubauen.

➢ **Hinweis:** Konzentrieren Sie sich beim Coaching on the job nicht nur auf Erstkontakte mit Kunden. Genauso wichtig sind auch die Folgegespräche. Auch hier sollten Sie jeden Mitarbeiter mindestens einmal coachen.

Coaching am Telefon

Während der Vertriebs-Offensive können Sie das Coaching on the job dann sehr gut durch das **Coaching am Telefon** ergänzen. Es läuft im Grunde genommen genauso ab wie das Coaching on the job – allerdings mit einem wesentlichen Unterschied: Sie nehmen nicht selbst an den Kundengesprächen teil, sondern lassen sich lediglich die Eindrücke Ihres Mitarbeiters schildern. Hören Sie dabei sehr aufmerksam zu und leiten Sie ihn mit gezieltem Nachfragen zu den „Knackpunkten".

Tipp

Grenzen Sie Coaching-Gespräche am Telefon deutlich von „normalen"
Telefongesprächen ab. Rufen Sie deshalb auch nicht einfach beim Vertriebsmitarbeiter an und fragen Sie nach, wie es um den Erfolg seiner
Neukundengewinnung steht. Vereinbaren Sie einen festen Termin und
machen Sie dem Mitarbeiter klar, dass es sich um ein Coaching-Gespräch handelt.

✓ Checkliste Rahmenbedingungen

Abschließende Kapazitätsplanung	
Haben Sie die zur Verfügung stehenden Kapazitäten für Ihre Vertriebs-Offensive zur Neukundengewinnung noch einmal kritisch überprüft?	❏
Können Sie die Aufgaben zwischen Innen- und Außendienst neu verteilen und so den Außendienst von Routinearbeiten entlasten?	❏
Haben Sie den Innendienst aktiv in die Vertriebs-Offensive zur Neukundengewinnung eingebunden?	❏
Decken Sie kurzfristige Spitzen – zum Beispiel Einladungen zu einem Interessenten-Center auf einer Messe – über ein externes Call-Center ab?	❏
Lässt sich die Vertriebs-Mannschaft unter Umständen zweiteilen – ein Teil für die Neukundengewinnung und ein Teil für die Betreuung bestehender Kunden?	❏
Haben Sie bei der Zweiteilung klare Schnittstellen für die Übergabe eines neuen Kunden geschaffen?	❏
Anpassung der Entlohnungssysteme	
Berücksichtigen Sie die Ziele Ihrer Vertriebs-Offensive zur Neukundengewinnung bei den erfolgsabhängigen Anteilen des Gehalts?	❏
Decken die erfolgsabhängigen Anteile unterschiedliche Zielerreichungsgrade ab – zum Beispiel von 80 bis 120 Prozent?	❏
Haben Sie die obere Grenze für die Zielerreichungsgrade so hoch gesetzt, dass auch sehr erfolgreiche Mitarbeiter noch weiter motiviert werden?	❏
Berücksichtigen Sie bei Ihrem Entlohnungssystem auch den unterschiedlichen Aufwand, den ein Vertriebsmitarbeiter bei der Neukundengewinnung hat?	❏
Führen Sie zusätzlich besondere Neukundengewinnungs-Incentives durch?	❏

Bieten Sie Ihren Mitarbeitern neben finanziellen Anreizen auch andere „Prämien" an – zum Beispiel besondere „Belohnungen"?	❏
Zeichnen Sie besonders erfolgreiche Mitarbeiter in einem festlichen Rahmen öffentlich aus?	❏

Standards

Haben Sie den groben Ablauf für alle Methoden der Neukundengewinnung vorgegeben?	❏
Decken diese Vorgaben die folgenden Punkte ab?	
▶ Wer?	❏
▶ Was?	❏
▶ In welcher Reihenfolge?	❏
▶ Mit welchem Ergebnis?	❏
▶ Bis wann?	❏
Haben Sie für die einzelnen Aktivitäten innerhalb einer Methode Standards definiert?	❏
Haben Sie die einzelnen Schritte jeder Aktivität standardisiert?	❏
Gibt es feste Vorgaben beziehungsweise Vordrucke für die Dokumente, die in der Vertriebs-Offensive zur Neukundengewinnung eingesetzt werden?	❏
Ist der Gesprächsbogen, der beim Kunden bleibt, ansprechend gestaltet?	❏
Stellen Sie im Gesprächsbogen auch noch einmal die besonderen Leistungen Ihres Unternehmens und den Mehrwert Ihrer Lösungen dar?	❏
Kann der Vertriebsmitarbeiter die Ergebnisse des Gesprächsbogens einfach mitnehmen – zum Beispiel als Kopie auf Durchschreibepapier?	❏
Haben Sie auch die Ziele Ihrer Vertriebs-Offensive zur Neukundengewinnung standardisiert? Ist zum Beispiel eindeutig klar, wann ein Kunde als Neukunde gilt?	❏

Auswahl der Führungsinstrumente

Haben Sie die Berichte geprüft, die Ihr IT-System erzeugen kann?	❏
Liefern Ihnen diese Berichte sowohl einen verdichteten Überblick als auch detaillierte Einzelinformationen zu jedem Vertriebsmitarbeiter?	❏
Orientiert sich Ihr Berichtswesen konsequent an den Zielen Ihrer Vertriebs-Offensive zur Neukundengewinnung?	❏
Liefern Ihnen die Berichte wirklich Kennzahlen mit steuerungsrelevanten Informationen?	❏

Haben Sie gemeinsam mit jedem Vertriebsmitarbeiter vor dem Start der Vertriebs-Offensive eine individuelle Aufgaben- und Ergebnisvereinbarung erstellt und schriftlich fixiert?	❏
Deckt die Aufgaben- und Ergebnisvereinbarung sowohl qualitative als auch quantitative Ziele ab?	❏
Haben Sie neben den Ergebniszielen auch Aktivitätsziele in der Aufgaben- und Ergebnisvereinbarung berücksichtigt?	❏
Erstellt jeder Mitarbeiter einen detaillierten Wochenplan mit seinen Aktivitäten?	❏
Prüfen Sie diese Wochenpläne und geben Sie bei Bedarf Rückmeldung?	❏
Ist der Aufbau der Wochenpläne standardisiert?	❏
Überprüfen Sie die Erreichung der Ziele mit individuellen Statusgesprächen in regelmäßigen Abständen?	❏
Sind regelmäßige Meetings mit allen Vertriebsmitarbeitern eingeplant?	❏
Ist die Tagesordnung der Meetings standardisiert?	❏
Haben Sie feste Regeln für die Meetings vorgegeben?	❏
Haben Sie Coaching-Möglichkeiten wie das Coaching on the job oder das Coaching am Telefon eingeplant?	❏
Ist der Ablauf der Coachings geregelt?	❏

5. So kommen Sie ins Handeln: Vertriebs-Offensive starten und durchführen

Abschließend geht es jetzt darum, die Ergebnisse aus den vorigen Phasen in konkrete operative Schritte umzusetzen – die eigentliche Vertriebs-Offensive zur Neukundengewinnung beginnt.

Dabei macht es allerdings keinen Sinn, den Start einfach von oben herab zu verkünden – frei nach dem Motto „Ich erkläre die Vertriebs-Offensive zur Neukundengewinnung für eröffnet" – und sich dann vom weiteren Ablauf überraschen zu lassen. Sie müssen

▶ sowohl die Führungskräfte als auch die Vertriebsmitarbeiter gezielt auf den Start vorbereiten,

- den Erfolg der Umsetzung durch die Controlling-Instrumente prüfen und bei Bedarf korrigierend eingreifen sowie
- Ihre Mitarbeiter bei der Umsetzung im Tagesgeschäft durch die Coaching-Instrumente gezielt unterstützen.

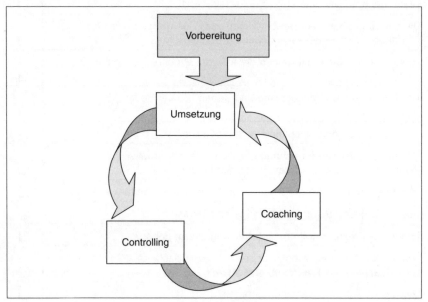

Abbildung 20: Die Umsetzung der Vertriebs-Offensive zur Neukundengewinnung

Mitarbeiter abholen und einschwören: die Vorbereitungsphase

Bei der Vorbereitung müssen Sie zum einen für ausreichend Einsatzbereitschaft und Motivation sorgen, zum anderen aber auch die fachliche Qualifikation der Beteiligten sicherstellen. Das gilt sowohl für die Führungskräfte als auch für die Vertriebsmitarbeiter im Innen- und Außendienst.

Machen Sie hier nicht den Fehler und unterstellen Sie Ihren Mitarbeitern einfach, dass sie hoch motiviert sind und auch über ausreichend fachliches Know-how verfügen – auch dann nicht, wenn Ihre Vertriebsmannschaft aus vielen „alten Hasen" besteht. Eine erfolgreiche Vertriebs-Offensive zur Neukundengewinnung erfordert den Einsatz neuer Standards und Methoden, die ihre Mitarbeiter nicht ohne vorherige Schulung im Tagesgeschäft umsetzen werden können. Außerdem führt die Vertriebs-Offensive unter Umständen auch zu erheblichen Veränderungen im Unternehmen. Und das wirkt sich bei vielen Menschen häufig negativ auf die Motivation aus – ganz einfach deshalb, weil Veränderungen fast immer mit Aufwand und Anstrengungen verbunden sind. Ihre Mitarbeiter müssen während der Vertriebs-Offensive ihre persönliche Komfortzone verlassen, auf Bequemlichkeiten verzichten und auch erheblichen persönlichen Einsatz zeigen. Das setzt aber voraus, dass sie wissen, warum und wofür.

Sorgen Sie deshalb noch vor der fachlichen Qualifizierung dafür, dass Ihre Mitarbeiter die Ziele, den grundsätzlichen Ablauf und auch die wesentlichen Instrumente der Vertriebs-Offensive zur Neukundengewinnung kennen. Dazu eignen sich zum Beispiel Kick-Off-Meetings ideal.

Einführungsmeeting

Im ersten Schritt führen Sie die Meetings mit den Führungskräften durch. Stimmen Sie sie auf die Vertriebs-Offensive ein und stellen Sie die neuen Controlling- und Coaching-Instrumente im Überblick vor. Im zweiten Schritt können dann die Führungskräfte selbst die Kick-Off-Meetings für die Vertriebsmitarbeiter abhalten. Damit der Erfolg dieser Meetings garantiert ist, sollten Sie sowohl die Inhalte als auch den Ablauf standardisieren.

Standards für ein Kick-Off-Meeting mit Vertriebsmitarbeitern

Ziel:

Der Erfolg der Vertriebs-Offensive zur Neukundengewinnung hängt wesentlich von der Einsatzbereitschaft und der Motivation der Vertriebsmitarbeiter ab. Zeigen Sie Ihren Mitarbeitern, dass es sich der Einsatz lohnt und begeistern Sie sie für die Vertriebs-Offensive.

Inhalte:

- ► Warum ist die Vertriebs-Offensive erforderlich?
- ► Wie läuft die Vertriebs-Offensive ab?
- ► Welche Methoden und Standards werden eingesetzt?
- ► Wie ist die Terminplanung?
- ► Was bedeutet die Vertriebs-Offensive für jeden einzelnen Mitarbeiter?
- ► Was sind die Anforderungen an die Führungskräfte?
- ► Klärung offener Fragen

Dauer: nach Bedarf

Allgemeine Hinweise: ...

> **Hinweis:** Alle Mitarbeiter müssen an den Meetings teilnehmen kön-
> nen. Laden Sie sie daher rechtzeitig ein. Klären Sie alle offenen Fragen
> und räumen Sie Bedenken aus.

Tipp

Erstellen Sie für die Kick-Off-Meetings mit den Vertriebsmitarbeitern
Standard-Präsentationen – entweder auf Folien oder als PowerPoint-
Präsentation. Diese Standard-Präsentationen können die Führungskräfte dann als Leitfaden für die Durchführung des Meetings nutzen, aber
auch zur Vorbereitung des Meetings.

Die Kick-Off-Meetings können aber nur dann erfolgreich sein, wenn Sie
selbst voll und ganz hinter der Vertriebs-Offensive zur Neukundengewinnung stehen. Sowohl von den Führungskräften als auch von den Vertriebsmitarbeitern werden mit ziemlicher Sicherheit Einwände und Vorbehalte kommen – und sei es nur, dass angeblich keine freie Zeit für die
Neukundengewinnung vorhanden ist. Weichen Sie diesen Einwänden und
Vorbehalten nicht aus. Machen Sie klar und deutlich, dass die Vertriebs-
Offensive allerhöchste Priorität hat und in jedem Fall durchgeführt wird.

> **Hinweis:** Wenn die Führungskräfte nicht selbst vom Erfolg der Ver-
> triebs-Offensive überzeugt sind, wird es ihnen auch nicht gelingen, die
> Mitarbeiter für die Vertriebs-Offensive zu begeistern.

Nie nach dem Gießkannenprinzip: Schulungen und Trainings

Nach den Kick-Off-Meetings werden dann die Schulungen und Trainings
durchgeführt. Dabei sollten Sie aber keine „Veranstaltung von der Stange"
abhalten, die alle Mitarbeiter mit denselben Inhalten „füttert". Eine Führungskraft muss nicht jede eingesetzte Methode zur Neukundengewinnung im Detail kennen, ein Vertriebsmitarbeiter braucht keine umfangreiche Schulung in Coaching- und Controlling-Instrumenten.

Schulungspläne erstellen

Erstellen Sie einen Schulungsplan, der sich sowohl an den Zielgruppen
als auch am individuellen Bedarf innerhalb der Zielgruppen orientiert. Bei
den Zielgruppen können Sie zum Beispiel grob zwischen Führungskräften,
Außendienst und Innendienst unterschieden. Diese drei Gruppen untertei-

len Sie dann weiter – zum Beispiel in erfahrene Mitarbeiter und unerfahrene Mitarbeiter.

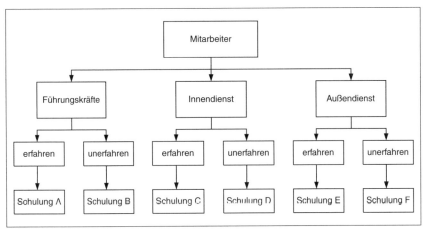

Abbildung 21: Grobraster für einen zielgruppenspezifischen Schulungsplan

Die Zuordnung der Mitarbeiter sollten Sie dabei nicht „aus dem Bauch" heraus vornehmen. Bitten Sie den Mitarbeiter um eine möglichst ehrliche Selbsteinschätzung und befragen Sie zusätzlich die jeweils zugeordnete Führungskraft. Noch besser: Nutzen Sie die Ergebnisse der Potenzialanalyseverfahren (siehe S. 45 f.). Sie geben Ihnen gezielte Hinweise, in welchen Bereichen bei einem Mitarbeiter Schulungsbedarf besteht.

➢ **Hinweis:** Je passgenauer Sie die Schulungen auf den individuellen Bedarf jedes einzelnen Mitarbeiters zuschneiden, desto größer ist auch der Erfolg. Denken Sie dabei bitte auch daran, dass der Umgang mit den neuen Instrumenten wie den Gesprächsbögen ausgiebig praktisch geübt werden muss.

Besonders bei größeren Unternehmen ist aber nicht nur eine inhaltliche Planung, sondern auch eine detaillierte Planung der Ressourcen nötig. So können Sie ja nicht alle Mitarbeiter gleichzeitig gemeinsam in einem einzigen Raum schulen. Zudem machen „Massenschulungen" mit 20 oder mehr Teilnehmern bei sehr anspruchsvollen Themen keinen Sinn.

Berücksichtigen Sie deshalb bei der Schulungsplanung zusätzlich noch folgende Punkte:

▶ Wer soll wann genau zu welcher Schulung gehen?
▶ Welche Räume werden wann benötigt?
▶ Ist sichergestellt, dass bei anspruchsvollen Themen höchstens zehn bis zwölf Personen an einer Schulung teilnehmen?

- Müssen unter Umständen externe Schulungsräume angemietet werden?
- Müssen die Mitarbeiter unter Umständen zu den Schulungen anreisen?
- Wenn ja, lohnt es sich, gleiche Schulungen an mehreren Orten anzubieten?
- Sind alle erforderlichen Geräte und Medien für die Schulungen vorhanden – zum Beispiel Overhead-Projektor, Flipcharts und so weiter?
- Wenn nein, welche Geräte und Medien müssen noch beschafft werden? Bis wann?

Schulungsdesign entwickeln

Für die eigentliche Durchführung der Schulungen gibt es dann grundsätzlich zwei Varianten:

1. Sie setzen eigene Mitarbeiter als Trainer ein oder
2. Sie greifen auf externe Trainer zu.

Bei der ersten Variante – dem Einsatz eigener Mitarbeiter – können Sie sicher sein, dass die Trainer die Strukturen und Abläufe in Ihrem Unternehmen genau kennen. Die Inhalte werden also aller Wahrscheinlichkeit nach exakt passen. Außerdem fallen keine zusätzlichen Kosten für den Einsatz externer Trainer an.

Allerdings gibt es beim Einsatz eigener Mitarbeiter auch zwei deutliche Herausforderungen:

1. Der Trainer muss selbst über das nötige fachliche Know-how verfügen. Das heißt, er muss die Konzepte, Methoden und Instrumente der Vertriebs-Offensive zur Neukundengewinnung im Detail kennen.
2. Der Trainer muss zusätzlich über methodisches und didaktisches Know-how verfügen. Er muss also die Inhalte nicht nur kennen, sondern auch transportieren können. Und das erfordert sehr viel mehr als einen fachlich fundierten Vortrag, von dem unter Umständen nichts bei den Teilnehmern hängen bleibt.

Schulungen nach dem „Schneeball-Prinzip"

Mitarbeiter, die diese beiden Voraussetzungen gleichermaßen gut erfüllen, werden Sie nur in den seltensten Fällen in Ihrem Unternehmen finden. Eine Möglichkeit wäre es nun, lediglich ein oder zwei Mitarbeiter zu schulen und die Mitarbeiter dann für das Training weiterer Mitarbeiter einzusetzen. Diese Mitarbeiter schulen dann wiederum andere Mitarbeiter und so weiter – bis schließlich alle Mitarbeiter in den Genuss eines Trainings gekommen sind. Mit diesem „Schneeball-Prinzip" können Sie zwar die Kosten der Schulungen unter Umständen drastisch reduzieren, allerdings ist das Ergebnis fast immer unbefriedigend. Denn die Praxis hat gezeigt, dass die Mitarbeiter, die zuletzt an der Reihe sind, etwas völlig anderes lernen als ursprünglich vermittelt.

Externe Trainer frühzeitig einbinden

In der Regel werden Sie deshalb auf externe Trainer zurückgreifen. Das bedeutet aber nicht, dass Sie einen teuren Spezialisten für ein Standard-Verkaufstraining zum Beispiel zur Telefonakquise engagieren müssen. Auch bei externen Trainern müssen die Inhalte exakt auf Ihr Unternehmen und Ihre Vertriebs-Offensive zur Neukundengewinnung abgestimmt sein. Und das bedeutet: Sie dürfen sich nicht erst kurz vor Beginn der Schulungsmaßnahme um einen Trainer kümmern. Dann bleibt kaum noch Zeit für eine individuelle Gestaltung der Schulungen – wenn Sie denn überhaupt noch einen Trainer finden.

➢ **Hinweis:** Binden Sie externe Trainer möglichst eng und frühzeitig in die gesamte Planung Ihrer Vertriebs-Offensive zur Neukundengewinnung ein. Ohne diese enge Einbindung sind keine passgenauen Schulungen möglich.

Selbstlernprogramme prüfen

Neben dem „klassischen" Präsenztraining durch einen Trainer gibt es auch noch eine weitere Variante – das Selbstlernen. Hier eignen sich die Teilnehmer die Inhalte in Eigenverantwortung an – zum Beispiel durch das Studium von schriftlichen Unterlagen, durch Audiokurse auf CD oder durch Computerlernprogramme bzw. in der Kombination dieser Medien. Auch wenn diese Variante auf den ersten Blick recht kostengünstig erscheint, eignet sie sich in Reinform für die Schulungen bei einer Vertriebs-Offensive zur Neukundengewinnung nur sehr eingeschränkt. Denn Sie müssen genau überprüfen, ob Sie auf dem Markt inhaltlich passende Programme dafür finden, die sich wirklich mit Ihrem Thema, Ihrer Branche und Ihren Herausforderungen beschäftigen. Häufig müssen Sie also entweder (teure) Anpassungen vornehmen oder aber maßgeschneiderte Unterlagen erstellen lassen. In jedem Fall können Selbstlernprogramme unterstützend eingesetzt werden, um Inhalte vorzubereiten oder zu vertiefen. Und es gibt auch Trainer, die sich auf die Verbindung von intensiven Präsenztrainings mit unterstützenden Multimedien spezialisiert haben.

Eine ganz besondere Herausforderung liegt darin, dass die Vertriebs-Offensive zur Neukundengewinnung in vielen Fällen auch Verhaltensänderungen Ihrer Mitarbeiter erfordert. Und hier haben nahezu alle Selbstlernmedien gravierende Schwächen. Zwar lässt sich zum Beispiel über ein

Computerlernprogramm (Computerbased Training, CBT oder Webbased Training, WBT) vermitteln, in welchen Schritten ein Kundengespräch grundsätzlich durchgeführt wird. Neben diesen methodischen Kompetenzen entscheiden vor allem aber auch die sozialen Kompetenzen über den Erfolg – also zum Beispiel wie der Vertriebsmitarbeiter auf den Kunden zugeht oder auf Rückmeldungen des Kunden reagiert. Und das lässt sich nur mit einem menschlichen Gegenüber trainieren. Und dazu sind Präsenztrainings wirklich entscheidend notwendig!

Tipp

Präsenztraining und Selbstlernunterlagen lassen sich hervorragend zu einem „Blended-Learning"-Konzept kombinieren. Die „preiswerten" Selbstlernprogramme (CBT, WBT) werden für die Vermittlung von Standardthemen und methodischen Kompetenzen eingesetzt: die Vermittlung von Wissen. Die „teuren" Trainer kümmern sich dann um die individuellen Inhalte und die sozialen Kompetenzen: den Transfer in die Praxis und die Anwendung von Können in der konkreten Situation.

➢ **Hinweis:** Ohne gut geschulte Mitarbeiter und Führungskräfte kann Ihre Vertriebs-Offensive keinen Erfolg haben. Planen Sie die Trainings daher rechzeitig und sorgfältig. Intervall-Trainings verbinden auffrischende Elemente über einen längeren Zeitraum hinweg. So genannte Trainings on the job stellen einer kleiner Gruppe von Lernenden einen Trainer zur Seite, der sie im Arbeitsalltag mit Feedback unterstützt. Das geht natürlich nicht beim Kunden, aber solche Trainingsschleifen lassen sich nach mehreren Kundenbesuchen bzw. Akquiseversuchen gut einziehen. Setzen Sie nicht nur auf scheinbar kostengünstige Varianten wie das „Schneeball-Prinzip" oder reines Selbstlernen, sorgen Sie vor allem für den Transfer in die Praxis und die Anwendung in Übungssituationen, die der Arbeitserfahrung entsprechen.

✓ Checkliste Vorbereitung

Kick-Off-Meetings	
Haben Sie getrennte Kick-Off-Meetings für die Führungskräfte und die Vertriebsmitarbeiter eingeplant?	❑
Sind der Ablauf und die Inhalte der Kick-Off-Meetings für die Vertriebsmitarbeiter standardisiert?	❑
Haben Sie die Klärung offener Fragen in den Kick-Off-Meetings berücksichtigt?	❑

Haben Sie für die Kick-Off-Meetings der Vertriebsmitarbeiter Standard-Präsentationen erstellt und an die Führungskräfte ausgehändigt?	❏
Sind Sie darauf vorbereitet, dass in den Kick-Off-Meetings Einwände und Vorbehalte laut werden?	❏
Haben Sie sichergestellt, dass die Kick-Off-Meetings für ausreichende Motivation und Einsatzbereitschaft sorgen – sowohl bei den Vertriebsmitarbeitern als auch bei den Führungskräften?	❏
Haben Sie die Teilnehmer rechtzeitig zu den Kick-Off-Meetings eingeladen?	❏
Trainings und Schulungen	
Haben Sie die Schulungen konsequent an den Inhalten und Zielen Ihrer Vertriebs-Offensive zur Neukundengewinnung ausgerichtet?	❏
Haben Sie unterschiedliche Zielgruppen für die Schulungen gebildet – zum Beispiel aus den Ergebnissen der Potenzialanalyseverfahren?	❏
Ist sichergestellt, dass der Umgang mit den neuen Instrumenten wie den Gesprächsbögen ausgiebig genug geübt wird?	❏
Haben Sie eine detaillierte Planung der Ressourcen durchgeführt?	
▶ Ist klar, wer wann genau zu welcher Schulung geht?	❏
▶ Nehmen an sehr anspruchsvollen Schulungen maximal zehn bis zwölf Personen teil?	❏
▶ Steht die Raumplanung?	❏
▶ Haben Sie gegebenenfalls externe Schulungsräume angemietet?	❏
▶ Bieten Sie gegebenenfalls gleiche Schulungen an verschiedenen Orten an?	❏
▶ Sind alle erforderlichen Geräte und Medien für die Schulungen vorhanden?	❏
▶ Wenn nein: Haben Sie sich darum gekümmert, dass die Geräte und Medien rechtzeitig verfügbar sind?	❏
Haben Sie sich rechtzeitig um externe Trainer gekümmert?	❏
Haben Sie die externen Trainer eng in die Planung Ihrer Vertriebs-Offensive zur Neukundengewinnung eingebunden?	❏
Haben Sie den Einsatz von „Blended-Learning"-Konzepten – der Kombination von Präsenztraining und Selbstlernen – geprüft?	❏
Wenn ja: Sind die Selbstlernunterlagen rechtzeitig verfügbar?	❏

Nachhaltigkeit erhöhen:
Controlling und Coaching

Auch perfekt durchgeführte Schulungen sind einer grundsätzlichen Herausforderung ausgesetzt: Die Theorie ist die eine Seite, die Praxis eine ganz andere. Was im Schulungsraum im Rollenspiel in einer „geschützten" Umgebung noch sehr gut funktionierte, klappt im direkten Kontakt mit einem „echten" Kunden überhaupt nicht mehr. Der Transfer der neu erworbenen Kenntnisse in den Arbeitsalltag scheitert.

Lehnen Sie sich daher nach den Schulungen nicht entspannt zurück und verlassen Sie sich darauf, dass Ihre Mitarbeiter das neue Wissen schon richtig anwenden werden. Setzen Sie die verschiedene Controlling- und Coaching-Instrumente ganz gezielt ein, um die Umsetzung in der Praxis zu prüfen und Ihren Mitarbeitern individuelle Unterstützung zu geben. Begleiten Sie Ihre Mitarbeiter während der gesamten Vertriebs-Offensive zur Neukundengewinnung und beschränken Sie sich nicht nur auf gelegentliche Stichproben.

Coaching und Training on the Job bei Schwierigkeiten

Prüfen Sie also nicht nur die Aufgaben- und Ergebnisvereinbarungen und die Wochenpläne, sondern lassen Sie sich auch die ausgefüllten Gesprächsbögen und die Vorschläge für die weitere Zusammenarbeit mit dem Kunden vorlegen. Planen Sie nicht nur regelmäßige Statusgespräche und Vertriebs-Meetings ein, sondern berücksichtigen Sie für jeden einzelnen Mitarbeiter mindestens ein Training oder Coaching on the job – sowohl für ein Erstgespräch als auch für einen Folgekontakt. Wenn Sie bei einem Mitarbeiter Abweichungen von den Zielen und Standards der Vertriebs-Offensive zur Neukundengewinnung feststellen, zögern Sie nicht einzugreifen – zum Beispiel durch ein Coaching am Telefon oder durch ein Gespräch unter vier Augen.

> **Denken Sie daran:** Es nützt wenig, einen Vertriebsmitarbeiter einfach einmal bei einem Kundenbesuch zu begleiten oder per Telefon nachzufragen, wie seine Arbeit denn so läuft. Das Coaching muss sorgfältig vorbereitet und strukturiert werden, damit es seine volle Wirkung entfalten können. Coachen Sie nicht „einfach drauflos". Ein misslungenes Coaching kann verheerende Wirkung haben: Der Mitarbeiter wird unter Umständen völlig verunsichert und demotiviert. In der Regel ist es sehr sinnvoll, dass Sie sich zu Beginn selbst coachen lassen, zum Beispiel durch externe Spezialisten. Dabei können Sie grundlegende Coachingfähigkeiten erwerben oder entwickeln, die Ihnen entgegenkommen: die Führungskraft als Coach.

Während der Vertriebs-Offensive werden sich auch Konflikte nicht immer vermeiden lassen – sei es zwischen einer Führungskraft und einem Mitarbeiter oder auch zwischen zwei Mitarbeitern. Ignorieren Sie solche Auseinandersetzungen nicht einfach und kehren Sie sie unter den Teppich. So schaffen Sie zwar für einen kurzen Moment Ruhe, aber irgendwann wird die möglicherweise harmlose Meinungsverschiedenheit zu einem handfesten Streit eskalieren. Thematisieren Sie unterschiedliche Meinungen und Vorstellungen und räumen Sie Konflikte in einem gemeinsamen Gespräch aus.

✓ **Standard-Aktivitätenliste für Führungskräfte während der Vertriebs-Offensive zur Neukundengewinnung**

Aktivität	Zeitraum	eingeplant
Aufgaben- und Ergebnisvereinbarung	einmal vor der Vertriebs-Offensive	☐
Prüfung der Wochenpläne	wöchentlich	☐
Statusgespräche	regelmäßig, mindestens alle 4 bis 6 Wochen	☐
Vertriebs-Meetings	wöchentlich oder alle 14 Tage	☐
Prüfung der Gesprächsbögen	nach jedem Erstellen	☐
Prüfung des Vorschlags zur Zusammenarbeit	nach jedem Erstellen	☐
Coaching on the job bei einem Erstgespräch	mindestens einmal für jeden Mitarbeiter	☐
Coaching on the job bei einem Folgegespräch	mindestens einmal für jeden Mitarbeiter	☐
Coaching am Telefon	bei Bedarf	☐
Konfliktgespräche	bei Bedarf	☐

6. Erfolgsbeispiel aus der Praxis: Die Umsetzung der Vertriebs-Offensive zur Neukundengewinnung mit dem Unternehmen Wella

Zum Unternehmen

Wella gehört zu den führenden internationalen Kosmetikanbietern. Das 1880 gegründete Unternehmen ist in mehr als 150 Ländern vertreten. So schafft der Beautyspezialist die Kundennähe und Präsenz, um erfolgreich in allen relevanten Märkten wachsen zu können. Sein enormes Wachstum gründet vor allem in der ständigen Neu- und Weiterentwicklung hervorragender Produkte.

Dass es allein mit exzellenten Produkten nicht getan ist, wurde in den letzten Jahren für Wella deutlich. Plötzlich wuchs der Markt stärker als das Unternehmen. Gleichzeitig kam es zu einer Verschärfung des Wettbewerbs. Große Friseurketten drängten mit neuen Systemkonzepten auf den Markt, so genannte 10-Euro-Friseure schossen wie Pilze aus dem Boden. So kam besonders das von Wella dominierte mittlere Kundensegment unter Druck. Denn auch die Kunden von Wella, die Friseure, standen in einem immer schärferen Wettbewerb um ihre Endkunden. Die Konsequenz: Die Anzahl der kaufenden Kunden war erstmals rückläufig. Bestrebungen, diesen Trend umzukehren, zeigten zu wenig Wirkung. In dieser Situation ergriff Wilfried Lindloff, Geschäftsführer Wella für Deutschland, Österreich und die Schweiz, die Initiative, auch in der Weiterbildung seiner Mitarbeiter auf Innovation zu setzen.

2004 war ich Referent beim Deutschen Vertriebsleiter- und Verkaufsleiter-Kongress. Auf der Suche nach neuen Konzepten wurde Wella dort auf mich aufmerksam. Was gut zur Zielstellung des Konzerns passte, war die von mir praktizierte konsequente Verknüpfung von Weiterbildung mit Projektarbeit und die Ausrichtung der Personalentwicklung an den strategischen Unternehmenszielen. Dies verband sich ideal mit der konzernweiten Neukundenstrategie „Mission Acquisition".

Das konkrete Konzept wurde über mehrere Wochen in einem Projektteam entwickelt, das Mitarbeiter aus allen Unternehmensbereichen einbezog, um einen möglichst großen Konsens herzustellen und spätere Reibungsverluste zu vermeiden. Von Anfang an war klar, dass die Maßnahme nur Erfolg haben würde, wenn alle Abteilungen am selben Strang ziehen und dem Ziel der Neukundengewinnung eine besondere Priorität einräumen würden.

Die Herausforderung

Die größte Herausforderung bestand darin, die Zielgruppe der rund 200 Vertriebsberater im Außendienst und deren 25 Führungskräfte für die Maßnahme und deren konsequente Umsetzung zu gewinnen. Denn unter den Teilnehmern befanden sich ebenso „alte Hasen" wie Junior-Vertriebler. Die meisten waren in der Vergangenheit sehr erfolgreich gewesen und leisteten mit ihrer Bestandskundenarbeit einen wesentlichen Beitrag zum Unternehmenserfolg.

Die erste Schwierigkeit lag nun darin, die Mannschaft überhaupt zu motivieren, Neukundengewinnung zu betreiben, was etliche vorherige Versuche über Prämien und Incentives nicht geschafft hatten. Des Weiteren mussten die Mitarbeiter dafür gewonnen werden, von ihren eigenen Verhaltensweisen abzusehen und eine neue Systematik der Neukundengewinnung zu übernehmen. All das sollte zudem in möglichst geringer Zeit passieren, da jeder Trainingstag zu Lasten des Umsatzes bei den Bestandskunden gehen würde. Diesen Herausforderungen musste sich die Konzeption stellen.

Konzeption der Maßnahme

Die Maßnahme wurde deshalb als projektorientierte Weiterbildung konzipiert. Die Mitarbeiter lernten also in einem realen Akquisitionsprojekt die Methode der Kaltakquisition, so dass das Gelernte direkt angewendet werden konnte.

Dafür führte ITO gemeinsam mit einem Projektteam von Wella, das sich aus Mitarbeitern aller Unternehmensbereiche zusammensetzte, Feldstudien sowie Interviews mit Friseuren und Testläufe in der Friseurbranche durch. Auf dieser Basis wurden ein unternehmensspezifisches Vorgehen zur Gewinnung von neuen Partnern konzipiert und unterstützende Instrumente entwickelt:

▶ Quick-Check-Bogen zur Vorab-Analyse des zu besuchenden Friseurs
▶ Gesprächsbogen für das Erstgespräch
▶ Vorlage für die Angebotserstellung, die im Zweitgespräch zur Angebotspräsentation verwendet wird

Die Instrumente waren ein wesentlicher Bestandteil des Konzepts. Denn was nicht zu trainieren war an Verhalten, versuchten wir über „Sachzwänge" in Form der Gesprächsbögen zu „erzwingen". Dadurch wurde der Transfer der Gesprächsführungsmethode direkt in der Praxis sichergestellt. Die Gesprächsbögen waren in den Neukundengesprächen der Sachzwang, der die Gesprächspartner durch den psychologisch ausgefeilten Gesprächsablauf leitete.

Ablauf der Maßnahme

Die Maßnahme lief in acht Schritten ab:

1. Kick-off

Die Vertriebsmitarbeiter wurden zwei Wochen vor dem Start in ihren Teams über die Maßnahme informiert, um Fragen zu klären und eine positive Grundstimmung für die Neukundengewinnung zu erzeugen.

2. Selbststudium

Anhand einer zehnseitigen Unterlage eigneten sich die Mitarbeiter das theoretische Wissen über die Methodik der Neukundengewinnung (Kaltakquisition) an. Die Führungskräfte bereiteten sich mit einer dreizehnseitigen Unterlage ebenso im Selbststudium auf ihre Führungsaufgaben, insbesondere auf das Live-Coaching zur Neukundengewinnung vor.

3. Benennung der anzugehenden Kunden

Alle Vertriebsmitarbeiter benannten bis zum Qualifikationsevent zehn Zielkunden und legten sie in einer eigens geschaffenen Neukunden-Datenbank an. Auch die Führungskräfte mussten drei große Zielkunden benennen, die sie selber gewinnen wollten.

4. Training der Führungskräfte

Bei drei regionalen, eintägigen Führungstrainings lernten die Führungskräfte die ITO-Führungsmethodik „Leadership Coaching" kennen und übten deren Einsatz zur Unterstützung der Neukundengewinnung in Rollenspielen mit Videoanalyse.

5. Qualifikationsevent für Vertriebsmitarbeiter

Im Rahmen von drei regionalen Großveranstaltungen mit jeweils etwa 70 Teilnehmern vermittelten wir die Methodik der Neukundengewinnung, demonstrierten den Einsatz der Instrumente und übten ihn in moderierten Kleingruppen; wir erzeugten damit Begeisterung für die Umsetzung und planten auch deren zeitlichen Ablauf. Dabei nutzten wir den Effekt der Großgruppendynamik für die Motivation, Identifikation und emotionale Unterstützung, und es gelang uns, ein Wir-Gefühl zu wecken, das entsteht, wenn man weiß, dass man nicht alleine in die Kaltakquisition geht. Dies wurde erreicht durch:

- ▶ Musik- und Videoeinspielungen (Firmen- und Produktdarstellungen) vor der Veranstaltung und in Pausen
- ▶ Kurze Impulse auf der Bühne durch wechselnde Referenten (intern und extern)
- ▶ Tischdiskussionen (je acht Vertriebsmitarbeiter), moderiert durch geschulte Vertriebsführungskräfte: Dort konnten eigene Erfahrungen und Ideen eingebracht werden.

- ▸ Erstellung eigener Präsentationen in Tischgruppen und Präsentation im Plenum
- ▸ Sicherstellung von Eigenaktivität durch zufällige Auswahl zweier Tischgruppen, die ihre Ergebnisse auf der Bühne präsentieren
- ▸ Demonstration der Neukundengewinnungsmethode in Rollenspielen auf der Bühne in mehreren Varianten mit wechselnden Teilnehmern als „Kunden"
- ▸ Eigene Erfahrung in Rollenspielen mit Tischgruppen-Partnern, gecoacht durch geschulte Vertriebsführungskräfte
- ▸ Erfahrungsaustausch im Plenum durch Einzelstimmen

6. Umsetzungsphase

Die Vertriebsmitarbeiter und ihre Führungskräfte führten ab dem folgenden Tag die Neukundengewinnung durch, so dass der Wissensverlust zwischen Vermittlung und Anwendung minimiert war. Die Erstgespräche mussten innerhalb von zwei Wochen geführt werden, die Zweitgespräche innerhalb von weiteren zwei Wochen. Ihre Aktivitäten und Ergebnisse dokumentierten sie in der Neukunden-Datenbank.

7. Live-Coaching, Teammeetings, Telefoncoaching

Die Führungskräfte wurden jeweils einen Tag live gecoacht, teils beim Coaching ihrer Mitarbeiter, teils bei der eigenen Neukundengewinnung. Dafür war ein spezieller Coachingbogen entwickelt worden, der Coach und Coachee bei der Vorbereitung auf Termine unterstützte, dem Coach mittels definierter Gesprächsstruktur beim Erfassen von Auffälligkeiten half und abschließend auch die Struktur für das Feedback vorgab. Mit dem gleichen Vorgehen wurden auch die Vertriebsmitarbeiter von ihrer Führungskraft bei mindestens einem Erst- und einem Zweitgespräch live gecoacht. Dadurch wurde noch einmal der Transfer der Lerninhalte in die tägliche Arbeit gefestigt und gleichzeitig die Beziehung zwischen Führungskraft und Mitarbeiter vertieft.

Über die Neukunden-Datenbank konnten die Führungskräfte zeitnah die Aktivitäten der Mitarbeiter controllen und gegebenenfalls Interventionen einleiten. Weitere Unterstützung erfuhren die Mitarbeiter durch wöchentliche Telefoncoachings durch die Führungskräfte und 14-tägige Teammeetings zum Austausch von Erfahrungen, Vermittlung von Best-Practice-Vorgehensweisen, regelmäßige spezielle Teammeetings und Refresh der Motivation.

8. Formative Evaluation durch Quality Calls

Jeder Zielkunde wurde acht Wochen nach dem Erstkontakt von einem Call-Center zum Vorgehen des Vertriebsmitarbeiters und seinem Interesse an Wella befragt. Die Ergebnisse sollten der Konzeptanpassung dienen, was aber aufgrund der fast ausnahmslos positiven Ergebnisse nicht nötig war:

- 98 Prozent der befragten Kunden waren mit dem Erstgespräch sehr zufrieden oder zufrieden.
- 92 Prozent der befragten Kunden waren mit der Beratung zufrieden.
- 93 Prozent der befragten Kunden hatte die Vorgehensweise gefallen.
- 47 Prozent der befragten Kunden konnten sich eine Zusammenarbeit mit Wella vorstellen.

Damit war das Ziel erreicht: die Friseure für eine Partnerschaft mit Wella zu gewinnen.

Ergebnisse

Im Rahmen der Maßnahme wurden über 1 000 Kunden als zukünftige Partner gewonnen. Somit wurde aus fast jedem zweiten Kontakt eine tragfähige Geschäftsbeziehung. Entscheidend für die Erfolgsmessung war hierbei die Höhe des Erstumsatzes und dass der Kunde nach einer entsprechenden Zeit immer noch Kunde war.

Die Neukundengewinnungs-Offensive wurde seither noch zweimal mit ähnlichen Ergebnissen wiederholt. Eine deutliche Langzeitwirkung der Qualifikationsmaßnahme ist nachweisbar. Die Unterstützung bestand bei der zweiten Welle in vierzehntägigen Teamworkshops in den 22 Teams. Zudem wurden die Instrumente und Unterlagen marginal angepasst. In der dritten Welle war keine externe Unterstützung mehr notwendig.

Aufgrund der Erfolge wurde das Projekt mittlerweile weltweit im Rahmen der „Mission Acquisition" umgesetzt. Dabei wurden ähnliche Ergebnisse erzielt. Auf der didacta, Europas größter Messe für Bildung, wurde das Konzept am 2. März 2007 mit dem Internationalen Deutschen Trainingspreis in Silber ausgezeichnet. Die Begründung der Jury: In einem schärfer werdenden Marktumfeld konnte die Wella AG den abnehmenden Kundentrend stoppen und innerhalb kurzer Zeit über 1 000 Friseure als neue Partner gewinnen. Verantwortlich dafür war das Konzept der ITO services GmbH, das sich an den strategischen Unternehmenszielen ausrichtete und Weiterbildung in ein Akquisitionsprojekt einband.

Strategie 2: Vertriebs-Offensive zur Potenzialausschöpfung bei bestehenden Kunden

Die Vertriebs-Offensive in der Neukundengewinnung hat Ihnen nun ein neues Potenzial für die ertragsorientierte Entwicklung Ihres Unternehmens eröffnet. Wenden wir uns nun dem zweiten Ansatzpunkt zu, um in umkämpften Märkten Erfolg zu haben: der Entwicklung des bestehenden Kundenstammes in die Tiefe. Bestandskunden bieten ein enormes Potenzial, das in vielen Fällen schlicht und einfach ignoriert oder nicht genutzt wird.

Heger oder Jäger?

Denn in der Praxis beschränkt sich die Betreuung der bestehenden Kunden allzu oft auf reines „Hegen". Wichtig ist vor allem, dass der Kunde nicht zum Wettbewerb wechselt. Um das zu verhindern, wird er mehr oder weniger regelmäßig per Telefon oder durch einen persönlichen Besuch kontaktiert – nicht selten ohne konkreten Anlass. Bei vielen Stammkunden finden aber noch nicht einmal mehr diese sehr bescheidenen „Hege"-Aktivitäten statt. Es wird einfach abgewartet: „Der Kunden wird sich schon bei uns melden, wenn er etwas möchte." Sicherlich wird es auch den ein oder anderen Kunden geben, der von sich aus aktiv wird. Allerdings entscheidet dann im Wesentlichen der Zufall beziehungsweise der einzelne Kunde.

Nervensäge oder Dampfhammer?

Es nützt nun aber auch nichts, einfach die Kontakt-Frequenz bei Stammkunden zu erhöhen und sich zum Beispiel einmal die Woche zu melden – nach dem Motto „Ich wollte mal nachhören, ob es etwas Neues bei Ihnen gibt". Damit strapazieren Sie in der Regel nur die Geduld Ihrer Kunden. Über kurz oder lang werden Ihre Vertriebsmitarbeiter als „Nervensägen" empfunden, die der Kunde eigentlich nur möglichst schnell loswerden will. Auch Zusatzverkäufe nach der „Dampfhammer"-Methode – „10 Computer sind doch für ein Unternehmen Ihrer Größe viel zu wenig. Brauchen Sie nicht noch mehr?" – liefern vielleicht den ein oder anderen Zufallstreffer, können aber keine langfristigen Erfolge sichern.

Wachsen durch Verdrängungswettbewerb

In vielen Branchen ist Wachstum durch Neukundengewinnung alleine nicht mehr möglich. Deshalb kommt der Potenzialausschöpfung eine sehr große Bedeutung zu. Eine solche Situation betraf die Anfrage eines Konsumgüterherstellers an uns: „Welche Ideen haben Sie zur besseren Potenzialausschöpfung unserer Kunden?". Wir übernahmen das Mandat und führten zunächst die Analyse durch. Sie brachte uns die Bestätigung einer Erkenntnis, die auf viele Unternehmen zutrifft: Dass die meisten Außendienstmitarbeiter ihre tägliche Arbeit mit Kunden verbringen, zu denen sie bereits eine gute Beziehung haben und bei denen ein Zusatz- oder Nachfolgeauftrag leicht zu erreichen ist. „Kaffeetrinken unter Freunden" nenne ich das.

Gerade schwierige Kunden ausbauen

Oft verbirgt sich aber großes Potenzial gerade bei Kunden, mit denen im Moment wenig Umsatz gemacht wird, bei denen der Wettbewerb derzeit 90 Prozent des Umsatzes abgreift. Diese Kunden „auszubauen", ihr Potenzial zu entwickeln, verlangt dem Außendienstmitarbeiter natürlich viel mehr ab. Deshalb gehen zu wenige diesen beschwerlichen Weg. Die Gründe dafür liegen häufig in der mangelnden Qualifikation, der mangelnden Motivation – auch durch ein schlechtes Anreizmanagement bestimmt – sowie in Defiziten bei der Gesprächs- und Verhandlungsführung. Unser Ziel war es deshalb, die Vertriebssteuerung unseres Kunden von einer Umsatz- & Aktionsorientierung zu einer Potenzialorientierung zu lenken. Dabei verfolgten wir die Ziele:

▶ Identifizierung potenzialstarker Kunden
▶ Identifizierung rückläufiger Kunden
▶ Stärkere Fokussierung auf A- & B-Potenzialkunden
▶ Einführung einer neuen Kundenkategorisierung
▶ Optimierung der Instrumente
▶ Einführung differenzierter Betreuungsstrategien
▶ Stärkere Übernahme der Führungsverantwortung auf der regionalen Vertriebsleiterebene.

Die größte Herausforderung: die Vertriebsmitarbeiter für dieses Vorgehen zu gewinnen! Die Schwierigkeit lag darin, dass die potenzialträchtigen Kunden, bei denen „unser" Unternehmen lediglich einen kleinen Anteil am Verkauf erzielen konnte, gleichzeitig sehr anspruchsvolle Gesprächspartner waren, die vom Wettbewerber auch gut betreut wurden. Dem mussten wir eine Qualitätsoffensive entgegensetzen. So entwickelten wir unter Einbeziehung des Wissens und der Erfahrung ausgewählter Außendienstmitarbeiter Checklisten und Gesprächsbögen für das Beratungs- und Angebotsgespräch. Damit konnten die Vertriebsmitarbeiter die folgenden Gespräche sicher und vorbereitet führen.

Folgender Prozessablauf für die Umsetzung der Potenzialausschöpfung wurde definiert:

- ▶ Durchführung einer Kundenanalyse durch den Vertriebsmitarbeiter anhand eines Analysebogens.
- ▶ Terminvereinbarung mit dem Kunden mit dem Hinweis, dass wir für unser nächstes Gespräch mehr Zeit brauchen, da wir mit ihm über seine Unternehmenszukunft reden wollen.
- ▶ Durchführung eines Beratungsgespräches zur Kundenentwicklung anhand eines Gesprächsbogens, womit der Kunde erkennen soll, dass wir der richtige Partner für seine unternehmerische Zukunft sind.
- ▶ Erstellung eines Angebotes auf einem einheitlichen Angebotsformular, welches die Ergebnisse des Beratungsgespräches zusammenfasst und das die Grundlage für die Präsentation eines individuellen Angebotes wird.
- ▶ Konzept für Kundencoaching, damit die Umsetzung der vereinbarten Aktivitäten anhand der Vereinbarungen sichergestellt wird.

Klarer Nutzen und quantifizierbare Ergebnisse für alle Beteiligten

Der Nutzen für das Unternehmen:

- ▶ Eine komplett neue Form der Marktbearbeitung, ausgerichtet auf das Potenzial des Kunden.
- ▶ Klar definierte Betreuungsstrategien für den Vertrieb, mit genauen Gesprächsabläufen für die festgelegten Kundengruppen.
- ▶ Optimierung der Routenplanung und damit Erhöhung der aktiven Verkaufszeit.
- ▶ Präzise Anforderungen an das Marketing vom Vertrieb.
- ▶ Bessere Steuerung des Vertriebs.

Der Nutzen für die Führungskräfte:

- ▶ Das Konzept gibt der Führungskraft einen besseren Einblick in das Vorgehen des Verkäufers und in die Ursachen seines Erfolgs oder Misserfolgs bzw. in seine Chancen zur Steigerung.
- ▶ Das Konzept liefert den Vertriebsführungskräften die Informationen, wo der größte Handlungsbedarf für die einzelnen Verkäufer steckt.
- ▶ Dadurch können individuelle Vereinbarungen für Umsetzungsschritte anhand konkreter Daten zwischen Führungskraft und Verkäufer getroffen werden.
- ▶ Die konkreten Informationen über die Kundensituation erhöhen die Bereitschaft der Veränderung bei den Verkäufern.

Der Nutzen für den Vertriebsmitarbeiter:

▶ Das Konzept der Potenzialausschöpfung gibt dem Verkäufer die Information, wie viel Zeit und Kraft er in welche Kunden und Kundensegmente tatsächlich steckt – und mit welchem Erfolg.
▶ Der Verkäufer erhält die Informationen bildlich und zeitnah aufbereitet, damit er weiß, wo er ansetzen kann.
▶ Der Verkäufer kann gegenüber seinen Kunden wesentlich kompetenter auftreten, da der auf einen optimalen Gesprächsbogen zurückgreifen kann.
▶ Schnelligkeit des Erfolges: Der Verkäufer muss nicht sein gesamtes Verhalten verändern, sondern er kann seine Gespräche bei den entscheidenden Kunden akzentuieren.

Eine Million Euro zusätzlich in sechs Monaten

Der gesamte Vertrieb wurde auf dieses Vorgehen durch Schulungen und Workshops vorbereitet und die Führungsinstrumente wurden darauf abgestimmt. Nach sechs Monaten erstellten wir die Bilanz:

▶ Es wurde ein Mehrumsatz von einer Million Euro durch diese Vorgehensweise bei den definierten Potenzialkunden erreicht!
▶ Und das bei einem Produktpreis von fünf Euro.

„Ich mache Ihnen ein Angebot, das Sie nicht ablehnen können"

Also: Es geht doch! Sie müssen aktiv auf Ihre „nicht so angenehmen, nicht so zugänglichen, nicht so einfachen" Kunden zugehen und das vorhandene Potenzial gezielt ausschöpfen. Dabei gibt es allerdings ein großes Problem: Genau dasselbe Ziel verfolgen auch Ihre Wettbewerber. Jeder versucht den Kunden davon zu überzeugen, dass sein Produkt „das Beste" ist. Da sich in vielen Fällen die Produkte aber kaum noch voneinander unterschieden, hat das häufig nicht die gewünschte Wirkung. Dann scheint nur noch eins übrig zu bleiben: der Verdrängungswettbewerb über den Preis. Die Wettbewerber werden unterboten, und der Kunde erhält Konditionen, die er eigentlich gar nicht ablehnen kann.

Aber dieser Preiskampf funktioniert oft nicht. Denn: Nahezu jeder Anbieter versucht es auf diesem alten, wenn auch nicht immer bewährten Weg. Sie sind dann nur einer von Vielen und bieten dem Kunden auch kein echtes Argument, sich für Ihr Unternehmen zu entscheiden. Den besten Preis und das beste Produkt nehmen schließlich auch alle Ihre Wettbewerber für sich in Anspruch.

Entscheidungen auf strategischer Ebene

Sie müssen daher dafür sorgen, dass Sie sich klar und deutlich von Ihren Wettbewerbern unterscheiden. Demonstrieren Sie dem Kunden, dass Ihr Unternehmen der **optimale** Partner ist – und das geht in der Regel eben nicht über das Produkt oder über die Dienstleistung. Denn für die allermeisten Ihrer Kunden sind nicht – wie vielfach angenommen – Entscheidungen auf Produktebene wirklich bedeutsam, sondern Entscheidungen auf strategischer Ebene. Wichtig sind also nicht Fragen wie

- „Welches Produkt kaufe ich ein?" oder
- „Wer bietet mir den besten Preis?",

sondern

- „Welchen Herausforderungen muss ich mich in Zukunft stellen?"
- „Was muss ich tun, um diese Herausforderungen zu meistern?"
- „Wie kann ich meine Ziele auch in veränderten Märkten erreichen?"

Mit einer „klassischen Strategie", die vor allem auf dem Produkt oder der Dienstleistung aufbaut, können Sie Ihren Kunden auf diese drängenden Fragen aber keine Antwort liefern.

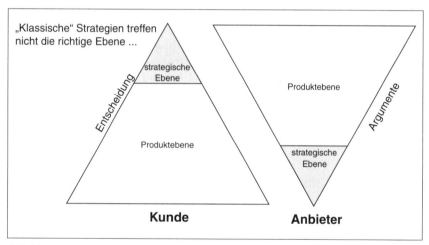

Abbildung 22: Klassische Strategien zielen auf Produkte und treffen damit nicht die richtige Ebene.

Um zum Erfolg zu kommen, müssen Sie dem Kunden gezielt an der Stelle Unterstützung anbieten, an der er wirklich Unterstützung benötigt – auf der strategischen Ebene. Legen Sie den Schwerpunkt der Potenzialausschöpfung deshalb nicht auf das Produkt, sondern stellen Sie die strategischen Überlegungen Ihrer Kunden in den Mittelpunkt. Zeigen Sie, dass Ihr Unternehmen weit über das eigentliche Produkt oder die eigentliche

Dienstleistung hinaus denkt und nicht nur verkaufen will. Präsentieren Sie sich Ihren Kunden als Partner, der echtes Interesse an einer gemeinsamen Perspektive hat und der bereit ist, für diese gemeinsame Perspektive auch sehr viel mehr Anstrengungen zu unternehmen als nur eine Produktpräsentation.

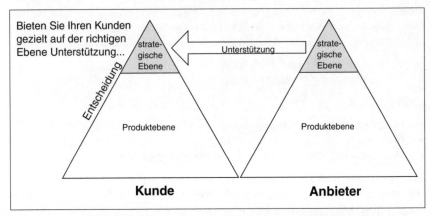

Abbildung 23: Bieten Sie Ihren Kunden gezielt auf der strategischen Ebene Unterstützung.

Das lässt sich aber nicht mit plumpen Nachfragen nach dem Motto „Wo drückt Sie denn der Schuh am meisten?" erreichen. Sie müssen dem Kunden **beweisen**, dass Sie nicht nur allein auf der Produktebene denken, sondern in größeren strategischen Dimensionen. Dazu benötigen Sie ein schrittweises Vorgehen mit maßgeschneiderten Instrumenten: die **Vertriebs-Offensive zur Potenzialausschöpfung**. Sie besteht aus zwei wesentlichen Bereichen:

1. einer gründlichen Vorbereitung, die die Voraussetzungen für die erfolgreiche Potenzialausschöpfung schafft, und

2. der Entwicklung von konkreten Umsetzungsschritten, in denen gemeinsam mit dem Kunden Perspektiven ermittelt und Lösungen aufgezeigt werden.

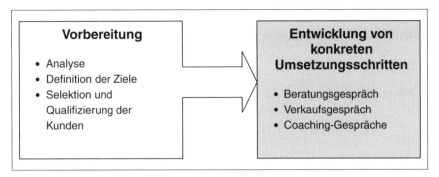

Abbildung 24: Die Bereiche der Vertriebs-Offensive zur Potenzialausschöpfung

1. Kaufentscheidungen hinterfragen: die Vorbereitungsphase

Im ersten Schritt der Vertriebs-Offensive zur Potenzialausschöpfung müssen Sie so viele Informationen wie möglich zu Ihren Kunden beschaffen. Beschränken Sie sich dabei nicht nur auf die Adresse oder die bisherigen Umsätze. Für die Potenzialausschöpfung sind vor allem folgende Fragen wichtig:

► Was sind unsere besonderen Erfolgsfaktoren bei unseren Kunden?
► Wie ist die konkrete Wettbewerbssituation bei unseren Kunden? Welche Wettbewerber sind noch aktiv? In welchen Bereichen?
► Welches Potenzial haben unsere Kunden?

Tipp

Sie müssen die Analyse bei der Potenzialausschöpfung nicht von Grund auf neu aufbauen. Benutzen Sie die Kundenstamm-Analyse aus der Vertriebs-Offensive zur Neukundengewinnung als Basis und erweitern Sie die Auswertung.

Analyse der Erfolgsfaktoren

Analyse der harten Erfolgsfaktoren

Die Analyse der „harten" Erfolgsfaktoren – also der besonders gut laufenden Produkte oder Dienstleistungen – ist vergleichsweise einfach. Sie müssen lediglich aus den Daten der Kundenstamm-Analyse oder aus einer vergleichbaren Auswertung ein entsprechendes **Ranking** erstellen lassen. Hier können Sie dann anhand der Stückzahlen ohne Schwierigkeiten ablesen, welche Produkte oder Dienstleistungen besonderen Anklang bei den Kunden finden.

➤ **Hinweis:** Betrachten Sie diese Daten mit der nötigen Vorsicht. Sie sind ausschließlich vergangenheitsorientiert und berücksichtigen keinerlei Veränderungen. Manche Trends – und damit auch manche Produkte – sind ausgesprochen kurzlebig und verschwinden genauso schnell wie sie gekommen sind. Ein Produkt, das in einem Jahr für hohe Umsätze gesorgt hat, liefert diese Umsätze nicht auch zwangsläufig in den Folgejahren.

Etwas aufwändiger dagegen ist die Analyse der „weichen" Erfolgsfaktoren – also der Faktoren, die neben dem eigentlichen Produkt beziehungsweise der Dienstleistung die Kaufentscheidung beeinflussen. Dazu gehören zum Beispiel:

▶ der Preis,
▶ die Qualität,
▶ Ihre Markenkernfaktoren wie Innovation oder Verlässlichkeit,
▶ das Image Ihres Unternehmens,
▶ besondere Service-Leistungen,
▶ besondere Nutzen des Produkts oder der Dienstleistungen.

Analyse der weichen Erfolgsfaktoren

Im einfachsten Fall sieht eine „Analyse" der „weichen" Erfolgsfaktoren so aus: „Unser Produkt bietet eben die beste Qualität zum besten Preis". Damit gehen Sie aber in vielen Fällen weit an der Realität vorbei. Denn sehr viele Ihrer Wettbewerber werden exakt denselben Anspruch erheben – und das wissen auch Ihre Kunden ganz genau.

Machen Sie sich daher die Mühe und finden Sie die individuellen „weichen" Erfolgsfaktoren für Ihr Unternehmen heraus. Ausgangspunkt sollten dabei aber nicht Ihre eigenen Einschätzungen oder Vorstellungen sein, sondern das, was von Ihren Visionen beim Kunden ankommt. Einen ersten groben Überblick, eine Einschätzung erhalten Sie zum Beispiel, wenn Sie Ihre Vertriebsmitarbeiter nach entsprechenden Rückmeldungen von Kunden fragen.

➤ **Hinweis:** Fragen Sie die Vertriebsmitarbeiter nicht nach ihrer Meinung, sondern gezielt nach konkreten Kundenaussagen. Also nicht: „Warum, glauben Sie, kaufen unsere Kunden unsere Produkte?", sondern „Hat ein Kunde Ihnen schon einmal gesagt, warum er unsere Produkte gekauft hat? Was für Gründe hat er genannt?"

Einfache Möglichkeiten der Marktforschung

Für eine detaillierte Analyse kommen Sie aber nicht darum herum, Ihre Kunden selbst zu fragen. Sie müssen Marktforschung betreiben. Das kann entweder beim nächsten Besuch durch einen Vertriebsmitarbeiter erfolgen, durch die Versendung von entsprechenden Fragebögen oder durch eine Umfrage über ein Call-Center. Achten Sie dabei darauf, dass die Ergebnisse möglichst einfach auszuwerten sind. Fragen Sie also nicht pauschal, warum die Kunden bei Ihnen kaufen, sondern geben Sie verschiedene Faktoren vor und lassen Sie sie durch die Kunden bewerten – zum Beispiel auf einer Skala von 1 – sehr wichtig bis 5 – unwichtig. Zusätzlich sollten Sie noch eine Möglichkeit für freie Antworten vorsehen.

Muster Fragebogen

Wir möchten gerne unsere Produkte und Leistungen für Sie noch weiter verbessern. Dabei können Sie uns helfen. Bitte bewerten Sie die folgenden Punkte jeweils auf der Skala von 1 – sehr wichtig – bis 5 – unwichtig.

Die Antworten werden von uns ausschließlich für interne Zwecke verwendet und nicht an Dritte weitergegeben.

Was ist Ihnen bei unseren Produkten/Dienstleistungen besonders wichtig?

	1	2	3	4	5
Preis	❏	❏	❏	❏	❏
Qualität	❏	❏	❏	❏	❏
Vielfalt des Angebots	❏	❏	❏	❏	❏
Technische Ausstattung	❏	❏	❏	❏	❏
Innovation	❏	❏	❏	❏	❏
Image	❏	❏	❏	❏	❏
Service	❏	❏	❏	❏	❏
Lieferzeiten	❏	❏	❏	❏	❏
Zusammenarbeit	❏	❏	❏	❏	❏
Umweltverträglichkeit	❏	❏	❏	❏	❏
...	❏	❏	❏	❏	❏

Tipp

Umfragen zu den Erfolgsfaktoren können erheblichen Aufwand verur-
sachen. Sie müssen nicht nur die Fragebögen erstellen, sondern auch
die Ergebnisse erfassen und auswerten. In vielen Fällen macht es daher Sinn, externe Spezialisten mit dieser Arbeit zu beauftragen. Solche
Unternehmen verfügen in der Regel auch über Muster-Fragebögen, die
häufig nur noch in Details an Ihre konkreten Anforderungen angepasst
werden müssen.

Für viele Branchen gibt es auch bereits Untersuchungen zu den Er-
folgsfaktoren – zum Beispiel von Marktforschungs-Unternehmen. Diese
Untersuchungen decken zwar nicht Ihre konkreten Kunden ab, können
Ihnen aber trotzdem erste wertvolle Hinweise geben.

Neben der Analyse der Erfolgsfaktoren kann sich auch eine kritische Analyse der „Misserfolge" lohnen. Überprüfen Sie dazu Beschwerden, Rekla-
mationen, Rückläufe. So können Sie herausfinden, ob es konkrete Gründe
gibt, warum Kunden oder Interessenten abspringen, und gezielt für Ab-
hilfe sorgen.

Schwachstellen aufdecken:
Wettbewerbsanalyse

Im nächsten Schritt nehmen Sie dann die Wettbewerbssituation bei Ihren
Kunden unter die Lupe. Anders als bei der Vertriebs-Offensive zur Neukundengewinnung spielt es bei der Vertriebs-Offensive zur Potenzialausschöpfung weniger eine Rolle, welchen Wettbewerbern Sie sich generell
am Markt stellen müssen, sondern welche Wettbewerber bei einem bestimmten Kunden von Ihnen ebenfalls aktiv sind. Im Mittelpunkt stehen
hier folgende Fragen:

▶ Welche Wettbewerber sind überhaupt bei unserem Kunden präsent?
▶ In welchen Bereichen beziehungsweise bei welchen Produkten?

▶ Wie hoch sind die Lieferanteile der Wettbewerber in den einzelnen Bereichen?

▶ Gab es beim Kunden schon einmal Probleme mit den Produkten des Wettbewerbers?

▶ Welche Wettbewerbsprodukte könnten durch unsere eigenen Produkte ersetzt werden?

Diese Informationen müssen Ihnen Ihre Vertriebsmitarbeiter liefern können. Denn sie sollten eigentlich ganz genau aus dem Tagesgeschäft wissen, „gegen wen" sie antreten müssen. Fragen Sie aber auch ruhig Ihre Kunden, ob und – wenn ja – mit welchen Wettwerbern von Ihnen sie zusammenarbeiten. Allerdings werden Sie nicht immer ehrliche Antworten bekommen.

Tipp

Eine zusätzliche Informationsquelle können auch Gebietsbegehungen sein. Sehen Sie sich einfach in den Auslagen und auch in den Geschäften Ihrer Kunden um. Hier werden Sie sofort feststellen, welche Produkte von welchen Wettbewerbern Ihre Kunden noch im Angebot haben.

Beschränken Sie sich bei der Wettbewerbsanalyse nicht auf das Sammeln von Namen und Produkten. Informieren Sie sich – genau wie bei der Vertriebs-Offensive zur Neukundengewinnung – gezielt über Stärken und Schwächen Ihrer Wettbewerber. Denn die Stärken bedeuten für Ihr Unternehmen in jedem Fall ein Risiko: Der Kunde droht unter Umständen abzuwandern. Die Schwächen Ihres Wettbewerbers dagegen bieten Ihrem Unternehmen gute Chancen: Durch gezieltes Ansetzen an den Schwachstellen können Sie den Wettbewerber beim Kunden verdrängen und so das vorhandene Potenzial für sich ausschöpfen.

Zusätzliche Umsätze quantifizieren: Potenzialanalyse

Nach der Analyse des Wettbewerbs erfolgt dann die Potenzialanalyse: „Welche zusätzlichen Umsätze können wir bei einem Kunden erzielen?" Dabei sollten Sie sich aber nicht auf simple Prognosen aus dem Bauch heraus verlassen. Denn bei zu optimistischen Prognosen stecken Sie unter Umständen sehr viel Energie und Aufwand in einen Kunden, bei dem tatsächlich kaum noch Potenzial vorhanden ist. Bei zu pessimistischen Prognosen dagegen verschenken Sie möglicherweise eine gute Gelegenheit, weil Sie sich erst gar nicht weiter um den vermeintlich uninteressanten Kunden kümmern.

Aber auch grobe Schätzungen wie „Bei dem Kunden XY muss doch viel mehr zu holen sein" helfen Ihnen nicht weiter. Sie haben hier keine Möglichkeit, den tatsächlichen Erfolg der Vertriebs-Offensive zur Potenzialausschöpfung zu messen, und damit auch keine Möglichkeit, bei Abweichungen gezielt gegenzusteuern.

1. Öffentliche Informationsquellen

Sie benötigen möglichst konkrete und realistische Daten zum Potenzial. Im einfachsten Fall erhalten Sie diese Informationen aus Veröffentlichungen eines Kunden – zum Beispiel bei Aktiengesellschaften. Dort können Sie in den informatorischen Unterlagen für die Aktionäre gezielt nachlesen, welche Investitionen mit welchem Volumen in einem bestimmten Bereich geplant sind.

Tipp

Falls ein Kunde keine entsprechenden Veröffentlichungen herausgibt, haben Sie keine Scheu nachzufragen. Bitten Sie um Informationen, ob, in welchen Bereichen und in welcher Höhe Investitionen vorgesehen sind. Im „schlimmsten Fall" wird der Kunde diese Bitte ablehnen – mehr kann nicht passieren.

2. Überschlag Einkaufsvolumen

Eine weitere Variante für das Ermitteln des Potenzials ist die Berechnung über das Einkaufsvolumen pro Mitarbeiter. Diese Daten liefern Ihnen in der Regel entsprechende Statistiken.

Ein **Beispiel:** Ein Unternehmen beschäftigt 97 Mitarbeiter. Laut Statistik liegt das Einkaufsvolumen pro Mitarbeiter bei 5 200 Euro. Damit ergibt sich für diesen Kunden ein Gesamtpotenzial von 504 400 Euro.

Tipp

Es gibt mittlerweile für nahezu jede Branche entsprechende Erhebungen – zum Teil sogar sehr detailliert für unterschiedliche Produktbereiche. Fragen Sie gegebenenfalls bei Ihrer Industrie- und Handelkammer oder anderen Organisationen und Verbänden nach. Oft finden Sie die gewünschten Informationen auch im Internet bei Marktforschungs-Unternehmen.

3. Gezielte Äußerungen des Kunden

Eine dritte Möglichkeit für die Ermittlung des Potenzials sind Äußerungen, die ein Kunde selbst macht – zum Beispiel die Ankündigung weiterer Aufträge bei Ihnen, bei Wettbewerbern oder auch durch Ausschreibungen.

➢ **Hinweis:** Sensibilisieren Sie Ihre Vertriebsmitarbeiter, gezielt auf solche Äußerungen zu achten. Jeder Kunden-Kontakt kann wertvolle Informationen für die Potenzialausschöpfung liefern. Häufig äußern Kunden zum Beispiel „nebenbei" in Gesprächen, dass demnächst neue Projekte oder Veränderungen anstehen. Teilweise lassen sich Potenziale aber auch durch reines Beobachten feststellen – zum Beispiel bei besonderen Aktivitäten in einem Bereich.

Sorgen Sie dafür, dass die Vertriebsmitarbeiter ihre Beobachtungen dokumentieren – am besten direkt im IT-System. Dabei spielt es keine Rolle, ob die Daten im Moment wirklich wichtig sind oder nicht. Auch vermeintliche Kleinigkeiten können irgendwann einmal zu wertvollen Hinweisen werden.

Tipp

Suchen Sie bei der Potenzialanalyse gezielt nach Möglichkeiten für Cross-Sellings. Hier liegt oft erstaunliches Potenzial brach, weil sich schlicht und einfach niemand darum kümmert.

Konzentrieren Sie sich bei der Potenzialanalyse aber nicht nur auf reine Zahlen. Berücksichtigen Sie auch zukünftige Entwicklungen bei Ihren Kunden und in Ihrem Markt. Andernfalls drohen unter Umständen böse Überraschungen. So nützt Ihnen eine Potenzialanalyse herzlich wenig, wenn ein Produkt in absehbarer Zeit veraltet ist oder nicht mehr im Trend liegt. Auch Potenzialanalysen über das Einkaufsvolumen pro Mitarbeiter bleiben Selbstzweck, wenn Ihr Kunde in diesem Geschäftsbereich gar nicht wachsen will oder sich sogar komplett aus dem Bereich zurückzieht. Die Ergebnisse der Potenzialanalyse sind in solchen Fällen höchstens „Wunschdenken", aber keine brauchbare Basis für die Vertriebs-Offensive zur Potenzialausschöpfung.

➢ **Hinweis:** Der Blick in die Zukunft muss regelmäßig erfolgen. Die Potenzialanalyse darf nicht statisch auf mehrere Jahre angelegt sein. Sie muss dynamisch Veränderungen am Markt und auch bei den Kunden abbilden. Und das bedeutet: Sie müssen sich regelmäßig aktuelle Daten zu künftigen Entwicklungen beschaffen und Ihre Potenzialanalyse fortlaufend aktualisieren.

Ranking nach Potenzialen

Nachdem Sie das Gesamtpotenzial für einen Kunden ermittelt haben, können Sie das noch freie Potenzial berechnen. Dazu ziehen Sie vom ermittel-
ten Gesamtpotenzial das Volumen Ihrer bisherigen Aufträge ab.

Eine **Beispielrechnung:**

		EUR	Prozent
Ermitteltes Gesamtpotenzial		487 000	100
bisherige Aufträge	–	96 500	19,81
freies Potenzial	=	390 500	80,19

Ein Ranking der freien Potenziale gibt Ihnen dann erste Hinweise, bei welchen Kunden die Vertriebs-Offensive zur Potenzialausschöpfung besonders lohnend sein könnte. Besonders interessant wird dieses Ranking,
wenn Sie es mit den bisher erzielten Umsätzen bei einem Kunden ver-
knüpfen – zum Beispiel in einer Matrix (siehe Abbildung 25).

In der Matrix können Sie dann auf einen Blick ablesen, welche Kunden sowohl einen hohen Umsatz liefern als auch viel freies Potenzial bieten. Ihre
absoluten Top-Kunden finden Sie hier oben links wieder.

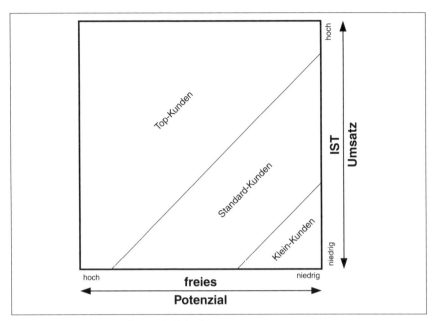

Abbildung 25: Umsatz-Potenzial-Matrix

Folgekontakte: Analyse der bisher durchgeführten Aktivitäten

Nach der Potenzialanalyse nehmen Sie – genau wie bei der Vertriebs-Offensive zur Neukundengewinnung – Ihre bisher durchgeführten Aktivitäten zur Potenzialausschöpfung genauer unter die Lupe. Ausgangspunkt der Analyse bilden dabei aber nicht mehr die Erstkontakte, sondern die Folgekontakte.

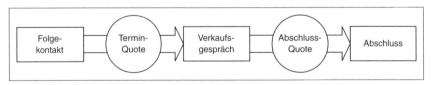

Abbildung 26: Termin- und Abschlussquote pro Folgekontakt

Im Mittelpunkt stehen also die Fragen:

▶ „Welche Aktivitäten zur Potenzialausschöpfung wurden bisher überhaupt durchgeführt?" und

▶ „Wie viel von dem freien Potenzial eines Kunden wurde dabei tatsächlich ausgeschöpft?"

Wie bei der Vertriebs-Offensive zur Neukundengewinnung sollten Sie auch bei der Vertriebs-Offensive zur Potenzialausschöpfung nicht nur reine Termin- und Abschlussquoten ermitteln, sondern nach Möglichkeit auch die erforderlichen Zeiten und den Aufwand. Die entsprechenden Daten erhalten Sie aus der Kundenstamm-Analyse beziehungsweise direkt von Ihren Mitarbeitern.

Fachliche Qualifikation ermitteln: Mitarbeiteranalyse

Im nächsten Schritt erfolgt die Mitarbeiteranalyse. Sie besteht analog zur Vertriebs-Offensive zur Neukundengewinnung (siehe S. 45 f.) aus zwei Teilen:

▶ der Ermittlung der Anzahl und
▶ der Ermittlung der fachlichen Qualifikation.

Denken Sie bei der Ermittlung der fachlichen Qualifikation daran, dass ein einfacher Vergleich von Erfolgszahlen wie Umsatz, Termin- oder Abschlussquote keine verlässlichen Aussagen ermöglicht. Setzen Sie nach Möglichkeit auch bei der Vertriebs-Offensive zur Potenzialausschöpfung spezielle maßgeschneiderte Potenzialanalyseverfahren ein – sowohl für die Vertriebsmitarbeiter als auch für die Führungskräfte.

Technische Tools: Analyse der Instrumente

Abschließend führen Sie noch eine Analyse der Instrumente durch. Überprüfen Sie dabei folgende Punkte:

▶ Liefert Ihr IT-System die erforderlichen Berichte und Auswertungen?
▶ Müssen gegebenenfalls neue Berichte oder Auswertungen erstellt werden?
▶ Welche Coaching- und Controlling-Instrumente wurden bisher eingesetzt? In welcher Form?
▶ Wie war die Akzeptanz dieser Instrumente bei den Mitarbeitern?
▶ Haben die Instrumente brauchbare Ergebnisse und messbare Erfolge geliefert?

✓ **Checkliste Analyse**

Analyse der Erfolgsfaktoren	
Haben Sie Rankings erstellt, welche Produkte beziehungsweise Dienstleistungen besonderen Anklang bei Ihren Kunden finden?	❏
Haben Sie neben diesen „harten" Erfolgsfaktoren auch Ihre individuellen „weichen" Erfolgsfaktoren wie Image der Marke oder besondere Service-Leistungen analysiert?	❏
Haben Sie Ihre Vertriebsmitarbeiter nach konkreten Kundenaussagen zu den „weichen" Erfolgsfaktoren gefragt?	❏
Haben Sie gezielte Umfragen unter Ihren Kunden zu den „weichen" Erfolgsfaktoren durchgeführt?	❏
Haben Sie auch Ihre „Misserfolge" kritisch unter die Lupe genommen?	❏
Wettbewerbsanalyse	
Wissen Sie, welche Wettbewerber bei jedem einzelnen Kunden aktiv sind?	❏
Kennen Sie die Produkte, die jeder einzelne Kunde beim Wettbewerb bezieht?	❏
Wissen Sie, wie hoch der Lieferanteil Ihrer Wettbewerber bei den einzelnen Produkten ist?	❏
Können Sie die Angebote der Wettbewerber durch eigene Produkte oder Dienstleistungen ersetzen? Wenn ja, wo genau?	❏
Haben Sie Ihre Kunden gezielt nach Wettbewerbern gefragt?	❏
Haben Sie Gebietsbegehungen durchgeführt, um sich weitere Informationen zu den Wettbewerbern zu verschaffen?	❏
Kennen Sie die Stärken und Schwächen jedes einzelnen Wettbewerbers?	❏
Potenzialanalyse	
Haben Sie für jeden Kunden das noch freie Potenzial ermittelt?	❏
Beruhen diese Daten auf einer realistischen Basis – zum Beispiel Veröffentlichungen eines Kunden, Berechnungen über die Anzahl der Mitarbeiter beim Kunden oder Informationen von den Vertriebsmitarbeitern?	❏
Haben Sie bei der Potenzialanalyse zukünftige Entwicklungen in Ihrem Markt und bei Ihren Kunden berücksichtigt?	❏
Haben Sie gezielt nach Möglichkeiten für Cross-Sellings gesucht?	❏

Haben Sie eine Matrix erstellt, die das freie Potenzial bei einem Kunden mit den bisherigen Umsätzen kombiniert?	❏

Analyse der bisher durchgeführten Aktivitäten

Haben Sie die bisher durchgeführten Aktivitäten zur Potenzialausschöpfung unter die Lupe genommen?	❏
Haben Sie neben reinen Quoten auch die erforderlichen Zeiten und den Aufwand ermittelt?	❏

Mitarbeiteranalyse

Haben Sie alle Mitarbeiter in vertriebsrelevanten Bereichen zahlenmäßig erfasst?	❏
Haben Sie die Qualifikation der Mitarbeiter ermittelt – zum Beispiel über spezielle Potenzialanalyseverfahren?	❏

Analyse der Instrumente

Liefert das vorhandene IT-System die nötigen Berichte und Auswertungen?	❏
Falls nicht: Haben Sie die erforderlichen Anpassungen und Erweiterungen eindeutig definiert?	❏
Haben Sie die bisher eingesetzten Controlling- und Coaching-Instrumente erfasst?	❏
Sind die Ergebnisse beziehungsweise Auswirkungen dieser Instrumente bekannt?	❏
Werden diese Instrumente von den Mitarbeitern akzeptiert?	❏

2. Ziele: individuell auf den Mitarbeiter herunterbrechen

Nach der Analyse müssen Sie die Ziele Ihrer Vertriebs-Offensive zur Potenzialausschöpfung definieren. Ausgangspunkt sind dabei – wie bei der Vertriebs-Offensive zur Neukundengewinnung auch – die qualitativen strategischen Unternehmensziele.

Aus den qualitativen Zielen leiten Sie dann quantitative Ziele ab. Auch bei der Vertriebs-Offensive zur Potenzialausschöpfung dürfen Sie sich dabei aber nicht nur auf pauschale Vorgaben wie „Das vorhandene Potenzial in der Produktgruppe A soll mindestens zu zehn Prozent ausgeschöpft werden" beschränken. Sie benötigen individuelle Ergebnis- und Aktivitätsziele für jeden einzelnen Vertriebsmitarbeiter.

➢ **Denken Sie daran:** Ohne detaillierte Ergebnis- und Aktivitätsziele für jeden einzelnen Vertriebsmitarbeiter können Sie den Erfolg der Vertriebs-Offensive zur Potenzialausschöpfung nicht gezielt steuern. Pauschale Vorgaben ermöglichen Ihnen lediglich sehr allgemeine Aussagen, ob ein Ziel erreicht wurde oder nicht.

Die **Ergebnisziele** können Sie zum Beispiel aus dem Umsatz des Vorjahres und der geplanten Ausschöpfung des noch freien Potenzials ermitteln. Ein **Rechenbeispiel:**

Ermitteltes freies Potenzial		513 000 EUR
geplante Ausschöpfung		10%
Umsatz Vorjahr		254 000 EUR
Ziel Potenzialausschöpfung	+	51 300 EUR
Ziel gesamt	=	305 300 EUR

Das Ziel der Potenzialausschöpfung können Sie dann wieder auf einzelne Kunden herunterbrechen und so anschließend durch eine Rückwärtsrechnung über die Abschluss- und Terminquoten konkrete Aktivitätsziele ableiten.

Auch hierzu ein **Rechenbeispiel:** Ein Vertriebsmitarbeiter hat in der Vergangenheit bei jedem Stammkunden durchschnittlich 5 700 Euro freies Potenzial ausgeschöpft. Um das Ziel der Potenzialausschöpfung aus dem weiter oben gewählten Beispiel zu erreichen, müsste er also bei neun Kunden zu Abschlüssen kommen. Die durchschnittliche Terminquote des Mitarbeiters bei Stammkunden liegt bei 69 Prozent und die durchschnittliche Abschlussquote bei 26 Prozent. Er müsste damit also mindestens 51

Folgekontakte bei unterschiedlichen Kunden aufnehmen und 35 Verkaufsgespräche führen.

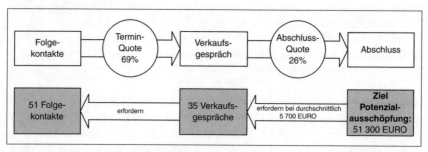

*Abbildung 27: Aus der durchschnittlichen Abschluss- und Terminquote auf die
benötigten Folgekontakte zurückrechnen*

Über diese Rückwärtsrechnung können Sie auch sehr einfach überprüfen,
wie realistisch Ihre Ziele für die Vertriebs-Offensive zur Potenzialausschöpfung sind. Nehmen wir einmal an, die Ausschöpfung wird mit 30
Prozent geplant. Das **Rechenbeispiel** von oben sieht dann so aus:

Ermitteltes freies Potenzial	513 000 EUR
geplante Ausschöpfung	30%
Ziel Potenzialausschöpfung:	153 900 EUR
erforderliche Anzahl Verkaufsgespräche bei durchschnittliche 5 700 EUR pro Abschluss und einer Abschlussquote von 26 Prozent	104
erforderliche Anzahl Kontakte bei unterschiedlichen Kunden bei einer Terminquote von 69 Prozent	151

Um das Ziel erreichen zu können, müsste der Vertriebsmitarbeiter also
bereits 151 Stammkunden haben, die er bearbeitet.

Da auch bei der Vertriebs-Offensive zur Potenzialausschöpfung die Kennzahlen zu den Ergebnis- und Aktivitätszielen sehr stark von der Branche
und dem einzelnen Unternehmen abhängen, sollten Sie hier ebenfalls mit
dem folgenden Formblatt eine individuelle Zielplanung durchführen.

Ergebnisziele

Ermitteltes freies Potenzial (FP)		
geplante Ausschöpfung (A)		
Ziel Potenzialausschöpfung (ZP = FP/100×A)	=	
Umsatz Vorjahr	+	
Ziel gesamt	=	
Ziel Potenzialausschöpfung (ZP)		
durchschnittliche Potenzialausschöpfung pro Abschluss	/	
Erforderliche Abschlüsse (AP)	=	

Aktivitätsziele

durchschnittliche Abschlussquote aus der Analyse (AQ)	
Anzahl der erforderlichen Verkaufsgespräche (VG = AP/AQ×100)	
pro Monat	
durchschnittliche Terminquote aus der Analyse (TQ)	
Anzahl der erforderlichen Kontakte bei unterschiedlichen Kunden (VG/TQ×100)	
pro Monat	

✓ Checkliste Ziele

Ist die Vertriebs-Offensive zur Potenzialausschöpfung als strategisches Ziel verankert?	❏
Haben Sie für jeden einzelnen Vertriebsmitarbeiter konkrete Ergebnisziele zur Potenzialausschöpfung definiert?	❏
Haben Sie aus den Ergebniszielen konkrete Aktivitätsziele für jeden einzelnen Vertriebsmitarbeiter abgeleitet?	❏
Haben Sie noch einmal überprüft, ob die Ziele Ihrer Vertriebs-Offensive zur Potenzialausschöpfung realistisch sind?	❏

3. Die Selektion und Qualifizierung der Kunden

Im letzten Schritt der Vorbereitung selektieren und qualifizieren Sie die Kunden, auf die Sie sich mit der Vertriebs-Offensive zur Potenzialausschöpfung konzentrieren wollen. Viele Unternehmen machen sich diesen Schritt bei bereits bestehenden Kunden allzu einfach: Alle Bemühungen konzentrieren sich auf die Kunden, die den meisten Umsatz bringen. Das mag zwar unter „Hege"-Aspekten durchaus Sinn machen, bringt Sie aber bei der Vertriebs-Offensive zur Potenzialausschöpfung keinen Schritt weiter. Denn hier suchen Sie ja nach Kunden, die noch möglichst viel freies Potenzial bieten. Und das sind nicht automatisch immer auch die Kunden, mit denen Sie die höchsten Umsätze erzielen. Häufig ist sogar eher das Gegenteil der Fall: Bei Kunden mit hohen Umsätzen ist das freie Potenzial in vielen Fällen schon stark ausgeschöpft und zusätzlicher Umsatz nur mit sehr viel Aufwand zu erzielen.

Kombination: freies Potenzial – Ausschöpfungsgrad

Aber auch ein simples Ranking mit den Potenzialen liefert Ihnen nicht in jedem Fall die Kunden, die für die Vertriebs-Offensive zur Potenzialaus-

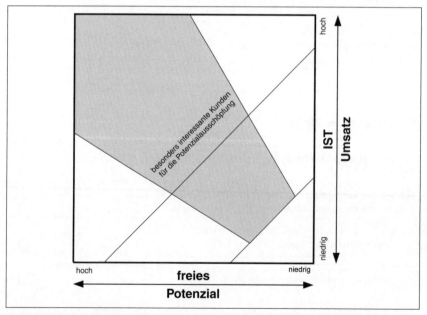

Abbildung 28: Je weiter oben links ein Kunde in der Matrix angeordnet ist, desto höher ist das freie Potenzial und desto geringer ist der Ausschöpfungsgrad.

schöpfung besonders interessant sind. Sie können hier zwar sehr einfach das noch freie Potenzial ablesen, haben aber keinerlei Informationen, inwieweit dieses Potenzial möglicherweise schon ausgeschöpft wird. Sie stehen dann eventuell wieder schnell vor dem Problem, dass Sie mit sehr hohem Aufwand nur vergleichsweise geringe zusätzliche Umsätze erzielen können.

Ausgangspunkt für die Selektion der Zielkunden bei der Vertriebs-Offensive zur Potenzialausschöpfung muss daher eine Kombination des freien Potenzials mit dem Ausschöpfungsgrad sein. Diese Werte können Sie ohne weiteres in der Umsatz-Potenzial-Matrix ablesen, die Sie bei der Potenzialanalyse erstellt haben.

Grundsätzlich gilt dabei: Je weiter oben links ein Kunde in der Matrix angeordnet ist, desto höher ist das freie Potenzial und desto geringer ist der Ausschöpfungsgrad. Solche Kunden sind damit ein lohnendes Ziel für die Vertriebs-Offensive zur Potenzialausschöpfung. Oder andersherum ausgedrückt: Je weiter unten rechts ein Kunde in der Matrix angeordnet ist, desto uninteressanter ist er.

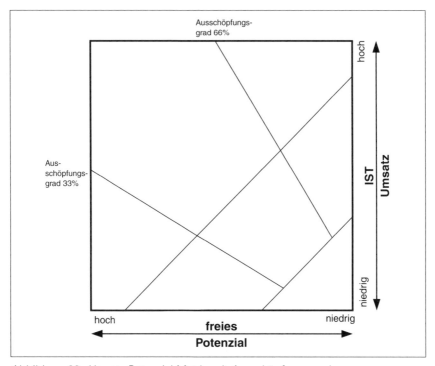

Abbildung 29: Umsatz-Potenzial-Matrix mit Ausschöpfungsgraden

Noch einfacher wird die Zuordnung, wenn Sie auch unterschiedliche Ausschöpfungsgrade direkt in der Matrix abbilden – zum Beispiel 33 Prozent und 66 Prozent. Die Matrix sieht dann aus wie in Abbildung 29 (Seite 177) dargestellt.

Über die verschiedenen Segmente der Matrix können Sie dann nicht nur besonders interessante Kunden für die Potenzialausschöpfung ablesen, sondern auch Kunden, bei denen Sie andere Strategien entwickeln müssen – zum Beispiel, indem Sie verhindern, dass sie zum Wettbewerb anwandern.

Einige **Beispiele** (vgl. Abbildung 30):

▶ Der Kunde A hat ein sehr hohes freies Potenzial bei bisher mittlerem IST-Umsatz. Damit ist der Ausschöpfungsgrad vergleichsweise niedrig und der Kunde für die Vertriebs-Offensive zur Potenzialausschöpfung hochinteressant.

▶ Der Kunde B dagegen hat ein niedriges freies Potenzial, dafür aber einen hohen IST-Umsatz – also einen recht hohen Ausschöpfungsgrad. Für die Vertriebs-Offensive zur Potenzialausschöpfung ist er damit weniger interessant. Es muss aber in jedem Fall dafür gesorgt werden,

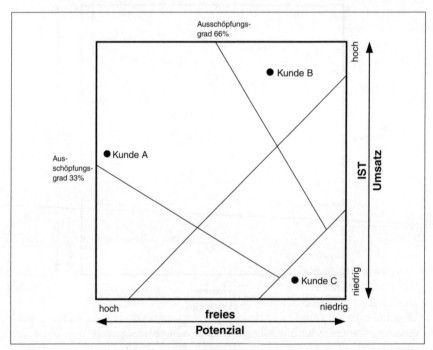

Abbildung 30: Beispiele für Kunden-Positionierung in der Umsatz-Potenzial-Matrix

dass der Kunde nicht zum Wettbewerb abwandert. Hier wäre die Strategie also „Bestandssicherung".

▶ Der Kunde C schließlich hat nur wenig freies Potenzial und auch nur einen sehr geringen IST-Umsatz. Er ist damit weder für die Vertriebs-Offensive zur Potenzialausschöpfung sonderlich interessant, noch muss er um jeden Preis als Kunde erhalten bleiben. Eine mögliche Strategie wäre hier das Optimieren der Kundenbetreuung – zum Beispiel durch eine standardisierte Betreuung über ein Call-Center.

Aus der Matrix können Sie aber nicht nur für jeden einzelnen Kunden die nötige Strategie ablesen. Über die verschiedenen Segmente lassen sich auch sehr einfach unterschiedliche Kundenkategorien mit dazugehörigen Normstrategien ableiten (vgl. Abbildung 31).

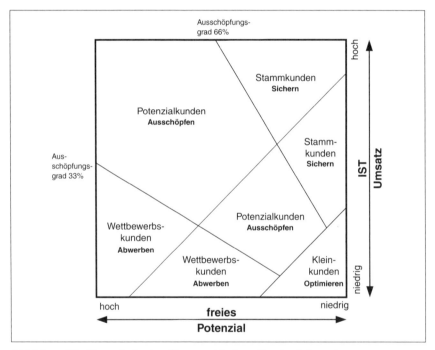

Abbildung 31: Normstrategien für verschiedene Kundenkategorien

➢ **Hinweis:** Neben der Selektion der Kunden kann auch bei der Vertriebs-Offensive zur Potenzialausschöpfung eine Selektion der Produkte beziehungsweise Dienstleistungen und der Regionen sinnvoll sein. Hierbei gibt es keine Besonderheiten im Vergleich zur Vertriebs-Offensive zur Neukundengewinnung, daher können Sie dies auf Seite 58 nachlesen.

Nach der Selektion erfolgt dann eine detaillierte Qualifizierung der Kunden. Die dazu erforderlichen Daten liefern Ihnen die Kundenstamm-Analyse, die Wettbewerbsanalyse und die Potenzialanalyse.

> **Hinweis:** Genau wie bei der Neukundengewinnung hat die Qualifizierung auch bei der Potenzialausschöpfung entscheidende Bedeutung für den Erfolg der Vertriebs-Offensive. Je genauer Sie Ihre Kunden kennen, desto konkreter können Sie von Anfang an ihre individuellen Bedürfnisse berücksichtigen.

Beschränken Sie die Qualifizierung daher nicht nur auf ein paar Eckdaten, sondern sammeln Sie so viele Informationen wie eben möglich. Nutzen Sie dabei auch die folgende Checkliste, um die Daten auf Vollständigkeit zu prüfen.

✓ Checkliste Daten zur Kundenqualifizierung

Kennen Sie die Entscheider beim Kunden?	❑
Kennen Sie die wichtigsten Ansprechpartner beim Kunden?	❑
Wissen Sie, mit welchen Kunden Ihr Kunde zusammenarbeitet und wie die Struktur dieser Kunden aussieht?	❑
Wissen Sie, wer die Wettbewerber Ihres Kunden sind?	❑
Kennen Sie den Markt, in dem sich Ihr Kunde bewegt?	❑
Hat der Kunde besondere Qualitätsanforderungen? Wenn ja, welche genau?	❑
Können Sie abschätzen, wie stark die Bindungen zwischen dem Kunden und Ihren Wettbewerbern sind?	❑
Kennen Sie die Preise und Konditionen, die Ihre Wettbewerber dem Kunden bieten?	❑
Können Sie abschätzen, wie stark die Bindung des Kunden zu Ihrem eigenen Unternehmen ist? Wie hoch ist die Wahrscheinlichkeit, dass der Kunde abwandert?	❑
Handelt es sich bei dem Kunden um einen Marktführer oder Meinungsmacher?	❑

Aus den Daten der Qualifizierung können Sie dann wie bei der Vertriebs-Offensive zur Neukundengewinnung Kunden- und Aufwandsprofile erstellen. Die Kundenprofile bewerten dabei verschiedene Faktoren wie das freie Potenzial, den Ausschöpfungsgrad, das Wachstumspotenzial, aber auch die Bindung zum Wettbewerb oder die Abwanderungswahrscheinlichkeit.

Kundenprofil für die Potenzialausschöpfung

(zum Download unter www.vertriebs-offensive.com)

Faktor	Bewertung			Punkte
	1 Punkt	2 Punkte	3 Punkte	
freies Potenzial	< 10 000	10 000 – 20 000	**> 20 000**	3
Ausschöpfungsgrad	hoch	mittel	**niedrig**	3
Wachstumspotenzial	niedrig	durch-schnittlich	**hoch**	3
Wettbewerber	sehr stark	**durch-schnittlich**	keine oder sehr schwach	2
Bindung zum Wettbewerb	stark	**durch-schnittlich**	schwach	2
Abwanderungs-wahrscheinlichkeit	hoch	**durch-schnittlich**	niedrig	2
Betreuungsaufwand	hoch	durch-schnittlich	**niedrig**	3
Summe:				18

Die Aufwandsprofile dagegen bewerten den Aufwand, den ein Vertriebsmitarbeiter für die Potenzialausschöpfung bei einem Kunden betreiben muss. Sie ermöglichen eine noch detailliertere Steuerung der Vertriebs-Aktivitäten, da sich der Aufwand zunächst nicht bei den Aktivitäts- und Ergebniszielen eines Mitarbeiters wiederfindet.

➢ **Hinweis:** Details zum Einsatz der Kunden- und Aufwandsprofile finden Sie bei der Vertriebs-Offensive zur Neukundengewinnung auf der Seite 59 ff.

4. Die Entwicklung der Umsetzungsschritte

Nach den Vorbereitungen für die erfolgreiche Umsetzung der Vertriebs-Offensive zur Potenzialausschöpfung stellen sich jetzt die Fragen:

► „Wie lassen sich die freien Potenziale der Kunden gezielt ausschöpfen?" und
► „In welchen Schritten kommen wir konkret zum Erfolg?"

Grundsätzlich gibt es zwei Möglichkeiten:

1. Sie versuchen, den Wettbewerb zu verdrängen und Ihre eigenen Produkte beziehungsweise Dienstleistungen beim Kunden zu platzieren.

2. Sie verhelfen Ihrem Kunden zu mehr Umsatz und steigern damit – im Idealfall – auch automatisch Ihren Absatz.

In beiden Fällen gilt: Um zum Erfolg zu kommen, dürfen Sie nicht das Produkt beziehungsweise die Dienstleistung in den Mittelpunkt stellen. Finden Sie heraus, welche strategischen Fragen für Ihren Kunden wirklich wichtig sind, und zeigen Sie ihm gemeinsame Lösungen für seine konkreten Herausforderungen in der Zukunft auf. Über diesen individuellen Mehrwert können Sie Ihrem Kunden beweisen, warum sich eine Entscheidung für Ihr Unternehmen und gegen den Wettbewerb lohnt. Das gelingt am besten, wenn Sie in mehreren aufeinander folgenden Schritten vorgehen und gezielt verschiedene Instrumente einsetzen.

Im Folgenden schauen wir uns zur Verdeutlichung zu einzelnen Schritten jeweils ein konkretes **Praxisbeispiel** an. Damit werden ausschnittsweise auch Instrumentarien und Arbeitsbögen aus einer Vertriebs-Offensive vorgestellt sowie Ergebnisse zusammengefasst. Das Praxisbeispiel entstammt der konkreten Zusammenarbeit mit einem internationalen vertriebsorientierten Unternehmen aus der Beauty-Branche, in den Beispielen „Beauty-Konzern" oder einfach „Unternehmen" genannt. Entsprechend steht „Unternehmen" in den abgebildeten Unterlagen auch für Ihr Unternehmen, dessen Namen Sie dort eintragen können.

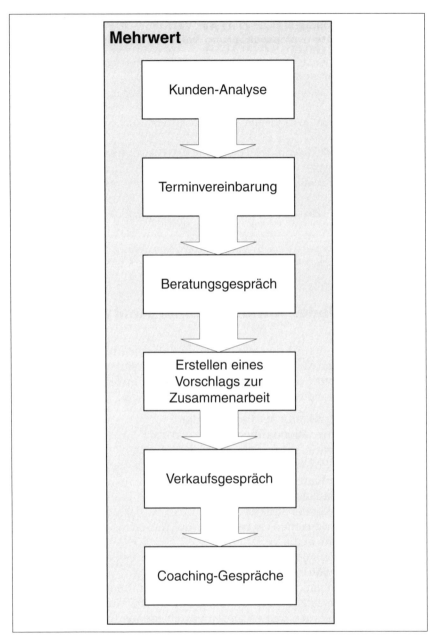

Abbildung 32: Instrumente und Schritte der Potenzialausschöpfung

```
┌─────────────────────────────────────────────────────────────────┐
│          PRAXISBEISPIEL: Ziele der Vertriebs-Offensive           │
│      zur Potenzialausschöpfung bei <Beauty-Konzern>              │
├─────────────────────────────────────────────────────────────────┤
```

► Weiterqualifizierung der Vertriebsberater in der Potenzialausschöpfung bei Beauty-Salons zur Erreichung der Ziele für 2005/2006.

► Erhöhung <Beauty-Konzern>-Anteil und Umsatz bei ausgewählten Kunden durch konsequente Umsetzung der Potenzialausschöpfung.

► Umsetzung von <Startdatum> bis <Zieldatum> mit 5 Kunden pro Vertriebsberater.

► Ziel: + 1 Marke (aus den 8 Power Brands), Fokus: 4 Beauty-Produktmarken, Umsatzsteigerung 300 EUR pro Marke.

► Ab Januar <Stichtag> eigenständige Umsetzung mit restlichen Potenzialkunden.

► Ziel bis 30.5. <Zieldatum>: 10 Prozent vom Potenzial der bearbeiteten Potenzialkunden.

Abbildung 33: Ziele der Vertriebs-Offensive zur Potenzialausschöpfung bei <Beauty-Konzern> (Praxisbeispiel)

Schritt 1: Jeder Kunde ist einer Analyse wert

Im ersten Schritt erstellt der zuständige Vertriebsmitarbeiter eine Analyse für jeden einzelnen Kunden. Dabei werden die vorhandenen Daten zusammengefasst, geprüft und gegebenenfalls ergänzt. Im Ergebnis stellt die Kundenanalyse mindestens die folgenden Punkte dar:

► Die Anzahl der Mitarbeiter beim Kunden.
► Den Umsatz mit eigenen Produkten im Vorjahr.
► Den Umsatz mit eigenen Produkten im laufenden Jahr.
► Das gesamte Potenzial des Kunden.
► Den Ausschöpfungsgrad.
► Die aktuelle Situation des Kunden:
  – Wie ist die Kundenstruktur?
  – In welchen Bereichen ist er tätig?
  – Wie sieht das aktuelle Sortiment aus?
  – Welche Leistungen bietet der Kunde an? Gibt es Besonderheiten bei den Leistungen?
► Die aktuelle Situation Ihres Unternehmens beim Kunden:
  – Welchen Umsatz erzielen Sie aktuell in welchen Bereichen?
  – Welche Potenziale gibt es in den verschiedenen Bereichen?

- Wer sind die Ansprechpartner beim Kunden?
- Wie ist die Beziehung zu diesen Ansprechpartnern?

▶ Die Chancen Ihres Unternehmens beim Kunden:
- Welche Produkte können Sie dem Kunden anbieten?
- Welche zusätzlichen Leistungen könnten für den Kunden in Frage kommen?

▶ Mögliche Gefahren für Ihr Unternehmen, aber auch für den Kunden:
- Wie sehen die Aktivitäten Ihrer Wettbewerber bei dem Kunden aus?
- Welche Aktivitäten unternehmen die Wettbewerber des Kunden?
- Welche Gefahren drohen durch Veränderungen des Markts?

▶ Die Zielsetzung der Vertriebs-Offensive zur Potenzialausschöpfung beim Kunden:
- Welches quantitative Ziel setzen Sie sich für den Kunden?
- Wo wollen Sie das Sortiment des Kunden optimieren?
- Wie wollen Sie die Kundenbindung verbessern?
- Welche zusätzlichen Serviceleistungen (Marketing, Schulung und so weiter) wollen Sie dem Kunden anbieten?
- Was könnten Sie sonst noch tun?

Stellen Sie den Vertriebsmitarbeitern vorgefertigte Analysebögen zur Verfügung – entweder als Formular, das direkt am Computer bearbeitet wer-

Abbildung 34: Auszug Kundenanalysebogen zur Potenzialausschöpfung (Praxisbeispiel)

den kann, oder als ausgedruckten Bogen. So können Sie sicher sein, dass bei der Analyse wirklich alle wesentlichen Daten erfasst werden.

Tipp

Überprüfen Sie auch, ob Sie über entsprechende Schnittstellen bereits vorhandene Daten automatisch aus Ihrem IT-System in das Formular übernehmen können. Damit ersparen Sie dem Vertriebsmitarbeiter zum einen unnötige Arbeit, da er nur noch die fehlenden Informationen selbst ergänzen muss. Zum anderen schließen Sie aber auch Fehler beim manuellen Übertragen der vorhandenen Daten aus.

➢ **Hinweis:** Überspringen Sie die Analyse auf keinen Fall – auch dann nicht, wenn Sie glauben, dass bereits alle erforderlichen Daten vorhanden sind. Sie müssen das weitere Vorgehen individuell auf jedem Kunden abstimmen. Und das heißt: Sie brauchen so viele Informationen zur Situation des Kunden wie eben möglich. Überraschen Sie Ihren Kunden: Zeigen Sie ihm, dass Sie sich tatsächlich ganz konkret mit seiner Situation und seinen Perspektiven beschäftigt haben – und eben nicht bloß Annahmen treffen oder mit pauschalen Unterstellungen arbeiten.

Kunde	Kunden-Nr	Anzahl Mitarbeiter	Umsatz im VJ	Umsatz im LJ	Gesamtpotenzial

(1) Aktuelle Situation des Kunden
> Kundenstruktur
> Lage
> Salonkonzept
> Aktuelles Sortiment (Firma & Wettbewerb)

(2) Unsere aktuelle Position beim Kunden
> aktueller Umsatz mit Firmen-Produkten in T€

	Power Brand	Umsatz LJ	Potenzial
Hello Hair			
Kolerid			
Color-Tan			
Lifetextur			
Performer			
Innowaver			
Magmared			
Blond d´Or			

Unsere Ansprechpartner und unsere Beziehung zu ihnen

(3) Chancen mit dem Kunden
> Marken
> Dienstleistungen (FS, Marketing, MSF)
> Einrichtung (Hairlonda)

(4) Gefahren für uns und den Kunden
> Wettbewerber von <Firma> beim Kunden
> Wettbewerber des Kunden
> Veränderungen des Kundenverhaltens im lokalen Markt

(5) Zielsetzung für das Kundengespräch   **Termin:**   **Teilnehmer:**
> Sortimentsoptimierung
> Kundenbindung
> Dienstleistungen
> Sonstiges

Diesen Bogen füllt jeder Vertriebsberater vor dem Besuch beim Kunden aus.

Abbildung 35: Übersichtsbogen der Kundenanalyse zur Potenzialausschöpfung (Praxisbeispiel)

Schritt 2: Die Terminvereinbarung für das Beratungsgespräch

Im zweiten Schritt vereinbart der Vertriebsmitarbeiter einen Termin für ein erstes Gespräch: das Beratungsgespräch. Dieses Beratungsgespräch muss sich deutlich von „normalen" Routine-Kontakten abgrenzen. Daher sollte der Vertriebsmitarbeiter direkt bei der Terminvereinbarung darauf hinweisen, dass er gemeinsam mit dem Kunden nach Entwicklungsmöglichkeiten suchen möchte, und den Kunden auch bitten, sich zirka eine Stunde Zeit für das Gespräch zu nehmen.

Tipp

Nutzen Sie schon die Terminvereinbarung, um dem Kunden zu signalisieren, dass etwas Ungewöhnliches geschehen wird. Machen Sie den Kunden neugierig – zum Beispiel so: „Guten Tag, Herr/Frau ... . Ich möchte heute gerne einen Termin für ein persönliches Gespräch mit Ihnen vereinbaren. Dabei geht es mir aber nicht um einen Routinebesuch. Ich möchte einmal gemeinsam mit Ihnen über den Tellerrand sehen: Wie sich Ihr Markt entwickelt, wo Sie in Zukunft mit Ihrem Unternehmen hin wollen und wie wir unsere Zusammenarbeit noch intensiver gestalten können. Das ist mir sehr wichtig."

Schritt 3: Das Beratungsgespräch: der Kunde im Zentrum

Im Beratungsgespräch selbst muss der Vertriebsmitarbeiter gemeinsam mit dem Kunden die aktuelle Situation analysieren, Wünsche und Visionen des Kunden identifizieren und Ansatzpunkte für die Zusammenarbeit ermitteln. Ganz wichtig: Dabei bleiben das Produkt oder die Dienstleistung zunächst außen vor – auch wenn das vielen Vertriebsmitarbeitern unter Umständen schwer fallen wird. Das Beratungsgespräch dreht sich ausschließlich um die aktuelle Situation des Kunden, um die Herausforderungen, denen er sich stellen muss, und um seine Ziele.

➢ **Hinweis:** Das Beratungsgespräch soll Möglichkeiten für eine intensivere Zusammenarbeit entdecken und dem Kunden seine individuellen Entwicklungsmöglichkeiten aufzeigen. Es liefert **keine** Lösungen – gleich welcher Art.

Vertriebsoffensive II

Beratungsgespräch

Ziele	• Kennenlernen der Anliegen des Kunden
	• Identifizieren von Möglichkeiten, das Geschäft mit dem Kunden auszuweiten
	• Wecken von Interesse beim Kunden für <Beauty-Konzern>-Lösungen
Dauer	• 60 – 90 Minuten
Unterlagen	• Beratungsgesprächsbogen
Struktur des Erstgesprächs	1. Begrüßen
	2. Orientieren
	3. Gesprächsbogen durchgehen
	4. Folgetermin vereinbaren
	5. Verabschieden

Abbildung 36: Ziele und Aufbau eines Beratungsgesprächs mit Bestandskunden (Praxisbeispiel)

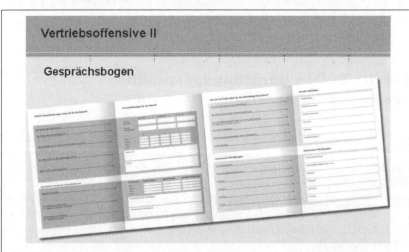

Vertriebsoffensive II

Gesprächsbogen

Der „Gesprächsbogen Kundenentwicklung" wird bei jedem Kundengespräch als Gesprächsvorlage eingesetzt und gemeinsam mit dem Kunden ausgefüllt. Danach erstellt der Vertriebsberater seinen Vorschlag zur Kundenentwicklung. Diese Unterlage wird vor den weiteren Kundengesprächen ausgefüllt. Der Vorschlag zur Kundenentwicklung ist dann die Grundlage für das Verkaufsgespräch.

Abbildung 37: Gesprächsbogen zur Kundenabwicklung als Grundlage für das Beratungsgespräch (Praxisbeispiel)

Schritt 4: Erstellen eines Vorschlags zur Zusammenarbeit

Anhand der Ergebnisse des Beratungsgesprächs erstellt der Vertriebsmitarbeiter dann einen individuellen Vorschlag zur Zusammenarbeit. Dieser Vorschlag fasst noch einmal die wesentlichen Ergebnisse des Beratungsgesprächs zusammen und beschreibt konkrete Maßnahmen, wie die angestrebten Ziele gemeinsam erreicht werden können.

Tipp

Achten Sie darauf, dass die aufgeführten Ergebnisse aus dem Beratungsgespräch einen direkten Anknüpfungspunkt für die Maßnahmen liefern. Falls das nicht möglich ist, lassen Sie den Punkt einfach weg.

In den weiteren routinemäßigen Besuchen wird der Vertriebsberater immer wieder auf die Vereinbarung aus dem Vorschlag zur Kundenentwicklung eingehen und die Umsetzung der definierten Schritte des Kunden mittels Coaching unterstützen. Ziel ist, dass sowohl der Kunde als auch der Vertriebsberater gemeinsam Erfolg haben.

Abbildung 38: Formular für eine Angebotsvorlage im Rahmen der Vertriebs-Offensive zur Potenzialausschöpfung (Praxisbeispiel)

Anschließend werden Ihre Produkte beziehungsweise Dienstleistungen genannt, die der Kunde für die Umsetzung der Maßnahmen benötigt. Abgeschlossen wird der Vorschlag zur Zusammenarbeit durch eine Darstellung der weiteren Schritte.

Achten Sie darauf, dass die gemeinsamen Maßnahmen vor den Produkten genannt werden. Ihre Kunden interessieren sich in der Regel zuerst dafür, **wie** sie ihre Ziele erreichen können. **Womit** sie ihre Ziele erreichen können, steht an zweiter Stelle. Zeigen Sie Ihren Kunden allein schon durch die Reihenfolge im Vorschlag zur Zusammenarbeit, dass Ihr erstes Ziel die Unterstützung des Kunden ist – und nicht der Verkauf von Produkten und Leistungen.

Schritt 5: Das Verkaufsgespräch: Produkte in Ergebnisse verpacken

Im fünften Schritt präsentiert der Vertriebsmitarbeiter dem Kunden den Vorschlag zur Zusammenarbeit. Dabei werden dann auch konkrete Vereinbarungen getroffen, wie die Zusammenarbeit intensiviert werden kann.

➢ **Hinweis:** Erst in diesem fünften Schritt werden Ihre Produkte beziehungsweise Dienstleistungen das erste Mal für den Kunden sichtbar – allerdings gut „verpackt" in die Maßnahmen, mit denen Sie und der Kunde gemeinsam die Ergebnisse aus dem Beratungsgespräch erreichen wollen.

Vertriebsoffensive II

Verkaufsgespräch

Ziele	• Erzielen einer konkreten Vereinbarung zur Auswertung der Zusammenarbeit
	  – Aufnahme einer weiteren Marke
	  – Verdrängen einer bisherigen Wettbewerbs-Marke
	  – Erhöhung des <Beauty-Konzern>-Anteils in einem bestimmten Segment
	  – etc.
	• Vereinbaren von weiteren Maßnahmen zur Unterstützung des Kunden

Dauer	• 60 Minuten
Unterlagen	• Vorschlag zur Zusammenarbeit • weitere Broschüren je nach Bedarf
Struktur des Verkaufsgesprächs	1. Begrüßen 2. Orientieren 3. Angebot erstellen 4. Feedback einholen 5. Vereinbarungen treffen 6. Verabschieden

Abbildung 39: Struktur des Verkaufsgespräches, Vertriebs-Offensive zur Potenzialausschöpfung bei <Beauty-Konzern>

Schritt 6: Standards für Coaching-Gespräche entwickeln

Für alle Schritte der Vertriebs-Offensive, auch für die Coaching-Gespräche, gibt es Standards. Standards schaffen Sachzwänge – und zwar für die Vertriebsmitarbeiter und die Führungskräfte gleichermaßen – und begleiten den ganzen Prozess der Vertriebs-Offensive zur Potenzialausschöpfung als steuernde Elemente.

Die Steuerungsinstrumente der Vertriebsberater

▶ Jeder Vertriebsberater legt seinem Regional-Vertriebsleiter seinen Terminplan zur Umsetzung der Potenzialausschöpfung bis <Datum> für die ausgewählten Kunden zur Kundenentwicklung vor.

▶ Alle definierten Kunden zur Kundenentwicklung werden in die Datenbank eingegeben.

▶ Der Regional-Vertriebsleiter sammelt alle Terminpläne und legt diese dem Vertriebsdirektor vor.

▶ In den Teammeetings bis zum <Stichdatum> ist jeweils ein Agendapunkt die „aktuelle Situation Kundenentwicklung".
  – Jeder Vertriebsberater berichtet über seine Ergebnisse.
  – Regional-Vertriebsleiter macht kurze Stellungnahme.

Die Führungsstandards Vertriebsdirektor/Regional-Vertriebsleiter

▶ Jeder Regional-Vertriebsleiter legt seinem Vertriebsdirektor seine Ergebnisse und die Ergebnisse seiner Vertriebsberater vor.

▶ Jeder Regional-Vertriebsleiter kontrolliert wöchentlich die Eintragungen der Vertriebsberater in die Datenbank.

▶ Jeder Vertriebsdirektor kontrolliert wöchentlich die Eintragungen seiner Regional-Vertriebsleiter und Vertriebsberater in die Datenbank.

▶ In jedem Regionalmeeting bis <Stichdatum> präsentiert jeder Regional-Vertriebsleiter die Ergebnisse der Kundenentwicklung.

▶ Jeder Vertriebsdirektor leitet die Ergebnisse seiner Region an den Vertriebschef in 14-tägigem Rhythmus weiter.

Abbildung 40: Steuerungsinstrumente für Standards der Vertriebsberater (Praxisbeispiel)

Nach dem Verkaufsgespräch erfolgen im Rahmen der „normalen" Besuche Coaching-Gespräche. Hier unterstützt der Vertriebsmitarbeiter den Kunden gezielt bei der Umsetzung der vereinbarten Maßnahmen.

✓ Checkliste Instrumente und Schritte

Ist für jeden einzelnen Kunden noch einmal durch den zuständigen Vertriebsmitarbeiter eine Analyse erstellt worden?	❏
Deckt diese Analyse mindestens die folgenden Punkte ab:	
▶ Anzahl der Mitarbeiter	❏
▶ Umsatz mit eigenen Produkten im Vorjahr	❏
▶ Umsatz mit eigenen Produkten im aktuellen Jahr	❏
▶ Gesamtes Potenzial	❏
▶ Ausschöpfungsgrad	❏
▶ Aktuelle Situation des Kunden	❏
▶ Aktuelle Situation Ihres Unternehmens beim Kunden	❏
▶ Ihre Chancen beim Kunden	❏
▶ Mögliche Gefahren für Ihr Unternehmen	❏
▶ Mögliche Gefahren für den Kunden	❏
▶ Die Zielsetzung der Vertriebs-Offensive zur Potenzialausschöpfung beim Kunden	❏
Haben Sie für die Kundenanalyse Vordrucke erstellt?	❏
Haben Sie geprüft, ob Sie bereits vorhandene Daten automatisch in diese Vordrucke übernehmen können?	❏
Wird bei Terminvereinbarungen für das Beratungsgespräch deutlich darauf hingewiesen, dass es sich nicht um einen Routinebesuch handelt?	❏
Stehen bei Beratungsgesprächen die Möglichkeiten zur intensiveren Zusammenarbeit im Vordergrund – und nicht die Produkte?	❏
Wird aus den Ergebnissen des Beratungsgesprächs ein Vorschlag zur Zusammenarbeit erstellt?	❏
Bieten die aufgeführten Ergebnisse aus dem Beratungsgespräch im Vorschlag zur Zusammenarbeit einen direkten Anknüpfungspunkt für die vorgeschlagenen Maßnahmen?	❏
Werden im Vorschlag zur Zusammenarbeit zuerst die Maßnahmen genannt und dann die Produkte beziehungsweise Leistungen?	❏
Enthält der Vorschlag zur Zusammenarbeit die weiteren Schritte?	❏
Wird der Vorschlag zur Zusammenarbeit im Verkaufsgespräch persönlich vom Vertriebsmitarbeiter vorgestellt?	❏
Sind regelmäßige Coaching-Gespräche mit dem Kunden eingeplant?	❏

Bilanz ziehen: Ergebnisse der Vertriebs-Offensive

In den vorigen Kapiteln haben Sie gesehen, wie die Ergebnisse der Vertriebs-Offensive qualitativ und quantitativ evaluiert werden können. Am konkreten Praxisbeispiel der Vertriebs-Offensive zur Potenzialausschöpfung bei dem <Beauty-Konzern> sieht die Bilanz wie folgt aus:

> ▶ Bei 200 Vertriebsmitarbeitern wurden 1 000 Potenzialkunden definiert.
>
> ▶ Bei 821 Kunden wurde ein neuer Powerbrand gelistet und eingeführt.
>
> ▶ Bei 751 Kunden wurde eine neue Beauty-Produktmarke eingeführt.
>
> ▶ Das Ziel von 300 EUR pro Beauty-Produktmarke wurde bei allen 751 Kunden übertroffen.
>
> ▶ Die Ausschöpfung des Gesamtpotenzials des Kunden von zehn Prozent wurde sogar übertroffen und 15 Prozent Ausschöpfung des Gesamtpotenzials erreicht.

Abbildung 41: Konkrete Ergebnisse der Vertriebs-Offensive zur Potenzialausschöpfung bei <Beauty-Konzern> (Praxisbeispiel)

Dazu addieren sich noch qualitative Erfolge wie höhere Zufriedenheit und Motivation bei den Vertriebsberatern, verbesserte Organisationsstruktur im Vertrieb und auch höhere Zufriedenheit bei den Kunden, die sich besser und regelmäßiger betreut fühlen.

5. Von Beratung bis Abschluss: die Gesprächsformen im Detail

Wenig ist so entscheidend für den Erfolg aller vertrieblichen Maßnahmen wie die gekonnte, strukturierte und ehrlich-freundliche Betreuung der Kunden durch die Vertriebsmitarbeiter. Dieser ganze Prozess ist gekennzeichnet durch eine Reihe von direkten Kontakten und Gesprächen mit dem Kunden, die jedes für sich eine besondere Dramaturgie, eine spezielle Zielsetzung und Regeln für den richtigen Aufbau haben. Daher setzen wir uns im Folgenden mit den wichtigsten Gesprächsformen auseinander.

Die „universelle" Gesprächsform: das Beratungsgespräch

Das Beratungsgespräch hat vier wesentliche Ziele:

- ▶ Eine gemeinsame Analyse der aktuellen Situation des Kunden durch den Vertriebsmitarbeiter und den Kunden.
- ▶ Der Vertrieb-Mitarbeiter soll die Wünsche und Visionen des Kunden kennen lernen.
- ▶ Der Vertriebsmitarbeiter soll Möglichkeiten finden, die Zusammenarbeit mit dem Kunden zu intensivieren.
- ▶ Der Kunde soll für die Lösungen Ihres Unternehmens interessiert werden.

➢ **Denken Sie daran:** Das Beratungsgespräch darf nicht „aus heiterem Himmel" ohne Vorbereitung erfolgen. Der Vertriebsmitarbeiter muss zunächst in jedem Fall eine detaillierte Analyse für den Kunden erstellen. Außerdem muss gezielt ein Termin für das Gespräch mit dem Kunden vereinbart werden. Der Kunde muss wissen, dass es sich bei dem Beratungsgespräch um etwas „Besonderes" handelt.

Weisen Sie Ihre Mitarbeiter auch ausdrücklich darauf hin, dass das Beratungsgespräch immer im direkten persönlichen Kontakt erfolgen muss und nicht zwischendurch am Telefon. Der Kunde muss spüren, dass Sie echtes Interesse an seiner Situation haben – und das lässt sich nicht am Telefon erreichen.

Gesprächsbögen einsetzen

Genau wie bei den Erstkontakten in der Vertriebs-Offensive zur Neukundengewinnung sollten Sie auch für das Beratungsgespräch vorgefertigte Gesprächsbögen einsetzen. Diese Bögen geben dem Gespräch einen „roten Faden" und stellen gleichzeitig sicher, dass alle wichtigen Informationen erfasst werden.

Der Aufbau der Bögen kann dabei ähnlich erfolgen wie bei der Vertriebs-Offensive zur Neukundengewinnung. Zur Erinnerung noch einmal die wichtigsten Punkte:

- ▶ Wie stellt sich die aktuelle Marktsituation für den Kunden dar?
- ▶ Welche Veränderungen gibt es im Markt?
- ▶ Welchen Herausforderungen muss sich der Kunde stellen?
- ▶ Welche Ziele und Visionen hat der Kunde?
- ▶ Gibt es besondere Anforderungen des Kunden? Wenn ja: in welchen Bereichen?

> **Hinweis:** Die konkreten Produkte und Dienstleistungen Ihres Unternehmens sind im Beratungsgespräch noch kein Thema, sondern kommen erst später ins Spiel. Entsprechende Fragen dürfen daher auch nicht im Gesprächsbogen auftauchen. So können Sie auch wirkungsvoll verhindern, dass Ihre Vertriebsmitarbeiter unter Umständen doch schnell im Gespräch wieder auf die Produktebene wechseln.

Für den eigentlichen Ablauf des Gesprächs hat sich das Vorgehen in fünf Schritten in der Praxis bewährt (siehe Abbildung 42, Seite 197).

Schritt 1: Begrüßen

Wie bei jedem Kunden-Kontakt sollten Sie zunächst den Gesprächspartner namentlich begrüßen und mit ein wenig Smalltalk für eine entspannte Atmosphäre sorgen.

Tipp

Das Beratungsgespräch erfordert auch vom Kunden volle Konzentration. Falls Sie das Gespräch direkt vor Ort nicht ungestört führen können, laden Sie den Kunden zum Beispiel in ein nahe gelegenes Café ein.

Schritt 2: Orientierung schaffen

Teilen Sie dann dem Kunden noch einmal mit, worum es in dem Beratungsgespräch genau geht. Legen Sie dabei den Gesprächsbogen schon zwischen sich und Ihr Gegenüber auf den Tisch.

> **Hinweis:** Verlassen Sie sich nicht darauf, dass der Kunde die Informationen zum Beratungsgespräch noch von der Terminvereinbarung präsent hat. Häufig wird er Details bereits wieder vergessen haben und ist möglicherweise verunsichert, weil er nicht genau weiß, was ihn erwartet. Und diese Unsicherheit kann sich sehr negativ auf das gesamte Gespräch auswirken.

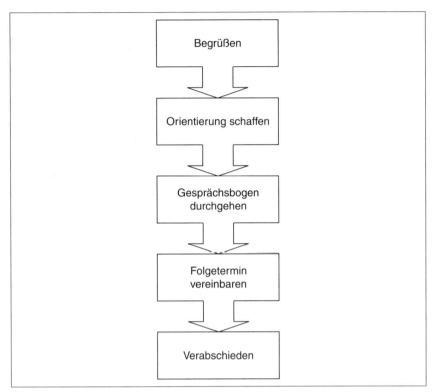

Abbildung 42: Die Schritte beim Beratungsgespräch

Schritt 3: Gesprächsbogen durchgehen

Erklären Sie anschließend dem Kunden den Aufbau des Bogens und den weiteren Ablauf des Gesprächs. Gehen Sie dann die einzelnen Punkte des Bogens der Reihe nach durch. Hinterfragen Sie dabei auch ruhig Antworten des Kunden, bis Sie die erforderlichen Informationen bekommen. Achten Sie aber darauf, dass das Gespräch nicht zu einem „Verhör" wird. Der Kunde soll durch die Fragen und die Formulierungen nach Möglichkeit selbst entdecken können, wo sich für ihn Entwicklungspotenziale bieten.

Schritt 4: Folgetermin vereinbaren

Nach dem Ausfüllen des Bogens erklären Sie dem Kunden, dass Sie im nächsten Schritt die Informationen aus dem Beratungsgespräch sorgfältig an Ihrem Arbeitsplatz analysieren möchten und einen Vorschlag zur Zusammenarbeit erstellen werden. Vereinbaren Sie dann einen Termin, an dem Sie dem Kunden diesen Vorschlag vorlegen können.

Tipp

Achten Sie darauf, dass der Termin für das Folgegespräch möglichst innerhalb der nächsten 14 Tage liegt. Andernfalls hat der Kunde unter Umständen vielleicht schon wieder vieles aus dem Gespräch vergessen oder die erhobenen Daten sind gar nicht mehr aktuell.

Versuchen Sie – wann immer möglich – einen persönlichen Termin für die Übergabe des Vorschlags zur Zusammenarbeit zu vereinbaren. Verschicken Sie den Vorschlag nur dann per Post, wenn es gar nicht anders geht. Mit ziemlicher Sicherheit werden beim Kunden Fragen zum Angebot auftauchen. Und diese Fragen können Sie nur dann direkt klären, wenn Sie dem Kunden gegenüber sitzen.

Schritt 5: Verabschieden

Lassen Sie das Gespräch anschließend mit ein wenig Smalltalk ausklingen und bedanken Sie sich noch einmal ausdrücklich, dass sich Ihr Gegenüber Zeit für Sie genommen hat.

✓ Checkliste Beratungsgespräch

(zum Download unter www.vertriebs-offensive.com)

Ist das Beratungsgespräch durch eine detaillierte Kundenanalyse vorbereitet worden?	❑
Ist mit dem Kunden gezielt ein Termin für das Beratungsgespräch vereinbart worden?	❑
Wird ein vorbereiteter Gesprächsbogen eingesetzt?	❑
Deckt dieser Bogen mindestens die folgenden Punkte ab? ▶ aktuelle Marktsituation des Kunden ▶ Veränderungen im Markt ▶ Herausforderungen für den Kunden ▶ Ziele und Visionen des Kunden ▶ besondere Anforderungen des Kunden	❑ ❑ ❑ ❑ ❑
Ist klar, dass konkrete Produkte und Dienstleistungen Ihres Unternehmens im Beratungsgespräch zunächst noch keine Rolle spielen?	❑
Kann das Gespräch in Ruhe und in angenehmer Atmosphäre geführt werden?	❑

Sorgen Sie zu Beginn des Gesprächs zunächst für eine Orientierung des Kunden?	❏
Achten Sie beim Durchgehen des Gesprächsbogens darauf, dass der Kunde seine Entwicklungspotenziale nach Möglichkeit selbst entdecken kann?	❏
Haben Sie dem Kunden nach dem Durchgehen des Bogens die weiteren Schritte erklärt?	❏
Haben Sie einen Folgetermin für das Verkaufsgespräch vereinbart?	❏
Liegt dieser Termin innerhalb der nächsten 14 Tage?	❏

Nutzen aufzeigen, Orientierung schaffen: das Verkaufsgespräch

Im Verkaufsgespräch geht es vor allem darum, konkrete Vereinbarungen für die Zusammenarbeit zu treffen – jetzt soll der Kunde kaufen. Dazu legt der Vertriebsmitarbeiter seinen Vorschlag zur Zusammenarbeit vor und geht ihn gemeinsam mit dem Kunden durch.

Schritt 1: Begrüßen

Sorgen Sie, wie in den vorigen Beispielen auch, durch ein wenig Smalltalk für eine angenehme Atmosphäre.

Schritt 2: Orientierung schaffen

Stellen Sie dann noch einmal sicher, dass der Kunde weiß, worum es in dem Gespräch gehen wird. Beziehen Sie sich dabei auf das Beratungsgespräch, Ihre Analyse und den Vorschlag zur Zusammenarbeit. Teilen Sie dem Kunden noch einmal ausdrücklich mit, dass es bei diesem Vorschlag vor allem darum geht, seine Zukunft im Markt zu sichern.

Tipp

Legen Sie den Vorschlag zur Zusammenarbeit in diesem Schritt noch nicht vor. Andernfalls laufen Sie Gefahr, dass der Kunde sich bereits neugierig mit dem Bogen beschäftigt und Ihnen nicht mehr zuhört.

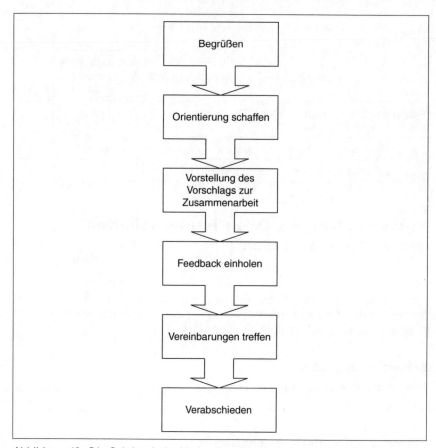

Abbildung 43: Die Schritte beim Verkaufsgespräch

Schritt 3: Vorstellung des Vorschlags zur Zusammenarbeit

Holen Sie dann den Vorschlag zur Zusammenarbeit heraus und legen Sie ihn zwischen sich und den Kunden auf den Tisch. Bevor Sie in die Details gehen, stellen Sie dem Kunden zunächst einmal kurz den Bogen im Überblick vor. Geben Sie ihm auch einen kurzen Moment Zeit, den Inhalt zu überfliegen. Damit stillen Sie die Neugier Ihres Gesprächspartners und sichern sich seine ungeteilte Aufmerksamkeit für die folgenden Punkte.

Fassen Sie anschließend zuerst noch einmal die Ergebnisse aus dem Beratungsgespräch zusammen und lassen Sie den Kunden gegebenenfalls noch Ergänzungen vornehmen. Stellen Sie dann die einzelnen Maßnahmen zunächst im Überblick und anschließend im Detail vor. Bitten Sie den Kunden dabei zu jeder einzelnen Maßnahme um ein Feedback.

Tipp

Erklären Sie dem Kunden nicht langatmig, warum Sie die jeweilige Maßnahme für wichtig halten. Zeigen Sie ihm gezielt seinen individuellen Nutzen an den einzelnen Vorschlägen auf. Überprüfen Sie, ob es für einzelne Maßnahmen nicht bereits vorbereitete Broschüren oder Flyer gibt. Nehmen Sie diese Unterlagen dann mit zum Verkaufsgespräch und übergeben Sie sie dem Kunden.

Nach der Vorstellung der Maßnahmen zeigen Sie dem Kunden, wie er diese Maßnahmen mit Ihren Produkten erfolgreich umsetzen kann.

➢ **Hinweis:** Die Reihenfolge „Vorstellung der Maßnahmen" und „Vorstellung der Produkte" hat große Bedeutung für den Erfolg des Verkaufsgesprächs. Verwenden Sie daher auch für den Vorschlag zur Zusammenarbeit ein vorgefertigtes Formular, das diese Reihenfolge verbindlich vorgibt.

Schritt 4: Feedback einholen

Bitten Sie den Kunden anschließend noch einmal um sein Feedback und führen Sie ihn gezielt zum nächsten Schritt.

Schritt 5: Vereinbarungen treffen

Im fünften Schritt fixieren Sie jetzt verbindliche Vereinbarungen. Denken Sie dabei aber nicht nur an Bestellungen, sondern auch an die Aktivitäten, die gemeinsam durchgeführt werden sollen und gegebenenfalls an weitere Schritte. Vereinbaren Sie außerdem nach Möglichkeit direkt einen Folgetermin.

Schritt 6: Verabschieden

Bedanken Sie sich beim Kunden und lassen Sie das Gespräch dann wieder wie gewohnt mit ein wenig Smalltalk ausklingen.

✓ Checkliste Verkaufsgespräch

Haben Sie alle erforderlichen Unterlagen für das Gespräch dabei – zum Beispiel Flyer oder Broschüren zur Illustration von Maßnahmen?	❏
Erklären Sie dem Kunden zu Beginn des Gesprächs noch einmal kurz, worum es geht?	❏
Stellen Sie dabei einen Bezug zum Beratungsgespräch, zu Ihrer Analyse und zum Vorschlag zur Zusammenarbeit her?	❏
Weisen Sie den Kunden noch einmal ausdrücklich darauf hin, dass es beim Vorschlag zur Zusammenarbeit vor allem darum geht, seine Zukunft zu sichern?	❏
Stellen Sie Ihrem Kunden den Vorschlag zur Zusammenarbeit zunächst im Überblick vor?	❏
Kann der Kunde den Bogen einmal kurz überfliegen, um seine Neugier zu stillen?	❏
Fassen Sie die wichtigsten Ergebnisse aus dem Beratungsgespräch zusammen?	❏
Achten Sie darauf, dass Sie zuerst die Maßnahmen vorstellen und dann die Produkte beziehungsweise Dienstleistungen?	❏
Kommen Sie bei der Vorstellung der Maßnahmen möglichst schnell zum konkreten Nutzen für den Kunden?	❏
Holen Sie das Feedback des Kunden ein?	❏
Fixieren Sie alle Vereinbarungen schriftlich – auch für die folgenden Aktivitäten?	❏
Haben Sie einen Folgetermin vereinbart?	❏

Kunden nachhaltig betreuen: das Coaching-Gespräch

Nachdem Sie im Verkaufsgespräch verbindliche Vereinbarungen mit dem Kunden getroffen haben, müssen Sie sicherstellen, dass diese Vereinbarungen auch umgesetzt werden – und zwar von beiden Seiten. Der Kunde muss spüren, dass Sie ihm keine leeren Versprechungen gemacht haben, sondern tatsächlich an der optimalen Entwicklung seiner Potenziale interessiert sind. Signalisieren Sie ihm deutlich, dass Sie die vereinbarten Maßnahmen auch konsequent umsetzen wollen. Dazu müssen Sie im Rahmen Ihrer „normalen" Besuche regelmäßig Coaching-Gespräche durchführen und überprüfen, ob die definierten Umsetzungsschritte auch tatsächlich die gewünschten Ergebnisse geliefert haben. Durch diese Coaching-Gespräche merkt der Kunde zum einen, dass es Ihnen mit Ihren Bemühungen sehr ernst ist, zum zweiten wird er auch motiviert, selbst weiter aktiv an der Umsetzung der Vereinbarungen mitzuarbeiten.

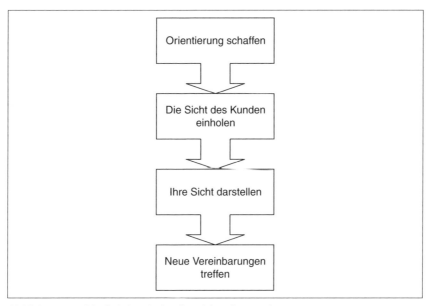

Abbildung 44: Die Schritte beim Coaching-Gespräch

Schritt 1: Orientierung schaffen

Machen Sie dem Kunden zu Beginn des Gesprächs klar, dass Sie mit ihm die Umsetzung der Vereinbarungen aus dem Verkaufsgespräch besprechen wollen und gegebenenfalls neue Aktivitäten festlegen möchten. Legen Sie anschließend das Blatt mit den fixierten Vereinbarungen zwischen sich und den Kunden, damit Sie einen eindeutigen Bezugspunkt haben.

Schritt 2: Die Sicht des Kunden einholen

Lassen Sie zuerst den Kunden zu Wort kommen. Bitten Sie ihn um eine Rückmeldung, wie zufrieden er mit der bisherigen Umsetzung der Vereinbarungen ist. Falls dabei etwas unklar bleibt, fragen Sie nach.

➢ **Hinweis:** Machen Sie dem Kunden auf keinen Fall Vorhaltungen, was er möglicherweise falsch gemacht hat. Denken Sie daran: Coaching soll vor allem Hilfe zur Selbsthilfe bieten – auch bei Ihren Kunden. Vermeiden Sie daher alles, was bei Ihrem Gesprächspartner den Eindruck erwecken könnte, Sie wollten ihn kontrollieren. Führen Sie ihn durch gezieltes Nachfragen dazu, dass er selbst erkennen kann, was gut funktioniert und wo noch Handlungsbedarf besteht.

Schritt 3: Ihre Sicht darstellen

Greifen Sie dann die Aussagen des Kunden auf und stellen Sie Ihre Sichtweise dar. Machen Sie dabei eigene Fehler und Versäumnisse zum Thema, aber auch nicht eingehaltene Absprachen durch den Kunden. Formulieren Sie Ihre Aussagen dabei positiv. Suchen Sie nicht nach Schuldigen, sondern betonen Sie immer wieder, dass noch einiges zu tun ist, bis alles richtig „rund" läuft.

Schritt 4: Neue Vereinbarungen treffen

Im vierten Schritt erarbeiten Sie gemeinsam mit dem Kunden, welche Aktivitäten in Zukunft erforderlich sind. Halten Sie dabei fest, was von wem bis wann genau zu erledigen ist und wie die Umsetzung geprüft werden soll.

Tipp

Coaching-Gespräche mit Kunden können durchaus sehr emotional werden – vor allem dann, wenn nicht alles so geklappt hat wie eigentlich geplant. Lassen Sie sich aber nicht auf endlose Diskussionen und erst recht nicht auf Streitereien mit dem Kunden ein. Zeigen Sie ihm, wie wichtig Ihnen diese Gespräche für die gemeinsame Entwicklung sind, und entschärfen Sie gegebenenfalls die Situation – zum Beispiel durch eine Anekdote oder ein wenig Smalltalk.

✓ Checkliste Coaching-Gespräch mit Kunden

Signalisieren Sie dem Kunden klar und deutlich, dass Sie echtes Interesse an der Umsetzung der gemeinsam beschlossenen Aktivitäten haben?	❏
Haben Sie dem Kunden zu Beginn des Gesprächs mitgeteilt, dass Sie die Umsetzung der Vereinbarungen aus dem Verkaufsgespräch mit ihm besprechen wollen?	❏
Lassen Sie zuerst den Kunden seine Sicht darstellen?	❏
Haben Sie eventuelle Unklarheiten durch Rückfragen ausgeräumt?	❏
Führen Sie den Kunden durch gezielte Fragen dahin, dass er selbst erkennen kann, was gut beziehungsweise nicht so gut gelaufen ist?	❏

Greifen Sie dann die Aussagen des Kunden auf und stellen Ihre Sichtweise dar?	❏
Haben Sie neue Aktivitäten festlegt?	❏
Ist dabei eindeutig definiert, ▶ was ▶ von wem ▶ bis wann durchgeführt wird?	❏ ❏ ❏
Haben Sie festgelegt, wie die Umsetzung der neuen Aktivitäten geprüft werden soll?	❏

6. Rahmenbedingungen für die Umsetzung schaffen

Nachdem Sie jetzt die grundlegende Strategie für die Vertriebs-Offensive zur Potenzialausschöpfung festgelegt haben, müssen Sie die Rahmenbedingungen für die Umsetzung schaffen. Dieser Schritt umfasst – ähnlich wie bei der Vertriebs-Offensive zur Neukundengewinnung – folgende Punkte:

▶ die Prüfung und gegebenenfalls Anpassung der Entlohnungssysteme,
▶ die Schaffung von Standards für die verschiedenen Gesprächsformen und für die Kundenanalyse, den Vorschlag zur Zusammenarbeit und gegebenenfalls weitere Aktionen sowie
▶ die Auswahl der Führungsinstrumente zum Controlling und Mitarbeiter-Coaching.

Entlohnungssysteme zum echten Anreiz machen

Genau wie für die Vertriebs-Offensive zur Neukundengewinnung gilt auch für die Vertriebs-Offensive zur Potenzialausschöpfung: Starre Entlohnungssysteme, die mit einem Fixum und einem umsatzabhängigen Erfolgsanteil arbeiten, sind nicht sonderlich brauchbar. Denn auch bei der Potenzialausschöpfung liefern sie keine echten Anreize für die Vertriebsmitarbeiter, tatsächlich bei allen Kunden am Ball zu bleiben und die festgelegten Ziele zu erreichen.

Graduell abgestimmte Zielerreichungsgrade

Machen Sie es daher Ihren Mitarbeitern auch bei der Vertriebs-Offensive zur Potenzialausschöpfung nicht zu leicht, ihre persönliche Sicherheits- und Komfortzone zu erreichen. Passen Sie Ihre Entlohnungssysteme so an, dass sich der erfolgsabhängige Anteil unter anderem an den Zielen der Potenzialausschöpfung orientiert und nicht ausschließlich an den erzielten Umsätzen. Arbeiten Sie dabei wieder mit verschiedenen Zielerreichungsgraden und „belohnen" Sie das Übertreffen der Ziele überproportional beziehungsweise „bestrafen" Sie das Verfehlen der Ziele überproportional.

Ein **Beispiel:** Ein Vertriebsmitarbeiter hat das Ziel, bei einem bestimmten Kunden 10 Prozent des freien Potenzials auszuschöpfen. Wenn er dieses Ziel exakt trifft, erhält er eine Prämie in Höhe von 2 500 Euro. Bei einem Zielerreichungsgrad von 80 Prozent dagegen – also einer Ausschöpfung von 8 Prozent – reduziert sich die Prämie auf 1 500 Euro. Übertrifft der Mitarbeiter dagegen das Ziel – zum Beispiel mit einer Ausschöpfung von 12 Prozent und einem Zielerreichungsgrad von 120 Prozent – steigt die Prämie auf 3 500 Euro.

➢ **Denken Sie daran:** Durch unterschiedliche Zielerreichungsgrade verhindern Sie auf der einen Seite Frustrationen bei Mitarbeitern, die ein „festes" Ziel knapp verfehlt haben und bei klassischen Entlohnungssystemen leer ausgehen würden. Auf der anderen Seite sorgen Sie aber auch dafür, dass Mitarbeiter, die das gesetzte Ziel erreicht haben, weiter motiviert bleiben. Setzen Sie deshalb die obere Grenze bei den Zielerreichungsgraden so hoch, dass sie eigentlich gar nicht erreicht werden kann.

„Belohnen" Sie auch bei der Vertriebs-Offensive zur Potenzialausschöpfung erfolgreiche Mitarbeiter nicht nur über das Gehalt. Gehen Sie auf die Motivatoren („Motivationsanker", „Trigger") der unterschiedlichen Vertriebsmitarbeiter ein, denn jeder lässt sich über andere Werte motivieren – und somit auch belohnen. Starten Sie zusätzlich Incentives zur Potenzialausschöpfung und feiern Sie das Erreichen und das Übertreffen der Ziele öffentlich.

Standards für die effiziente Potenzialausschöpfung schaffen

Anschließend setzen Sie über die Standards Vorgaben für die Vertriebs-Offensive zur Potenzial-Ausschöpfung. Wie auch bei der Neukundengewinnung müssen dabei folgende Fragen eindeutig und verbindlich beantwortet werden:

▶ Wer?
▶ Welche einzelnen Schritte?
▶ In welcher Reihenfolge?
▶ Mit welchem Ergebnis?
▶ In welchem Zeitraum?

Da es bei der Vertriebs-Offensive zur Potenzialausschöpfung im Wesentlichen nur drei Gesprächsformen gibt, die in einer festen Reihenfolge durchgeführt werden, lässt sich ein grober standardisierte Ablauf sehr leicht aus den konkreten Umsetzungsschritten ableiten. Er sieht so aus:

Aktivität	Ergebnis	Zeitraum
Kundenanalyse	ausgefüllter Analysebogen	nach der Selektion und Qualifikation der Kunden
Terminvereinbarung für das Beratungsgespräch	Termin für das Beratungsgespräch	direkt nach der Kundenanalyse
Beratungsgespräch	ausgefüllter Gesprächsbogen	abhängig vom vereinbarten Termin
Erstellen eines Vorschlags zur Zusammenarbeit	Vorschlag zur Zusammenarbeit	möglichst direkt nach dem Beratungsgespräch
Verkaufsgespräch	verbindliche Vereinbarungen	spätestens 14 Tage nach dem Beratungsgespräch
Coaching-Gespräche mit Kunden	Verabredung weiterer Maßnahmen beziehungsweise Korrekturen	nach Bedarf

Danach definieren Sie dann Standards für die einzelnen Gespräche – zum Beispiel in der folgenden Form:

Standard für ein Beratungsgespräch

Ziele:

▶ gemeinsame Analyse der Kundensituation
▶ die Wünsche und Visionen des Kunden kennen lernen
▶ Möglichkeiten für eine Intensivierung der Zusammenarbeit finden
▶ Interesse für die Produkte und Dienstleistungen des Unternehmens wecken
▶ Vereinbarung eines Folgetermins

Dauer: ca. 60 Minuten

Eingesetzte Dokumente: Gesprächsbogen für das Beratungsgespräch

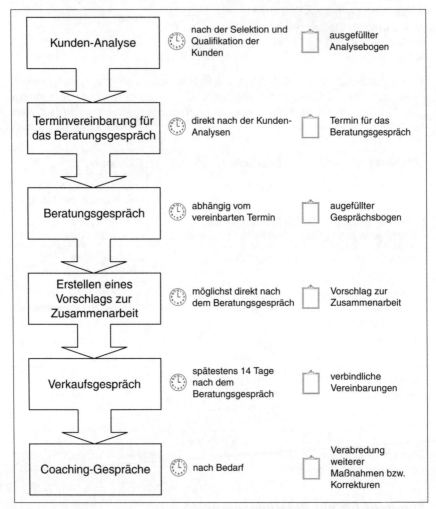

Abbildung 45: Grober standardisierter Ablauf Potenzialausschöpfung

(zum Download unter www.vertriebs-offensive.com)

Schritte:

1. Begrüßen
2. Orientierung schaffen
3. Gesprächsbogen durchgehen
4. Folgetermin vereinbaren
5. Verabschieden

Anschließend legen Sie auch für die einzelnen Schritte jeder Gesprächs-
form Standards fest. Für das Beratungsgespräch könnten diese **Standards** so aussehen:

Schritt	Standard
Begrüßen	• Sprechen Sie Ihr Gegenüber immer mit Namen an. • Sorgen Sie zunächst durch ein wenig Smalltalk für eine an-genehme Atmosphäre. • Wenn Sie vor Ort nicht in Ruhe mit dem Kunden reden können, weichen Sie in ein Café aus.
Orientierung schaffen	• Teilen Sie dem Kunden noch einmal ausdrücklich mit, wo-rum es bei dem Gespräch geht. • Legen Sie dabei den Gesprächsbogen zwischen sich und den Kunden.
Gesprächsbogen durchgehen	• Die Fragen im Bogen und auch die Reihenfolge sind ver-bindlich. • Stellen Sie dem Kunden den Bogen kurz im Überblick vor. • Gehen Sie dann die Fragen durch. • Das Beratungsgespräch ist kein „Verhör". Geben Sie dem Kunden durch die Fragestellung die Möglichkeit, seine Ent-wicklungspotenziale selbst zu entdecken. • Unsere Produkte und Dienstleistungen sind im Beratungs-gespräch noch kein Thema! Zeigen Sie dem Kunden keine fertigen Lösungen auf!
Folgetermin vereinbaren	• Teilen Sie dem Kunden die nächsten Schritte mit (Analyse des Bogens, Erstellen des Vorschlags zur Zusammenarbeit). • Der Termin für das Verkaufsgespräch sollte innerhalb der nächsten 14 Tage liegen.
Verabschieden	• Bedanken Sie sich beim Kunden, dass er sich Zeit für Sie genommen hat. • Lassen Sie das Gespräch mit ein wenig Smalltalk ausklin-gen.

Im letzten Schritt standardisieren Sie die eingesetzten Dokumente – also

▶ das Formular zur Kundenanalyse,
▶ den Bogen für das Beratungsgespräch und
▶ den Vorschlag zur Zusammenarbeit.

Muster für die Kundenanalyse

(zum Download unter www.vertriebs-offensive.com)

Kunde _____

Anzahl Mitarbeiter _____

Umsatz Vorjahr   Umsatz aktuelles Jahr

_____   _____

Gesamtpotenzial   Ausschöpfungsgrad %

_____   _____

Aktuelle Situation des Kunden

Kundenstruktur _____

_____

Bereiche _____

_____

Aktuelles Sortiment _____

_____

Leistungen und Besonderheiten _____

_____

Unsere Situation beim Kunden

Bereich   Umsatz

_____   _____

_____   _____

_____   _____

Bereich   Potenzial

_____   _____

_____   _____

_____   _____

Ansprechpartner und Beziehungen zu den Ansprechpartnern

_____

_____

Muster für die Kundenanalyse

Unsere Chancen

Produkte _____

_____

Leistungen _____

_____

Gefahren für uns und den Kunden

Aktivitäten unserer Wettbewerber _____

_____

Aktivitäten der Wettbewerber des Kunden _____

_____

Veränderungen des Marktes _____

_____

Zielsetzungen

Quantitatives Ziel _____

_____

Sortimentsoptimierungen _____

_____

Verbesserungen der Kundenbindung _____

_____

Zusätzliche Serviceleistungen (Marketing, Schulung und so weiter) _____

_____

Sonstiges _____

_____

_____

Muster für einen Gesprächsbogen zum Beratungsgespräch

Wie sehen Sie Ihren Markt?

Welche Bereiche decken Sie aktuell ab? _____

_____

_____

Wie sieht Ihre Kundenstruktur aus? _____

_____

_____

Wer sind Ihre stärksten Wettbewerber? In welchen Bereichen? _____

_____

_____

Was machen Ihre Wettbewerber anders? _____

_____

_____

Welche Veränderungen wird es in Ihrem Markt geben?

Welchen Anforderungen muss sich Ihr Unternehmen stellen? _____

_____

_____

Welche Erwartungen werden Ihre Kunden haben? _____

_____

_____

Welche Produkte werden in Zukunft besondere Bedeutung haben? _____

_____

_____

Was werden die Anforderungen an Ihre Mitarbeiter sein? _____

_____

_____

Welche Ziele und Visionen haben Sie?

Für Ihr Unternehmen insgesamt? _____

_____

_____

Für Ihre Mitarbeiter? _____

_____

_____

Muster für einen Gesprächsbogen zum Beratungsgespräch

Für Ihre Kunden? _____

_____

Für Ihr Angebot? _____

_____

**Was unternehmen Sie heute, um Ihre Ziele und Visionen
zu erreichen?**

Wie gewinnen Sie neue Kunden? _____

_____

Gemeinsame Überlegungen: _____

_____

Wie verstärken Sie die Bindung von Stammkunden an Ihr Unternehmen?

_____

Gemeinsame Überlegungen: _____

_____

Welche Zielgruppen sprechen Sie an?_____

_____

Gemeinsame Überlegungen: _____

_____

Sonstiges: _____

_____

Gemeinsame Überlegungen: _____

_____

Muster für einen Gesprächsbogen zum Beratungsgespräch

Welche besonderen Anforderungen haben Sie?

An Ihre Produkte? _____

_____

_____

An Ihre Lieferanten? _____

_____

_____

Gezielt an mich beziehungsweise an unseren Außendienst? _____

_____

_____

In sonstigen Bereichen (zum Beispiel Produktschulungen,
Marketing-Maßnahmen und so weiter)? _____

_____

_____

Muster für den Vorschlag zur Zusammenarbeit

Kursiv gedruckte Texte dienen als Ausfüllhilfe.

Kunde: _____

Die Ergebnisse aus unserem Gespräch vom _____

Geben Sie hier maximal drei Punkte an. Achten Sie dabei darauf, dass diese
Punkte einen konkreten Aufhänger für die folgenden Maßnahmen bilden.

_____

_____

_____

Muster für den Vorschlag zur Zusammenarbeit

Durch gemeinsame Maßnahmen zu mehr Erfolg:

Maßnahme	Unser Beitrag	Ihr Beitrag
Geben Sie hier die konkreten Einzelmaßnahmen an.	*Tragen Sie hier unsere Leistungen ein.*	*Tragen Sie hier die Leistungen ein, die der Kunde erbringen soll.*
_____	_____	_____
_____	_____	_____
_____	_____	_____
_____	_____	_____

Durch unsere Produkte zu mehr Erfolg:

Produkt/ Dienstleistung	Ziel/Menge	Unterstützende Maßnahmen	Zeitraum
Geben Sie hier unser Produkt beziehungsweise unsere Dienstleistung an.	*Geben Sie hier das Ziel beziehungsweise die Menge an.*	*Geben Sie hier gegebenenfalls die notwendigen Maßnahmen an.*	*Geben Sie hier den Termin beziehungsweise den Zeitraum an.*
_____	_____	_____	_____
_____	_____	_____	_____
_____	_____	_____	_____
_____	_____	_____	_____

Weitere Schritte: _____

_____

_____

Tipp

Der Bogen für das Beratungsgespräch und auch der Vorschlag zur Zusammenarbeit bleiben beim Kunden. Nutzen Sie die Dokumente daher genau wie bei der Vertriebs-Offensive zur Neukundengewinnung auch für eine ansprechende Präsentation Ihres Unternehmens.

Pläne, Vereinbarungen, Berichte: die Auswahl der Führungsinstrumente

Abschließend müssen Sie nun noch die Führungsinstrumente für das Controlling und Mitarbeiter-Coaching auswählen. Da bei der Vertriebs-Offensive zur Potenzialausschöpfung im Wesentlichen dieselben Instrumente wie bei der Vertriebs-Offensive zur Neukundengewinnung eingesetzt werden können, stellen wir sie Ihnen hier nur noch einmal im Überblick vor.

➤ **Hinweis:** Details zum Einsatz der Instrumente und der Formulare finden Sie auf den Seiten 125 ff.

Bei den **Controlling-Instrumenten** benötigen Sie zunächst einmal ein „klassisches" Berichtswesen, das Ihnen jederzeit sowohl verdichtete Informationen zum allgemeinen Stand der Vertriebs-Offensive als auch detaillierte Informationen zu den Aktivitäten jedes einzelnen Vertriebsmitarbeiters liefern kann. Orientieren Sie die Berichte und Auswertungen dabei konsequent an den Zielen Ihrer Vertriebs-Offensive zur Potenzialausschöpfung.

Außerdem sollten Sie folgende Controlling-Instrumente einsetzen:

► Aufgaben- und Ergebnisvereinbarungen, die für jeden Vertriebsmitarbeiter individuell die qualitativen und quantitativen Ziele der Potenzialausschöpfung beschreiben.
► Grobe Aktivitätenpläne, die für jeden Vertriebsmitarbeiter die Kernaufgaben der nächsten zwölf Monate darstellen.
► Wochenpläne, die für jeden Vertriebsmitarbeiter detailliert die Aktivitäten der nächsten Woche auflisten.
► Regelmäßig stattfindende Statusgespräche zur individuellen Überprüfung der Zielerreichung.
► Regelmäßig stattfindende Vertriebs-Meetings zum Erfahrungsaustausch und zur Motivation.

Tipp

Denken Sie an eine Standardisierung der Aufgaben- und Ergebnisvereinbarungen sowie der Aktivitäten- und Wochenpläne. Dadurch erleichtern Sie sich die Überprüfung dieser Dokumente erheblich. Achten Sie darauf, dass die Vertriebs-Meetings nicht zum „Zeitkiller" werden. Geben Sie eine feste Tagesordnung vor und definieren Sie klare Regeln für die Meetings. Muster für eine Tagesordnung und detaillierte Regeln für den Ablauf finden Sie bei der Vertriebs-Offensive zur Neukundengewinnung auf den Seiten 129 ff.

> **Denken Sie daran:** Die Aufgaben- und Ergebnisvereinbarungen müssen vor dem Start der Vertriebs-Offensive erstellt werden.

Coaching als Führungsinstrument

Bei den **Coaching-Instrumenten** für Mitarbeiter kommen vor allem das Coaching on the job und ergänzend das Coaching am Telefon in Frage. Denken Sie bei der Vertriebs-Offensive zur Potenzialausschöpfung bitte daran, dass hier drei unterschiedliche Gesprächsformen eingesetzt werden – das Beratungsgespräch, das Verkaufsgespräch und die Coaching-Gespräche mit Kunden. Alle drei Gespräche sollten Sie für jeden Mitarbeiter mindestens einmal coachen.

Die 6 Grundregeln für ein erfolgreiches Mitarbeiter-Coaching

Coaching macht nur dann Sinn, wenn Sie Ihrem Mitarbeiter gezielt Hilfe zur Selbsthilfe bieten. Berücksichtigen Sie deshalb in jedem Fall die folgenden Grundregeln:

Regel 1: Der Mitarbeiter führt das Gespräch mit dem Kunden – nicht Sie!

Regel 2: Führen Sie möglichst direkt nach dem Kundengespräch gemeinsam mit dem Mitarbeiter eine Analyse durch.

Regel 3: Lassen Sie erst Ihren Mitarbeiter zu Wort kommen. Ergänzen Sie dann die Schilderungen durch Ihre eigenen Beobachtungen.

Regel 4: Treffen Sie konkrete Vereinbarungen, was verbessert werden muss.

Regel 5: Bleiben Sie objektiv und kritisieren Sie gezielt. Verstärken Sie positives Verhalten.

Regel 6: Nehmen Sie Ihren Mitarbeiter ernst.

✓ Checkliste Rahmenbedingungen

Anpassung der Entlohnungssysteme	
Berücksichtigen Sie die Ziele Ihrer Vertriebs-Offensive zur Potenzialausschöpfung bei den erfolgsabhängigen Anteilen des Gehalts?	❏
Decken die erfolgsabhängigen Anteile unterschiedliche Zielerreichungsgrade ab – zum Beispiel von 80 bis 120 Prozent?	❏
Haben Sie die obere Grenze für die Zielerreichungsgrade so hoch gesetzt, dass auch sehr erfolgreiche Mitarbeiter noch weiter motiviert werden?	❏
Berücksichtigen Sie bei Ihrem Entlohnungssystem auch den unterschiedlichen Aufwand, den ein Vertriebsmitarbeiter bei der Potenzialausschöpfung hat?	❏
Führen Sie zusätzlich besondere Incentives zur Potenzialausschöpfung durch?	❏
Bieten Sie Ihren Mitarbeitern neben finanziellen Anreizen auch andere „Prämien" an – zum Beispiel besondere „Belohnungen"?	❏
Zeichnen Sie besonders erfolgreiche Mitarbeiter in einem festlichen Rahmen öffentlich aus?	❏
Standards	
Haben Sie folgende Punkte für den groben Ablauf der Potenzialausschöpfung vorgegeben?	
▶ Wer?	❏
▶ Welche einzelnen Schritte?	❏
▶ In welcher Reihenfolge?	❏
▶ Mit welchem Ergebnis?	❏
▶ In welchem Zeitraum?	❏
Haben Sie Standards für die wesentlichen Gesprächsformen der Vertriebs-Offensive zur Potenzialausschöpfung definiert?	
▶ Beratungsgespräch	❏
▶ Verkaufsgespräch	❏
▶ Coaching-Gespräch mit Kunden	❏
Haben Sie die einzelnen Schritte jeder Gesprächsform standardisiert?	❏
Gibt es feste Vorgaben beziehungsweise Vordrucke für	
▶ das Formular zur Kundenanalyse?	❏
▶ den Gesprächsbogen zum Beratungsgespräch?	❏
▶ den Vorschlag zur Zusammenarbeit?	❏
Sind die Vordrucke, die beim Kunden bleiben, ansprechend gestaltet?	❏

Auswahl der Führungsinstrumente	
Liefert Ihnen Ihr Berichtswesen jederzeit sowohl einen verdichteten Überblick zum Stand der Vertriebs-Offensive zur Potenzialausschöpfung als auch detaillierte Einzelinformationen zu jedem Vertriebsmitarbeiter?	❏
Orientiert sich Ihr Berichtswesen konsequent an den Zielen Ihrer Vertriebs-Offensive zur Potenzialausschöpfung?	❏
Haben Sie gemeinsam mit jedem Vertriebsmitarbeiter vor dem Start der Vertriebs-Offensive eine individuelle Aufgaben- und Ergebnisvereinbarung erstellt und schriftlich fixiert?	❏
Deckt die Aufgaben- und Ergebnisvereinbarung sowohl qualitative als auch quantitative Ziele ab?	❏
Haben Sie neben den Ergebniszielen auch Aktivitätsziele in der Aufgaben- und Ergebnisvereinbarung berücksichtigt?	❏
Erstellt jeder Mitarbeiter einen detaillierten Wochenplan mit seinen Aktivitäten?	❏
Überprüfen Sie die Erreichung der Ziele mit individuellen Statusgesprächen in regelmäßigen Abständen?	❏
Sind regelmäßige Meetings mit allen Vertriebsmitarbeitern eingeplant?	❏
Ist die Tagesordnung der Meetings standardisiert?	❏
Haben Sie feste Regeln für die Meetings vorgegeben?	❏
Haben Sie Coaching-Möglichkeiten für Mitarbeiter wie das Coaching on the job oder das Coaching am Telefon eingeplant?	❏

Vom Kick-Off zum Coaching: die Umsetzung

Im letzten Schritt geht es dann um die konkrete Umsetzung – der Startschuss für die Vertriebs-Offensive zur Potenzialausschöpfung fällt. Dabei müssen Sie genau wie bei der Vertriebs-Offensive zur Neukundengewinnung folgende Punkte beachten:

▶ Die Führungskräfte und die Vertriebsmitarbeiter müssen gezielt auf den Start vorbereitet werden.
▶ Die Umsetzung muss durch die Controlling-Instrumente geprüft und gegebenenfalls korrigiert werden.
▶ Die Mitarbeiter müssen im Tagesgeschäft aktiv durch die Coaching-Instrumente unterstützt werden.

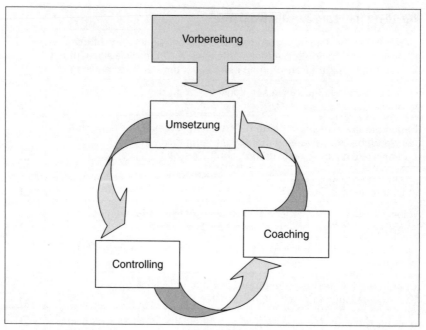

Abbildung 46: Die Umsetzung der Vertriebs-Offensive zur Potenzialausschöpfung

Die Vorbereitung: Kick-Off-Veranstaltung

Die Vorbereitung erfolgt im Wesentlichen genauso wie bei der Vertriebs-Offensive zur Neukundengewinnung. Im ersten Schritt führen Sie getrennte Kick-Off-Meetings für Führungskräfte und Vertriebsmitarbeiter durch, danach erfolgen dann die Trainings und Schulungen.

> **Hinweis:** Die wichtigsten Punkte der Vorbereitung finden Sie noch einmal zusammengefasst in der Checkliste am Ende dieses Kapitels. Details lesen Sie bitte bei der Vertriebs-Offensive zur Neukundengewinnung auf den Seiten 146 f. nach.

Lediglich beim Training müssen Sie gezielt auf zwei Punkte achten:

1. das Umdenken von der reinen Produkt-Ebene hin zur strategischen Ebene und

2. die Coaching-Gespräche mit Kunden.

Wechsel zum strategischen Denken

Vor allem der Wechsel vom „Produkt-Denken" zum „strategischen Denken" fällt vielen Vertriebsmitarbeiter gerade zu Beginn sehr schwer. Er erfordert eine nachhaltige Verhaltensänderung und auch einen Abschied von alten, möglicherweise liebgewonnenen Gewohnheiten. Denn viele „altgediente" Vertriebsmitarbeiter haben unter Umständen lange Jahre vor allem „ihr" Produkt oder „ihre" Dienstleistung in den Mittelpunkt ihrer Aktivitäten gestellt und die strategische Ebene oft nur gestreift – wenn überhaupt.

➢ **Hinweis:** Damit die Vertriebs-Offensive zur Potenzialausschöpfung Erfolg haben kann, muss sich jeder einzelne Vertriebsmitarbeiter als Coach seiner Kunden sehen und sich für positive Entwicklungen bei seinen Kunden persönlich verantwortlich fühlen.

Auch die Coaching-Gespräche mit Kunden sind für viele Vertriebsmitarbeiter absolutes Neuland. Hier geht es ja nicht um den Verkauf, sondern um Beratung, Prüfung und auch Korrekturen. Vor allem die Prüfung und die Korrekturen erfordern dabei sehr viel Fingerspitzengefühl. Denn der Kunde darf auf keinen Fall das Gefühl bekommen, er werde kontrolliert oder gar „vorgeführt".

➢ **Hinweis:** Viele Ihrer Kunden sind Führungskräfte und entscheiden vor allem in kleineren Unternehmen im „Alleingang". Nicht selten reagieren sie auf Kritik „allergisch" oder „verschnupft" – einfach, weil sie es nicht gewohnt sind, dass man ihnen eine Meinung entgegensetzt. Die Coaching-Gespräche müssen daher sehr vorsichtig geführt werden – vor allem dann, wenn Korrekturen erforderlich sind. Der Kunde muss selbst erkennen, wo Handlungsbedarf besteht, und darf nicht vom Vertriebsmitarbeiter mit der Nase auf seine „Fehler" gestoßen werden.

Training mittels Rollenspielen

Üben Sie daher die verschiedenen Gesprächsformen der Vertriebs-Offensive zur Potenzialausschöpfung gezielt. Dazu eignen sich zum Beispiel Rollenspiele ideal. Lassen Sie die Vertriebsmitarbeiter dabei auch den Umgang mit den verschiedenen Gesprächsbögen trainieren.

Tipp

Achten Sie bei den Rollenspielen darauf, dass keine „heile Welt" nachgestellt wird. Eine Gesprächssituation, in der ein Kunde ausschließlich positiv reagiert und alle Fragen sofort ohne langes Nachdenken beantwortet, hat für das Training nur sehr geringen Nutzen. Üben Sie in den Rollenspielen vor allem den Umgang mit „schwierigen" Kunden. Lassen Sie zum Beispiel einen „Kunden" in einem nachgestellten Coaching-Gespräch sehr heftig reagieren oder simulieren Sie ein zähes Beratungsgespräch, in dem der „Kunde" nur unwillig mitarbeitet. Gerade in solch kritischen Situationen brauchen Ihre Vertriebsmitarbeiter später im Alltag Sicherheit – und die entsteht vor allem durch intensives Üben.

✓ Checkliste Vorbereitung

Kick-Off-Meetings	
Haben Sie getrennte Kick-Off-Meetings für die Führungskräfte und die Vertriebsmitarbeiter eingeplant?	❑
Sind der Ablauf und die Inhalte der Kick-Off-Meetings für die Vertriebsmitarbeiter standardisiert?	❑
Haben Sie die Klärung offener Fragen in den Kick-Off-Meetings berücksichtigt?	❑
Haben Sie für die Kick-Off-Meetings der Vertriebsmitarbeiter Standard-Präsentationen erstellt und an die Führungskräfte ausgehändigt?	❑
Sind Sie darauf vorbereitet, dass in den Kick-Off-Meetings Einwände und Vorbehalte laut werden?	❑
Haben Sie sichergestellt, dass die Kick-Off-Meetings für ausreichende Motivation und Einsatzbereitschaft sorgen – sowohl bei den Vertriebsmitarbeitern als auch bei den Führungskräften?	❑
Haben Sie die Teilnehmer rechtzeitig zu den Kick-Off-Meetings eingeladen?	❑
Trainings und Schulungen	
Haben Sie die Schulungen konsequent an den Inhalten und Zielen Ihrer Vertriebs-Offensive zur Potenzialausschöpfung ausgerichtet?	❑
Haben Sie unterschiedliche Zielgruppen für die Schulungen gebildet – zum Beispiel aus den Ergebnissen der Potenzialanalyseverfahren?	❑

Werden die verschiedenen Gesprächsformen der Vertriebs-Offensive zur Potenzialausschöpfung intensiv genug trainiert?	❏
Konfrontieren Sie Ihre Vertriebsmitarbeiter dabei auch mit schwierigen Situationen – zum Beispiel in Rollenspielen?	❏
Werden die Mitarbeiter ausreichend im Umgang mit den verschiedenen Gesprächsbögen und Vordrucken geschult?	❏
Haben Sie eine detaillierte Planung der Ressourcen durchgeführt?	
▶ Ist klar, wer wann genau zu welcher Schulung geht?	❏
▶ Nehmen an sehr anspruchsvollen Schulungen maximal 10 bis 12 Personen teil?	❏
▶ Steht die Raumplanung?	❏
▶ Haben Sie gegebenenfalls externe Schulungsräume angemietet?	❏
▶ Bieten Sie gegebenenfalls gleiche Schulungen an verschiedenen Orten an?	❏
▶ Sind alle erforderlichen Geräte und Medien für die Schulungen vorhanden?	❏
▶ Wenn nein: Haben Sie sich darum gekümmert, dass die Geräte und Medien rechtzeitig verfügbar sind?	❏
Haben Sie sich rechtzeitig um externe Trainer gekümmert?	❏
Haben Sie die externen Trainer eng in die Planung Ihrer Vertriebs-Offensive zur Potenzialausschöpfung eingebunden?	❏
Haben Sie den Einsatz von „Blended-Learning"-Konzepten – der Kombination von Präsenztraining und Selbstlernen – geprüft?	❏
Wenn ja: Sind die Selbstlernunterlagen rechtzeitig verfügbar?	❏

Aktive Unterstützung: Controlling und Mitarbeiter-Coaching

Genau wie bei der Vertriebs-Offensive zur Neukundengewinnung sollten Sie sich nicht darauf verlassen, dass die Schulungen und Trainings im Alltag greifen. Sie müssen die Umsetzung durch die Controlling- und Coaching-Instrumente prüfen und aktiv unterstützen.

➤ **Denken Sie daran:** Das Controlling und Coaching der Mitarbeiter darf nicht nur aus willkürlichen Stichproben und gelegentlicher Begleitung bei Kundenbesuchen bestehen. Unterstützen Sie Ihre Mitarbeiter konsequent und intensiv während der gesamten Vertriebs-Offensive zur Potenzialausschöpfung.

✓ **Standard-Aktivitätenliste für Führungskräfte während der Vertriebs-Offensive zur Potenzialausschöpfung**

Aktivität	Zeitraum	eingeplant
Aufgaben- und Ergebnisvereinbarung	einmal vor der Vertriebs-Offensive	❑
Prüfung der Wochenpläne	wöchentlich	❑
Statusgespräche	regelmäßig, mindestens alle 4 bis 6 Wochen	❑
Vertriebs-Meetings	wöchentlich oder alle 14 Tage	❑
Prüfung der Analysebögen	nach jedem Erstellen	❑
Prüfung der Gesprächsbögen	nach jedem Erstellen	❑
Prüfung des Vorschlags zur weiteren Zusammenarbeit	nach jedem Erstellen	❑
Coaching on the job bei einem Beratungsgespräch	mindestens einmal für jeden Mitarbeiter	❑
Coaching on the job bei einem Verkaufsgespräch	mindestens einmal für jeden Mitarbeiter	❑
Coaching on the job bei einem Coaching-Gespräch mit einem Kunden	mindestens einmal für jeden Mitarbeiter	❑
Coaching am Telefon	bei Bedarf	❑
Konfliktgespräche	bei Bedarf	❑

7. Erfolgsbeispiel aus der Praxis: Die Umsetzung der Vertriebs-Offensive zur Potenzialausschöpfung im zweistufigen Vertrieb

Im Rahmen unserer Tätigkeit als Beratungs- und Trainingsunternehmen erhielten wir von einem Hersteller von Heizungsanlagen mit 170 Außendienstmitarbeitern, verteilt auf 30 Niederlassungen, unterteilt in vier Regionen in Deutschland den Auftrag, ein Konzept für die Potenzialausschöpfung bei ausgewählten Kunden zu entwickeln und mit der Vertriebsmannschaft umzusetzen. Der Hersteller arbeitet mit einem zweistufigen

Vertrieb, das heißt, die Außendienstmannschaft geht direkt auf die Handwerker zu, diese verkaufen an den Endkunden. Unser Kunde versteht sich nicht als einer von vielen Zulieferern für den Heizungsinstallateur, sondern als Partner für einen gemeinschaftlichen Erfolg. Entsprechend werden die Heizungsinstallateure auch beim Ausbau und der Professionalisierung des Geschäfts von ihm unterstützt.

Ziel des Herstellers

Das Ziel des Herstellers war eine höhere Potenzialausschöpfung bei ausgewählten Heizungsbauern durch eine „systematische Marktbearbeitung". Subziele waren:

▶ Erhöhung von Absatz und Umsatz
▶ Stärkung und Entwicklung von ausgewählten Heizungsinstallateuren aus dem Kundenportfolio
▶ Stärkere Bindung der Heizungsinstallateure an den Hersteller
▶ Weiterentwicklung der Außendienstmitarbeiter zum Kundenentwickler
▶ Gewinnen von wichtigen Informationen über den Kunden

Die Ausgangssituation im Markt

Die Produktions- und Absatzzahlen eines Herstellers im Heizungsbau stehen in direkter Verbindung zur Verkaufsleistung des Heizungsbauers an den Endkunden. 95 Prozent des Umsatzes eines Handwerkbetriebes werden dadurch bestimmt, wie viele Kunden beim Handwerk anfragen. Dies hat zur Folge, dass die Umsätze des Herstellers mit dem jeweiligen Heizungsinstallateur unmittelbar in Zusammenhang mit der durchschnittlichen Marktentwicklung stehen. Um unabhängiger vom Markt und der Aktivität der Endkunden zu werden, ist eine aktive und systematische Marktbearbeitung durch die Heizungsinstallateure dringend erforderlich. Diese wird jedoch von kaum einem Heizungsinstallateur praktiziert. Vielmehr leben die meisten Unternehmen von ihrem guten Ruf, der Mundpropaganda und der Loyalität der bestehenden Kunden.

Konzeption der Maßnahme

Mit ausgewählten Mitarbeitern des Auftraggebers wurde ein Projektteam zusammengestellt. In Zusammenarbeit mit dem Marketing und dem Vertrieb des Unternehmens wurden Analysen, Interviews und Workshops durchgeführt. Zur Konzeption gehörten die folgenden vier Schritte:

1. Wettbewerbsanalyse

In einem ersten Schritt haben wir eine Wettbewerbsanalyse durchgeführt, um herauszufinden, welche Instrumente und Dienstleistungen den Heizungsinstallateuren zur Steigerung des Absatzes und Umsatzes angeboten werden. Es gibt am Markt eine große Anzahl an Fachkursen, wie man den Verkauf optimieren kann. Das Kernproblem liegt jedoch weniger im Wissen über mögliche Maßnahmen als vielmehr in der konsequenten Umsetzung („ich habe zu viel zu tun und keine Zeit") und der fehlenden Nachhaltigkeit. Jedem Heizungsinstallateur ist beispielsweise die Bedeutung der Angebotsverfolgung klar. Sie wird jedoch nur von rund 20 Prozent der Heizungsbauer aktiv und systematisch durchgeführt.

2. Identifikation zusätzlicher Potenziale

In einem zweiten Schritt haben wir uns daran gemacht, Potenziale im Markt zu identifizieren. Wir fanden bei der Gesellschaft für Konsumforschung GfK eine Studie, die uns gute Hinweise für die Potenziale im Markt gab. Diese Studie zur Modernisierung von Heizungsanlagen wurde 2007 von der GfK für den Bundesindustrieverband Deutschland Haus-, Energie- und Umwelttechnik e.V. (BDH) erstellt. Danach ist das Thema Heizung in den letzten Jahren verstärkt in das Blickfeld der Öffentlichkeit gerückt. Neben den vielfältigen Technologien und dem zunehmenden Ökologiebewusstsein waren auch die enorm gestiegenen Energiepreise und die damit verbundene Diskussion in den Medien und in der Politik dafür ausschlaggebend. Dies hat gravierende Auswirkungen auf die Endkunden: Sie sind verunsichert, wissen nicht, was sie tun sollen. Sie zögern Entscheidungen hinaus, warten eher ab, als dass sie auf den Heizungsinstallateur zugehen. Solange die Heizung noch läuft, wird eine Modernisierung hinausgeschoben. Mittlerweile gibt es rund 4,1 Millionen Anlagen, die älter als 15 (Gas) bzw. 20 Jahre (Öl) sind! Laut GfK-Studie plant jedoch jeder dritte Alt-Anlagenbetreiber eine Modernisierung. Die wichtigsten Auslöser für eine Modernisierung sind:

▶ sehr hohe Heizkosten
▶ Heizung ist kaputt / funktioniert schlecht
▶ Ansprache durch Heizungsinstallateur

Allerdings wird die aktive Ansprache durch den Heizungsinstallateur nur von den wenigsten Firmen konsequent durchgeführt. So ist es kein Wunder, dass die Mehrheit der rund 45 000 Heizungsbauer auf die schwierige Marktsituation im Jahr 2007 nur unzureichend vorbereitet war. Somit war 2007 für die meisten Unternehmen im Heizungsbau ein schwarzes Jahr, in dem deutliche Rückgänge verbucht werden mussten.

3. Elektronischer Fragebogen zur Gewinnung der Heizungsinstallateure für das Projekt

Aufgrund dieser Erkenntnisse aus der GfK-Studie entwickelten wir für die Außendienstmitarbeiter einen Fragebogen. Er diente dazu, bei definierten Kunden, die für das Projekt in Frage kamen, einen kleinen Check durchzuführen. Ziel des Checks war es, dass der Kunde am Ende seines Gespräches mit dem Außendienstmitarbeiter selbst erkannte, dass es für ihn sinnvoll war, an dem Projekt „Erfolg mit System – Systematische Marktbearbeitung" teilzunehmen. Mit diesem Vorgehen konnten wir rund 900 Heizungsinstallateure für das Projekt gewinnen. Jeder Heizungsinstallateur zahlte mehr als 500 Euro für die Teilnahme am Projekt. Das Projekt wurde mit Gruppe 1 und 2 in 2008 durchgeführt, mit Gruppe 3 in 2009.

4. Praxishandbuch für den Heizungsinstallateur zur „Systematischen Marktbearbeitung"

Im Zentrum der Unterstützung stand das Praxishandbuch „Systematische Marktbearbeitung". Dieses gab den Heizungsinstallateuren eine Hilfe zur Selbsthilfe. Es enthält keine allgemeinen Hinweise oder Tipps aus anderen Branchen, sondern das gesammelte Praxiswissen aus dem Heizungsbauhandwerk kombiniert mit detaillierten Handlungsplänen. Keine graue Theorie, sondern die besten Ideen zur aktiven Marktbearbeitung, die man bei Heizungsinstallateuren im Einsatz gefunden hatte. Die Themen des Praxishandbuches waren:

▶ neue Kunden gewinnen
▶ Bestandskunden aktivieren
▶ mehr rausholen aus laufenden Anfragen

Zum Thema **„Mehr rausholen aus laufenden Anfragen"** geben beispielsweise vier Kapitel Tipps und Möglichkeiten an die Hand, wie man das eigene Vorgehen überprüfen und optimieren kann. Dabei geht es konkret darum, wie man Verkaufsgespräche verbessern, Angebote präsentieren und nachverfolgen sowie Wartungsverträge abschließen kann.

Dabei ist jedes Kapitel anhand eines klaren Schemas aufgebaut, damit es einfach in der Anwendung ist:

1. Was ist es?

2. Was haben Sie davon?

3. Wo stehen Sie derzeit mit dem Thema?

4. Was ist zu tun?

5. Auf was müssen Sie besonders achten?

6. Instrumente: Handlungspläne, Leitfäden, Controllinglisten

7. Weiterführende Informationen

Die Schritte der Umsetzung

Nach der Konzeptionsphase wurde das Konzept im Detail entsprechend der Hierarchie diskutiert, und die Schritte der Umsetzung wurden genau definiert.

1. Abstimmungs-Workshops mit Vertriebsleitung, Niederlassungsleitern und Vertriebsberatern als Projektteam

Bereits vor Beginn unserer Konzeptarbeit wurde die Vorgehensweise mit der Vertriebsleitung, ausgewählten Niederlassungsleitern und Vertriebsberatern abgestimmt. Während der Konzeptarbeit stand uns das interne Projektteam zur Seite, um Ergebnisse unserer Analysen zu diskutieren und unsere Konzeptüberlegungen auf Praxisnähe zu überprüfen.

2. Workshop mit den regionalen Vertriebsleitern

Nach Fertigstellung der Konzeptarbeit führten wir einen Workshop mit den regionalen Vertriebsleitern durch, um deren Meinung einzuholen, deren Vorschläge zu integrieren und die flächendeckende Umsetzung vorzubereiten.

3. Workshop zur Einarbeitung der Niederlassungsleiter

Die Niederlassungsleiter führen zwischen vier und acht Vertriebsberater. Wir wussten, dass der Erfolg des Konzepts eng mit der Führungsmotivation der Niederlassungsleiter verbunden ist. Die Niederlassungsleiter wurden deshalb in das Projekt eingearbeitet und auf die spezifischen Führungsaufgaben während des Projektes vorbereitet.

4. Kommunikation des Projektes im Rahmen regionaler Tagungen

Das Projekt „Erfolg mit System – Systematische Marktbearbeitung" wurde anhand einer standardisierten Präsentation dem gesamten Vertrieb im Rahmen der regionalen Tagungen vorgestellt und mit ihm diskutiert. Die Verantwortung lag beim jeweiligen regionalen Vertriebsleiter.

5. Qualifizierung der Vertriebsberater

Schlüsselfaktor des Erfolges war die Gewinnung der Vertriebsberater für das Projekt. Anhand einer Unterlage zum Selbststudium bereiteten sich die Vertriebsberater auf die Aufgaben während des Projektes vor. Die vertiefende Auseinandersetzung fand dann im Rahmen eines eintägigen Trainings pro Niederlassung statt, bei dem lediglich vier bis acht Vertriebsberater zusammen mit ihrem Niederlassungsleiter detailliert in das Projekt eingearbeitet wurden.

6. Gewinnen der gewünschten Heizungsbauer für das Projekt durch die Vertriebsberater

Jeder Vertriebsberater erhielt eine Zielkundenliste aus seinem Gebiet, die seine potenzialstärksten Kunden auflistete. Daraus sollte er jeweils drei Kunden in einem genau definierten Zeitraum für das jeweilige Projekt auswählen und gewinnen. Die Grundlage hierfür war ein elektronischer Fragebogen, den der Vertriebsberater mit seinem Heizungsinstallateur ausfüllte. In dem Gespräch wurde auch die Entscheidung zur Teilnahme am Projekt getroffen und die Einladung zum Qualifikationsevent übergeben.

7. Niederlassungsspezifische Qualifikationsevents für Heizungsinstallateure

Pro Niederlassung wurde ein Qualifikationsevent für die Heizungsinstallateure zusammen mit ITO durchgeführt. Inhalte waren:

▶ Darstellung der Marktsituation gestern, heute und morgen im Heizungsbau und Auswirkungen auf die Unternehmensführung
▶ Aufzeigen der Potenziale für den Heizungsinstallateur
▶ Präsentation der wesentlichen Ergebnisse des elektronischen Fragebogens (Checks) der teilnehmenden Heizungsinstallateure
▶ Vorstellung des Praxishandbuchs zur „Systematischen Marktbearbeitung" und Tipps für dessen Einsatz im Alltag
▶ Auswahl der in Frage kommenden Methoden zur „Systematischen Marktbearbeitung" durch den jeweiligen Heizungsinstallateur und Erstellung eines Handlungsplans
▶ Einarbeitung in die jeweils ausgewählte Methode der „Systematischen Marktbearbeitung"
▶ Vereinbarung der Termine für das Coaching vor Ort durch den Vertriebsberater

8. Coaching der Heizungsinstallateure durch die Vertriebsberater

Das Coaching fand anhand eines Coachingbogens statt, der exakt für die Situation entwickelt worden war. Der Coachingzeitraum umfasste jeweils ein Jahr.

9. Ergebnisse

Zur Ergebnismessung wurden pro teilnehmendem Heizungsinstallateur die Absatz- und Umsatzzahlen aufbereitet und für ein Jahr in einen monatlichen Vergleich zu den Vorjahren gebracht. Durch das Projekt „Erfolg mit System – Systematische Markbearbeitung" fand durchschnittlich eine dreißigprozentige Absatz- und Umsatzsteigerung gegenüber dem Vergleichszeitraum statt. In diesem Falle bedeutete das für unseren Auftraggeber, dass sein Umsatz in einem höheren zweistelligen Millionenbetrag gewachsen ist. Entsprechend legte auch der Absatz zu.

Besonders erfreulich war, dass durch das Projekt die Beziehung zwischen Vertriebsmitarbeiter und Heizungsinstallateur gestärkt wurde. Dies zeigte sich vor allen Dingen daran, dass sich die Gespräche zwischen Außendienst und Installateur nicht mehr nur um Aufträge und Service drehten, sondern verstärkt auch unternehmerische Themen besprochen wurden.

8. So profitieren Sie am meisten von der Vertriebs-Offensive

Eine weltweite Studie von Proudfoot Consulting kam Ende 2006 zum Ergebnis, dass mehr als jede zweite Führungskraft ihr Vertriebsteam als unterdurchschnittlich oder schlecht einschätzt! 55 Prozent der befragten Führungskräfte geben ihrer eigenen Sales-Force in allen Verkaufsdisziplinen schlechte Noten. Dabei liegt die größte Schwachstelle in der Konversion: Nur wenige Vertriebsteams sind demnach in der Lage, das Verkaufsgespräch zum Abschluss zu führen. Ein weiteres Problem scheint in der Priorisierung und effektiven wie effizienten Umsetzung der vertriebsrelevanten Arbeitspakete zu liegen: Die Außendienstmitarbeiter verbringen nur elf Prozent ihrer Arbeitszeit mit aktivem Verkaufen und nur neun (!) Prozent mit der Neukundenakquise. Den Großteil der Arbeitszeit beschäftigen sie sich mit Verwaltungsaufgaben, Reisen und der internen Abstimmung, resümiert die Studie.

Daran kann man deutlich sehen, wie sehr die Vertriebs-Offensive in vielen, besonders auch in vielen deutschen Unternehmen Not tut! Denn es gibt eigentlich nur zwei Arten der produktiven Arbeitszeit bei einem Verkäufer: die Zeit, die er in die Neukundenakquise steckt, und die Zeit, die er in die Potenzialausschöpfung bei bestehenden Kunden investiert. Und damit meine ich die Zeit, die unmittelbar zur Erreichung des Vertriebsziels notwendig ist.

Wenn Sie die Vertriebs-Offensive erfolgreich umsetzen wollen, sind die folgenden vier Faktoren wichtig für Sie:

1. eine klare Strategie für die Sales-Force

2. definierte Vertriebsziele, die realistisch (aber ambitioniert), konkret und messbar sind

3. eine Erhöhung der Schlagzahl: Effizienz ist hier vor allem auch eine Frage des „Gesetzes der großen Zahl" und der Konsequenz, diese große

Zahl auch durchzuhalten, also Kunden anzusprechen und Termine wahrzunehmen

4. das Controlling: werden die Ziele erreicht (werden), wird die hohe Schlagzahl beibehalten und werden die Erkenntnisse der (Weiterbildung in der) Vertriebs-Offensive umgesetzt und langfristig beibehalten?

Diese Punkte sind auch deshalb so zentral, weil die Selbsteinschätzung der Vertriebsmitarbeiter – so auch die Aussage der Proudfoot-Studie – deutlich von der Arbeitsrealität abweicht: So glauben die befragten Vertriebsmitarbeiter im Schnitt, dass sie 22 Prozent ihrer Arbeitszeit mit aktivem Verkauf zubringen. Also, dass sie genau doppelt so viel Zeit in die offensive Kundenbearbeitung stecken, wie es wirklich der Fall ist (11 Prozent).

Gesetz der großen Zahl: mehr bringt mehr

Interessant ist, dass selbst hier ein Defizit erspürt und benannt wird: Ideal wären ihrer Ansicht nach 33 Prozent, also das dreimal höhere Zeitbudget für den tatsächlichen Verkauf. Was sicher nicht heißen soll, dass jeder Verkaufsabschluss dreimal so lange dauern darf, sondern, dass sich Vertriebsmitarbeiter eine dreimal höhere Effizienz und sicher dreimal so viele Möglichkeiten für Abschlüsse wünschen. Also: Höhere Schlagzahl. Weniger Organisatorisches. Mehr Konzentration auf die Offensive beim Kunden. Genau das also, was die Strategie und die Schritte der Vertriebs-Offensive Ihnen bringen.

Die Vertriebs-Offensive bietet dem Verkäufer einen klaren Mehr-Nutzen, denn:

▶ Sie gibt ihm die Information, wie viel Zeit und Kraft er in welche Kunden und Kundensegmente steckt und mit welchem Erfolg.

▶ Das Konzept trägt den steigenden Anforderungen durch den verschärften Wettbewerb vor Ort beim Kunden Rechnung.

▶ Die Verkäufer treten wesentlich kompetenter gegenüber ihren Kunden auf, weil sie die richtigen Tools und Techniken beherrschen und die richtigen Gespräche richtig führen können.

▶ Die Verkäufer müssen nicht ihr gesamtes Verhalten verändern, sondern können ihre Gespräche bei den entscheidenden Kunden akzentuieren.

In der Konsequenz bedeutet das: Sie erreichen mehr und bessere Abschlüsse, mehr Zufriedenheit mit der eigenen Leistung, mehr Erfolg im eigenen Beruf, mehr Identifikation mit der Verkaufsleistung und dem Unternehmen!

Auch als Vertriebsführungskraft ziehen Sie messbaren (Eigen-)Nutzen aus der Vertriebs-Offensive:

▶ Die Verkäufer werden besser vergleichbar, weil man durch klare Kennzahlen Rückschlüsse ziehen kann. Ein Lernen von den Besten wird so leichter möglich.

▶ Sie bekommen als Führungskraft einen besseren Einblick in das Vorgehen des Verkäufers und in die Ursachen seines Erfolgs und Misserfolgs bzw. in seine Chancen zur Steigerung.

▶ Das Konzept liefert Ihnen die Informationen, wo der größte Handlungsbedarf für die einzelnen Verkäufer steckt.

▶ Dadurch können Sie mit den Verkäufern individuelle Vereinbarungen für Umsetzungsschritte anhand konkreter Daten treffen.

▶ Die konkreten Informationen erhöhen die Bereitschaft zur Veränderung bei den Verkäufern.

Bereitschaft zur Veränderung nutzen!

Zum Abschluss möchte ich die vier wichtigsten Erfolgsfaktoren für das Gelingen der Vertriebs-Offensive noch einmal auf den Punkt bringen:

1. Vertriebsführungskräfte haben eine Vorbildfunktion und müssen mitziehen! Gerade bei der Neukundengewinnung und Potenzialausschöpfung brauchen die Vertriebsmitarbeiter eine enge Führung, insbesondere Coaching-Unterstützung.

2. Definieren Sie die Zielgruppen zur Neukundengewinnung exakt, legen Sie die Methoden der Durchführung fest und entwickeln Sie ein Entlohnungssystem.

3. Arbeiten Sie darauf hin, dass die Vertriebsmitarbeiter weniger kurzfristig handeln („jetzt noch schnell irgendwie Umsatz machen, nach mir die Sintflut"), sondern bei bestehenden Kunden vielmehr potenzialorientiert vorgehen.

4. Sorgen Sie dafür, dass alle Vertriebsmitarbeiter durch Schulungen auf die Neukundengewinnung und Potenzialausschöpfung vorbereitet werden.

Aus meiner langjährigen Beratungserfahrung weiß ich: Die Bereitschaft zur Veränderung ist bei vielen Vertriebsmitarbeitern, Vertriebsführungskräften und Vertriebsorganisationen da. Die überwältigende Mehrheit der Führungskräfte im Vertrieb ist der Ansicht, dass nur ständige Schulung und Weiterbildung Erfolg für die Vertriebsorganisationen und Sales-Forces bringen wird. Es geht also darum, die richtige Strategie für Schulung und Weiterbildung, die richtige Strategie für den offensiven Zugang zu den umkämpften Märkten von heute und von morgen zu finden. Dazu ist die Vertriebs-Offensive da. Bei der Umsetzung wünsche ich Ihnen viel Erfolg!

Literaturverzeichnis

Dannenberg, Holger: Die Königsdisziplin – Neue Kunden gewinnen. Eine komprimierte Auswertung der Mercuri-Praxiserfahrungen. In: Ahlert, Dieter/Dannenberg, Holger/Huckemann, Matthias (Hrsg.): Der Vertriebs-Guide. Erfolgreich verkaufen in schwierigen Zeiten. Neuwied u.a. 2003

Fink, Klaus-J.: Vertriebspartner gewinnen. Professioneller Vertriebsaufbau per Telefon. Wiesbaden, 2., erw. Aufl. 2006

Frankl, Viktor E.: Der Mensch vor der Frage nach dem Sinn. Eine Auswahl aus dem Gesamtwerk. München 2005

Gesellschaft für Konsumforschung (GfK): BDI I – Modernisierung von Heizungsanlagen, Short Summary – Quantitative Studie, 14. Dezember 2007

Gierke, Christiane: Persönlichkeitsmarketing. Offenbach 2005

Goldmann, Heinz M.: Wie man Kunden gewinnt. Das weltweit erfolgreichste Leitbuch moderner·Verkaufspraxis. Berlin, 15. Auflage 2008

Hinterhuber, Hans H./Matzler, Kurt (Hrsg.): Kundenorientierte Unternehmensführung. Kundenorientierung – Kundenzufriedenheit – Kundenbindung. Wiesbaden, 6., überarb. Aufl. 2008

Innerhofer, Paul/Innerhofer, Christian: Der Kandidatentest. Frankfurt/Main 2005

Lang, Ewald: Ein neuer Ansatz in der Führung freier Vertriebspartner; in: momentum, 02.2006, S. 60 – 65.

Lang, Ewald/Innerhofer, Paul/Innerhofer, Christian: Leadership Coaching. Neuwied/Kriftel/Berlin 2000

Lay, Rupert: Ethik für Manager. Düsseldorf u. a. 1989

Simon, Hermann: Die heimlichen Gewinner – Hidden Champions: Die Erfolgsstrategien unbekannter Weltmarktführer. München 1998

Zelazny, Gene: Wie aus Zahlen Bilder werden. Der Weg zur visuellen Kommunikation. Wiesbaden, 6., überarb. u. erw. Aufl. 2005

Zentes, Joachim/Swoboda, Bernhard/Morschett, Dirk (Hrsg.): Kooperationen, Allianzen und Netzwerke. Grundlagen – Ansätze – Perspektiven. Wiesbaden, 2., überarb. u. erw. Aufl. 2005

Stichwortverzeichnis

Der Autor

Dr. Ewald Lang ist als Berater und Vertriebstrainer darauf spezialisiert, Vertriebsabteilungen im Mittelstand und bei Großunternehmen auf zukünftige Marktanforderungen auszurichten. Besondere Erfahrung hat er in der Konzeption und Umsetzung von Neukundengewinnungsprojekten und von Projekten zur systematischen Marktbearbeitung mit dem Schwerpunkt des potenzialorientierten Vertriebs.

Nach seinem Lehramts- und Betriebswirtschaftsstudium war Dr. Ewald Lang zunächst als Verkäufer im Automobilhandel, dann als Verkaufs- und Führungstrainer bei der BMW AG tätig. 1988 gründete er gemeinsam mit Professor Paul Innerhofer die ITO Unternehmensberatung (www.ito-services.com).

Der Fachbuchautor wird häufig als Redner auf Vertriebskongressen gebucht und konzipierte bereits selbst mehrere Vertriebs-Fachkongresse für verschiedene Anbieter.

Kontakt zum Autor:
E-Mail: lang@vertriebs-offensive.com
Internet: www.vertriebs-offensive.com